I0796465

BLACKIE
BOOKS

El Gran Libro de las Bicicletas

Diseño de colección: Setanta
www.setanta.es

Calle Església, 4-10
08024 Barcelona
www.blackiebooks.org
info@blackiebooks.org

Maquetación: David Anglès
Impresión: Liberdúplex
Impreso en España

Primera edición en esta colección: agosto de 2025
ISBN: 978-84-10323-67-4
Depósito legal: B 3777-2025

VV. AA.

El Gran Libro de las Bicicletas

Selección y edición de Lucía Barahona Lorenzo
Ilustrado por Conxita Herrero

Índice

Sobre esta edición

> Aquella bicicleta con el sillín puntiagudo era una colaboradora en cualquier lectura de la ciudad.
>
> IAIN SINCLAIR, *Hackney, That Rose-Red Empire*

Si aceptamos que el primer prototipo de bicicleta, la draisiana, fue inventado en 1817 por el barón alemán Karl von Drais, hablamos entonces de un objeto que en 2022 cumple 205 años. Esto se traduce en doscientos cinco años de la bici como posible personaje literario (aunque, si nos atenemos a los británicos, que aseguran que la primera «bicicleta de verdad», la Rover Safety, es de 1885, la cifra se reduce a 137 años de vida). Este libro es un intento de exprimir al máximo esos 205 o 137 años —cada cual es libre para elegir la fecha que más le guste—, y para ello hemos reunido sesenta y un relatos sobre bicicletas, el mejor invento del mundo. Y el más bonito. Pero tan *joveneta* que hay autores que nunca pudieron escribir sobre ella porque no la conocieron, y pintores que jamás la plasmaron en ningún cuadro porque ni se la imaginaban. Hablo de Jane Austen, que falleció precisamente en 1817. O de El Greco. O de El Bosco. O de Cervantes. O de Shakey. O de Teresa de Jesús. Lo pienso siempre que Elizabeth Bennet dice: «No me importa caminar», o cuando la propia Austen nos explica que «caminar era su única alternativa». La imagino yendo en bici el día que no tuviera tantas ganas de caminar. Pero quién sabe si le hubieran dejado hacerlo.

Mi relación «adulta» con la bicicleta se remonta a 2005, que es cuando tuve mi primera bici en serio. Antes de eso, de pequeña montaba una *mountain bike* que me encantaba, y recuerdo vagamente una bici de paseo amarilla con la que una vez me estampé contra una furgoneta al bajar una cuesta; aún me duele el orgullo. Decía que mi primera bici adulta me la regalaron en Edimburgo. Era de carretera, blanca; yo acababa de cumplir veinticuatro años y no sabía nada de bicis, salvo quiénes eran Zülle, Chiappucci o Virenque. Y muchos más. Me destrozaron aquella bici blanca una noche que me quedé a dormir en casa de mis amigas griegas y la bici durmió en la calle. Cuando fui a buscarla a la mañana siguiente la habían pateado hasta dejar inservible tanto el cuadro como la rueda delantera.

Me mudé a Londres. Mi segunda bici adulta fue la primera Patsy. La llamé así en honor al personaje de *Absolutely Fabulous*. Era horrible, azul, con los pedales completamente oxidados. Sonaba como una carraca y me daba vergüenza cruzar la ciudad con ella. La usé hasta que no soporté oírla más. Patsy II llegó enseguida y ni la recuerdo. ¿Era una bici de montaña algo armatoste y gris? Puede ser. El caso es que me la robaron en la puerta del pub Joiners Arms una fatídica noche de domingo.

Mi tercera y última bici adulta es Patsy III, la auténtica Patsy. Lleva conmigo desde 2008 y es maravillosamente pesada, morada y blanca, con la palabra APOLLO en amarillo. Me provocó una lesión en el coxis que me obligó a cambiar el manillar de carretera por uno de bicivoladora. Patsy es una bici famosa. Hay personas que me preguntan por ella igual que preguntarían por un familiar o un ser querido: «¿Cómo está Patsy?». La compré de segunda mano en una tienda-taller-cafetería de Broadway Market que ya no existe. Me costó noventa libras. La mejor inversión de mi vida.

* * *

Desde hace años he procurado leer libros en los que las bicicletas tengan un papel destacado, y en esta antología encontraréis buenos ejemplos de esto. El índice de autores tal vez adolezca (bueno, seguro que adolece) de textos sobre ciclismo profesional, y esto se debe a que hay diversas editoriales independientes que publican precisamente este tipo de historias. Os animo a leer cuantas más, mejor. Me gustan sobre todo las que están escritas desde el punto de vista de los gregarios del pelotón. Puede que echéis de menos a ciertos autores, pero os puedo asegurar que cada texto se ha escogido con mimo.

Confío en que la lectura azarosa de estos relatos animará a muchas personas a subirse a sus sillines —si es que por el motivo que fuera no lo estaban haciendo ya— y lanzarse a descubrir ciudades, campiñas, velódromos, paseos marítimos, puertos de montaña o incluso túneles.

El libro está dividido en siete grandes secciones salpicadas de letras de canciones, poemas y citas. Hay *bicis campestres* que nos apremian a advertir en primera persona cómo sobre dos ruedas cualquier paisaje se vuelve idílico. También seguiremos la pista a sus homólogas *urbanas*, desde bicicletas mensajeras a las que se atreven con esa vieja cuestión peliaguda que a ojos de muchos se asemeja a un triángulo escaleno, aunque, a la hora de la verdad, parece imposible determinar la longitud de sus tres lados: peatón, ciclista y conductor de vehículo a motor. Era inevitable incluir relatos en los que el ciclismo pueda calificarse de deporte literario, y en *Un día en las carreras* acompañaremos a distintos enviados especiales (spoiler: Colette, Buzzati, pocas bromas) en los coches de los corresponsales que pisan los talones a la serpiente multicolor en las grandes competiciones. Por otro lado, da la impresión de que cada vez hay más gente dispuesta a hacer realidad ese gran lugar común de los sueños infantiles: dar la vuelta al mundo, a Asia, a Venezuela, a Ciudad Real o a la M-50 en bicicleta. La distancia es lo de menos, lo importante es participar o, en este caso, *cicloviajar*. Seguimos: Aunque solo tiene 205 o 137 años, la bici tuvo que atravesar su particular proceso de ensayo y error hasta alcanzar la perfección mecánica. En palabras de Rob Penn (presente en esta antología), dicha perfección se resume en apenas cincuenta palabras: «Una máquina maniobrable que consta de dos ruedas con llantas neumáticas ensambladas en línea sobre un cuadro con horquilla delantera giratoria, impulsada por los pies del ciclista al hacer girar los pedales fijados con bielas a un plato y mediante un engranaje de cadena a los piñones de la rueda trasera». En el bloque titulado *Recuerdos de bicicleta* encontraréis textos que, además de analizar su prehistoria, hacen hincapié en la dificultad que entrañó el nada baladí asunto de ponerle un nombre o repasan la vida de algunos ciclistas pioneros. Y hablando de pioneros. Las verdaderas pioneras fueron ellas. Nunca sabremos si hubieran permitido pedalear a Elizabeth Bennet, pero sí conocemos los numerosos obstáculos a los que tuvieron que hacer frente las mujeres para poder montar en bicicleta (entre tantos otros miles de obstáculos en general). En la sección *Una bicicleta propia* podréis haceros una idea de hasta qué punto este nuevo invento fue esencial para la emancipación de las mujeres y la conquista de su libertad. Ya no hubo vuelta atrás. Por último, todos sabemos que montar en bici es *fantástico*, incluso literalmente: personas que son medio humanas y medio bicicletas; bicicletas que saben por dónde han accedido a un túnel, pero no por dónde saldrán; imperdibles que se convierten en perchas que se convierten en bicicletas. Todo es posible con nuestras amigas las bicis.

Del total de relatos, una tercera parte son inéditos, y me parecía importante que se oyeran las voces de quienes han hecho de la bicicleta un modo de vida, o un medio de vida, las de quienes nunca han aprendido a montar en bici y las de quienes han hecho todo lo posible por recuperar una después de que se la robaran. A todos ellos, muchísimas gracias.

Gracias también a Conxita Herrero, porque con sus ilustraciones ha transformado este libro en un objeto encuadernado increíble. Conxita, por cierto, tiene la bicicleta más bonita que he visto en mi vida, y eso que solo la he visto en fotos de móvil. ¿Os acordáis del mítico Polo Arlequín de muchos colores? Pues imaginad eso mismo pero en bicicleta. Es una pasada. Ojalá fuera mía.

* * *

Estoy convencida de que cuanta más gente use la bici, ya sea para ir al colegio, al trabajo, de viaje o a por el pan si queda un poco lejos, viviríamos en sociedades mejores, más limpias, más seguras y más abiertas. Parece utópico, pero en realidad es algo que carril bici a carril bici puede lograrse. ¿Una ciudad donde los principales medios de locomoción sean un transporte público en condiciones y la bicicleta? Firmo ya. ¿Y vosotros? Como decía John Howard, ex primer ministro de Australia: «La bicicleta es un vehículo curioso. Su pasajero es su motor». Se habla mucho de energías renovables, de reciclaje, de desaceleración. Sí a todo. Pero no nos olvidemos de la bici, uno de los inventos más revolucionarios de la historia.

Cuando aprendemos a montar en bicicleta, nos resistimos a creer en la posibilidad a todas luces real de mantener el equilibrio sin posar los pies en el suelo. Sería comparable a aprender a nadar, a atarse los zapatos sin ayuda, a hacer según qué posturas de yoga o a soñar con que algún día te habrás aprendido de memoria la letra entera de una casete que te acabas de comprar. Todos estos ejemplos son posibles, pero si estáis leyendo este libro deduzco que lo que os interesa son las bicicletas. Muy bien, hablemos de equilibrio. Explicaba Mark Twain que mientras aprendía a montar en velocípedo «no hacía más que caerme. La ley requería lo contrario: la gran rueda debía girar en la dirección en la que uno se estaba cayendo. Cuando te lo explican resulta difícil de creer. Y no solo es difícil de creer, sino imposible; se opone a todas tus convicciones. Y una vez llegas a creerlo, resulta igual de difícil». Como si de un partida de Cluedo se tratase, todos recordamos cómo, cuándo, dónde, con quién y, si me apuráis, hasta cómo íbamos vestidos y qué tipo de bici y de ruedines usábamos el día que lo conseguimos. Aprender a ir en bici es uno de los grandes hitos de nuestra existencia porque comprende dos conceptos extraordinarios: el equilibrio y la libertad.

* * *

Una de las cosas que más me gustan de las bicicletas es que te permiten descubrir una ciudad de una manera única, ir armando un mapa mental a medida que recorres sus calles, que te pierdes o que encuentras rutas favoritas. Para mí este es uno de los mayores placeres de la vida.

Hace algunos años, en Londres, tuve una ruta favorita; bueno, dos. La de ir al trabajo y la de volver del trabajo. Introducía variaciones en ambos trayectos por el simple hecho de que podía hacerlo. La ruta de la mañana era y sigue siendo mi favorita. Por aquel entonces era librera en una librería de segunda mano en Bloomsbury. ¿Cómo no iba a llegar contenta cada día al trabajo si lo único que tenía que hacer era subirme en la bici y recorrer mi ruta favorita? La repetí durante casi cuatro años, cuatro veces por semana, y ni una sola vez me aburrí ni me entraron ganas de no recorrerla.

Tras despedirme de Londres, esta ruta es lo que más ha perdurado en mi recuerdo. Si un día, y os aseguro que no veo la hora de que esto ocurra, alguna otra ruta desbanca del primer puesto al camino de ida al trabajo en Londres... me alegraré infinitamente. Es mi máximo deseo. Volver a enamorarme de una ruta y, por extensión, de una ciudad. No se puede tener una ruta favorita sin cruzar un parque. Es matemáticamente imposible. Por eso me está costando un poco.

Entre septiembre de 2008 y abril de 2012 efectué el trayecto entre 13 Mildenhall Rd (en Clapton, barrio de Hackney) y Skoob Books (66 The Brunswick, *off* Marchmont St) unas 704 veces. Eso son aproximadamente 3.520 millas, es decir, 5.632 kilómetros. Tened en cuenta que la Transcontinental son 4.000 kilómetros y que los ganadores recorren esta distancia en diez días o menos y sin ayuda.

* * *

Lo de seguir con alegría las vueltas ciclistas viene por mi madre. Todos los veranos de mi vida ha visto el Tour y la Vuelta: despanzurrada en el sofá medio dormida pero siempre atenta. La de veces que nos llamaba en julio, cuando ella aún no había terminado sus clases o sus tutorías o lo que fuera que hiciera en julio en la Escuela de Informática, para pedirnos que le grabáramos el Tour en una cinta VHS porque no llegaba a tiempo para verlo en directo. Y luego se lo tragaba enterito por la tarde o después de cenar. Por algún motivo, mi ciclista favorito era Abdoujaparov. Sospecho que lo que me gustaba era que iba de verde (¿tal vez era el maillot de la regularidad o tal vez su equipo iba de verde?) y, por supuesto, su apellido: AB-DOU-JA-PA-ROV. Más ruso no podía ser. Era uzbeko. Un verano tuve una colección de chapas de ciclistas y la suya era mi preferida.

* * *

La bicicleta, como cualquier invento que se precie, ha suscitado diversas preguntas para las que el ser humano aún no ha hallado respuestas, y es posible que nunca las encuentre. Estas son las que me ha generado a mí:

¿Por qué algunos maillots de montaña están estampados a lunares?

¿Por qué si los radios son tan fundamentales en una bici es posible tener una durante treinta y cinco años sin necesidad de cambiarlos jamás?

¿Por qué hay tiendas de bicis que se empeñan en cobrar dos euros por inflar las ruedas?

¿Por qué cierta gente va en contradirección en los carriles bici?

¿Por qué no hay estatuas de ciclistas en todas las plazas?

¿Por qué a algunos les da vergüenza poner nombre a su bici?

¿Por qué las personas y los lugares a menudo nos gustan muchísimo más cuando van acompañados de una bicicleta?

Si la bicicleta es equilibrio y la bicicleta es libertad, ¿qué significan los ruedines?

Como la draisiana —que es lo más parecido que vais a encontrar a las bicis infantiles sin pedales con las que los niños aprenden a mantener el equilibrio—, os invito a autopropulsaros por las páginas de este libro y a lanzaros cuesta abajo y sin frenos. Seguro que sabréis parar a tiempo.

Lucía Barahona Lorenzo
Barcelona, julio de 2022

I

BICIS CAMPESTRES

Sonríen a diario, son fresquitas, se estropean muy poco, saben lo que es enfrentarse a un caballo y a una locomotora, levantan polvaredas al frenar, repiten felices los mismos trayectos una y otra vez y ladera abajo corren que se las pelan.

El viaje en bicicleta de Hoopdriver

— H. G. Wells —

Solo las personas que, durante todo el año, de los siete días de la semana trabajan seis, salvo por un breve y glorioso descanso de diez o quince días en verano, pueden conocer la maravillosa sensación de la primera mañana de vacaciones. La monotonía de la triste rutina desaparece y los pies quedan liberados de sus cadenas. En tan solo un momento, Hoopdriver se convierte en dueño de todas las horas del largo y ocioso día; puede ir donde le plazca, no tiene que dirigirse a nadie con el título de dama o caballero, ni llevar las solapas de la chaqueta repletas de alfileres. Puede dejar a un lado el chaqué negro y vestirse como le venga en gana. En resumidas cuentas, puede ser un hombre. Escatima horas de sueño y almuerzo; no son más que intrusiones en momentos tan exquisitos. Durante estos diez días gloriosos no hay necesidad de levantarse antes de la hora del desayuno ni de vestirse con el viejo uniforme de trabajo y salir pitando después para abrir la lóbrega tienda. Tampoco sufre los imperiosos «¡vamos, Hoopdriver!» de su jefe. Se acabaron los almuerzos precipitados, o tener que atender a viejas caprichosas. El primer día de vacaciones es, sin duda alguna, el más glorioso: Hoopdriver dispone de toda la fortuna en sus manos. A partir de entonces, cada noche sentirá una punzada, un espectro del que no puede librarse: la premonición del regreso. La idea de volver a estar encerrado en una jaula durante otros doce meses se torna negra a pesar de lo que brilla el sol ese primer día. Pero aún es pronto y sus vacaciones no conocen pasado. A su parecer, diez días bien pueden ser toda una eternidad.

Y el cielo se mostraba despejado y prometía días gloriosos. Era un cielo azul transparente. Desperdigadas, se veían unas pocas nubes caprichosas, cual haces de heno recién apilados en mercados celestes. Cerca de la carretera de Richmond revoloteaban unos tordos y en Putney Heath se avistaba una alondra. La frescura del rocío se notaba en el aire. Gotas de la llovizna de la noche anterior brillaban en las hojas y en la hierba.

Hoopdriver había desayunado muy temprano gracias a la cortesía de la señora Gunn. Montó en su bicicleta y pedaleó hasta Putney Hill. Su corazón saltaba de alegría. A mitad del camino un gato negro cruzó despavorido y desapareció tras una verja. Las persianas de las enormes casas de ladrillo rojo, casi ocultas por los arbustos, aún estaban bajadas, y ni aunque le hubieran pagado cien libras se habría cambiado por ninguna de las almas que habitaban esas casas. Llevaba un traje de ciclista nuevo, de color marrón, una chaqueta Norfolk que le había costado treinta chelines, y en las piernas, aquellas piernas mártires, unas gruesas medias de rombos. Detrás del sillín llevaba una muda envuelta en una tela impermeable. El timbre, el manillar y el buje, aunque algo desgastados por el uso, brillaban con la luz del amanecer.

Al llegar a la cima de la pendiente, después de un intento fallido que terminó de alguna manera sobre la hierba, Hoopdriver volvió a montarse y, con precavida y augusta ejecución, así como con una digna trayectoria, comenzó su gran viaje en bicicleta hacia la costa del sur de Inglaterra.

Podríamos describir su curso de forma sencilla: curvas voluptuosas. No avanzaba ni deprisa ni en línea recta. Un crítico objetivo afirmaría que montar en bici no era una de sus habilidades. No obstante circulaba generosamente, con opulencia, apropiándose de todo el ancho de la vía e incluso mordisqueando el camino de los peatones. La emoción no flojeaba. Hasta entonces nadie lo había adelantado, ni él había tenido la ocasión de rebasar a nadie. El día era joven y el camino estaba despejado. Hoopdriver tenía tan poca confianza en su habilidad para manejar una bicicleta que, de momento, había decidido que se desmontaría si se aproximara un vehículo sobre ruedas.

Las sombras de los árboles se proyectaban en el camino, grandes y azuladas, y el sol parecía una piedra de ámbar ardiente. Al llegar a un cruce, en lo alto de West Hill, dejó atrás un abrevadero para ganado, torció hacia Kingston y se preparó para evaluar una pequeña pendiente. Un guardabosques madrugador, con su chaqueta de pana, se maravillaba ante los esfuerzos de Hoopdriver. Y mientras este avanzaba, apareció en lo alto de la pendiente un carro.

Al verlo, Hoopdriver, según previa determinación, se dispuso a desmontarse. Apretó el freno y la máquina se detuvo en seco. Intentó realizar un repaso mental de lo que debía hacer con la pierna derecha. Apretó las empuñaduras del manillar, aflojó el freno y, con un pie sobre el pedal izquierdo, elevó el otro en el aire. Entonces se dio cuenta de que la bicicleta cedía hacia la derecha. Mientras se decidía por un plan de acción, desafortunadamente las fuerzas gravitacionales no se quedaron cruzadas de brazos. Aún seguía indeciso cuando se encontró con la bicicleta en tierra, sus rodillas sobre ella, y un vago sentimiento de que nuevamente la providencia había tratado injustamente sus espinillas. Esto sucedía cuando se encontraba a la altura del guardabosques. El hombre del carro, al llegar al lugar del suceso, se detuvo para poder observar mejor las ruinas.

—Esa no es manera de bajarse de una bicicleta —dijo el guardabosques.

Hoopdriver levantó la máquina del suelo. Las empuñaduras del manillar estaban torcidas hacia fuera. Se dijo para sus adentros que tendría que desatornillar aquella pieza infernal.

—Esa no es manera de bajarse de una bicicleta —repitió el guardabosques después de un rato.

—Ya lo sé —respondió Hoopdriver exasperado, empeñado en ignorar un nuevo espécimen fatídico en su espinilla a toda costa.

Abrió el maletín que llevaba detrás del sillín para sacar una llave.

—Si sabe que esa no es manera de bajarse, ¿por qué lo hace? —insistió el guardabosques en tono de amistosa controversia.

Hoopdriver sacó la llave y comenzó a arreglar los puños del manillar.

—Eso no es asunto suyo —dijo, mientras forcejeaba con la llave.

Le temblaban las manos. El guardabosques se quedó pensativo y cruzó las manos y el bastón por detrás de la cintura.

—Ha roto usted el manillar, ¿eh?

En este momento a Hoopdriver se le escapó la llave de la tuerca y no pudo evitar pronunciar en voz baja una palabra malsonante.

—¡Estas bicicletas hacen desesperarle a uno! —dijo el guarda—. ¡Son una lata!

Hoopdriver dio una vuelta a la tuerca y se detuvo de pronto. Tenía la rueda delantera entre las piernas.

—¿Sería tan amable —dijo con un nudo en la garganta— de dejarme en paz?

Y entonces, con aire de quien ha presentado un ultimátum, volvió a colocar la llave en el maletín. El guardabosques no se movió de su sitio. Enarcó las cejas y observó la escena con más insistencia que antes.

—Es usted bastante insociable —sentenció el guarda pausadamente.

Hoopdriver tenía asidos los puños del manillar y se disponía a montar tan pronto como el carro pasara de largo. Su indignación aumentaba lenta pero contundentemente.

—Si no quiere que nadie le dirija la palabra, ¿por qué no se pasea por un camino de su propiedad? —exclamó el guarda dando cuenta de la situación—. ¿No puedo hacerle una ligera observación, don susceptible? ¿No soy digno de dirigirle la palabra? ¿Le ha comido la lengua el gato?

Hoopdriver continuó con la mirada perdida en la inmensidad, rígido en sus emociones. Era como si intentasen mofarse de los leones de bronce que se encuentran en la plaza de Trafalgar. Para el guardabosques, sin embargo, el asunto se había convertido en una cuestión de honor.

—No se moleste con este tipo —le dijo el guarda al conductor del carro que estaba situado ya junto a ellos—. Es un redomado engreído que solo habla con los de su clase. Este duque de pacotilla va a visitar a la realeza de Windsor, por eso mueve el trasero de forma tan aristocrática. ¡Tiene tanta arrogancia que lleva reservas en ese bulto trasero, no fuera a quedarse sin ella en el camino!

Pero Hoopdriver no escuchó nada más. Comenzó a dar pequeños saltos apoyando un pie sobre uno de los pedales, con la intención de volver a montar en la bicicleta. Al no lograr hacerse con el otro pedal soltó unas cuantas palabrotas, lo cual alegró inmensamente al guardabosques.

Unos momentos después, y tras una heroica lucha, Hoopdriver consiguió alejarse lo suficiente para no oír al guarda. Le habría encantado haber podido girar la cabeza hacia atrás para mirar a su enemigo pero se habría desequilibrado. Tuvo que contentarse con imaginarse la indignación del guardabosques contándole al conductor del carro lo que había sucedido, e intentó utilizar todo el desdén que sentía para propulsar su huida.

Siguió ascendiendo y descendiendo por las pequeñas ondulaciones del camino que conducía a Kingston Vale y tan notable es la psicología del ciclismo que después marchó derecho y con soltura, ya que las emociones producidas por el incidente con el guardabosques mantuvieron su mente despreocupada de la otrora permanente sensación de estar al borde de la caída estrepitosa que tanto le atormentaba. Montar en bicicleta se parece mucho a una relación amorosa: es, sobre todo, cuestión de fe. Si uno cree en ello, la cosa será pan comido; si existen dudas, por más que uno lo intente, no habrá manera.

Tal vez imagine el lector que Hoopdriver seguía pensando en el guardabosques, vengativo o lleno de remordimientos por haber dado toda una demostración de mal carácter. Nada más lejos de la realidad. Una súbita y enorme gratitud se había apoderado de él. Los gloriosos días de vacaciones recuperaban repentinamente su esplendor. Una vez en lo alto de la cima, colocó sus pies en los estribos y, marchando moderadamente derecho y haciendo uso intermitente de los frenos, descendió por una magnífica cuesta. En sus ojos apareció un nuevo placer, un placer que iba más allá del que provoca un fresco y dulce aire de mañana. Estiró el pulgar e hizo sonar el timbre en un arrebato de pura e inefable alegría.

«¡Duque de pacotilla!», se dijo con sorna para sus adentros mientras descendía la pendiente. Abrió la boca a modo de risa sorda. Su superioridad había sido tan evidente que hasta había sido reconocida por aquel guardabosques con acento de Manchester. ¡Nada de servicio al cliente para Manchester durante diez días! El vendedor de telas había desaparecido de la faz de la tierra para dar paso a un caballero, a un hombre de buen gusto, en posesión de un billete de cinco libras esterlinas, dos soberanos y algunas monedas de plata convenientemente distribuidas en varios bolsillos de su traje. Tan digno como un mismísimo duque. Involuntariamente, al pensar con alegría en lo bien provisto que iba de dinero, levantó Hoopdriver la mano derecha del manillar para tocarse el bolsillo superior derecho, pero la devolvió inmediatamente a su puesto tras una violenta sacudida de la máquina que le hizo torcer repentinamente en dirección hacia el cementerio del pueblo. «¡Uy! ¡Casi tropiezo con un pedazo de ladrillo! Algún bruto malintencionado lo habrá puesto en el camino; hay mucha gente así en el mundo. Deberían condenarlos para darles una buena lección.» El cinto que envolvía el maletín resonaba contra el guardabarros trasero. ¡Qué zumbido tan agradable el de las ruedas al girar!

El cementerio estaba muy silencioso y tranquilo, pero el valle se desperezaba; las ventanas de las casas chirriaban al abrirse, y un perro blanco salió ladrando de una de las casas hacia su encuentro. Al pie de Kingston Hill, ya sin aliento, se apeó de la bicicleta y subió la cuesta andando. A mitad del camino vio un carro repartidor de leche lleno de bultos y conducido por dos hombres de aspecto bastante sucio. Hoopdriver estaba seguro de que se trataba de dos ladrones que volvían a casa con lo que habían robado la noche anterior. Cuando llegó a la parte más alta de Kingston Hill sintió una ligera tirantez en las rodillas, pero también notó que ahora era capaz de llevar la bicicleta de forma más recta y segura que antes. El placer de saberse erguido sobre la bicicleta hizo desaparecer enseguida estas primeras insinuaciones de fatiga. Entonces apareció un hombre montado a caballo; Hoopdriver, con el alma en un puño ante su propia temeridad, lo adelantó.

Después descendió hasta Kingston. La llave que llevaba atrás en el maletín golpeaba la aceitera. Rebasó sin contratiempo alguno un carro cargado de verduras y un lento carromato que transportaba ladrillos. Al entrar en Kingston pudo disfrutar con la vista de una tienda de tejidos que estaba a punto de abrir, en el interior de la cual vio con claridad a dos soñolientos muchachos. Llevaban unas viejas y polvorientas chaquetas y unos cuellos de camisa de aspecto negruzco. Estaban quitando tablones, cajas y envoltorios de los escaparates, y se disponían a adornarlos con piezas de tela. Hoopdriver había realizado esa misma tarea el día anterior pero ahora, a la vista de cualquiera, ¿no era él todo un duque? Giró a la derecha, tocó la bocina enérgicamente y prosiguió su camino hacia Surbiton. ¡Viva la libertad! ¡Viva la aventura! De vez en cuando se presentaba ante él alguna casa que abría sus ojos con sorpresa, y a su derecha, a lo largo de un kilómetro y medio, serpenteaba y brillaba el caudaloso Támesis. Esto sí era *joie de vivre*, aunque fuera con calambres en las piernas.

H. G. Wells (Bromley, 1866 - Londres, 1946). Como todo autor de ciencia ficción que se precie, a H. G. Wells le obsesionaba la cuestión del desplazamiento, y a lo largo de su extensa obra encontramos referencias a una asombrosa variedad de tecnologías de transporte. Sin embargo, la que lo hipnotizó más que ninguna otra fue la bicicleta. Wells fue un gran aficionado al ciclismo, y se dice que *La máquina del tiempo* está basada, no en una bicicleta, ¡sino en un triciclo!

El paseo de Buster Keaton

— Federico García Lorca —

Personajes:

BUSTER KEATON.
EL GALLO.
EL BÚHO.
UN NEGRO.
UNA AMERICANA.
UNA JOVEN.

GALLO: Kikirikí.

(*Sale BUSTER KEATON con sus cuatro hijos de la mano.*)

BUSTER KEATON: (*Saca un puñal de madera y los mata.*) Pobres hijitos míos.

GALLO: Kikirikí.

BUSTER KEATON: (*Contando los cuerpos en tierra.*) Uno, dos, tres y cuatro. (*Coge una bicicleta y se va.*)

(*Entre las viejas llantas de goma y bidones de gasolina, un NEGRO come su sombrero de paja.*)

BUSTER KEATON: ¡Qué hermosa tarde!

(*Un loro revolotea en el cielo neutro.*)

BUSTER KEATON: Da gusto pasearse en bicicleta.

EL BÚHO: Chirri, chirri, chirri, chi.

BUSTER KEATON: ¡Qué bien cantan los pajarillos!

EL BÚHO: Chirrrrrrrrrr.

BUSTER KEATON: Es emocionante.

(*Pausa.* BUSTER KEATON *cruza inefable los juncos y el campillo de centeno. El paisaje se achica entre las ruedas de la máquina. La bicicleta tiene una sola dimensión. Puede entrar en los libros y tenderse en el horno del pan. La bicicleta de* BUSTER KEATON *no tiene el sillón de caramelo y los pedales de azúcar, como quisieran los hombres malos. Es una bicicleta como todas, pero la única empapada de inocencia. Adán y Eva correrían asustados si vieran un vaso lleno de agua, y acariciarían, en cambio, la bicicleta de* KEATON.)

BUSTER KEATON: ¡Ay amor, amor!

(BUSTER KEATON *cae al suelo. La bicicleta se le escapa. Corre detrás de dos grandes mariposas grises. Va como loco, a medio milímetro del suelo.*)

BUSTER KEATON: (*Levantándose.*) No quiero decir nada. ¿Qué voy a decir?

UNA VOZ: Tonto.

(*Sigue andando. Sus ojos, infinitos y tristes como los de una bestia recién nacida, sueñan lirios, ángeles y cinturones de seda. Sus ojos, que son de culo de vaso. Sus ojos de niño tonto. Que son feísimos. Que son bellísimos. Sus ojos de avestruz. Sus ojos humanos en el equilibrio seguro de la melancolía. A lo lejos se ve Filadelfia. Los habitantes de esta urbe ya saben que el viejo poema de la máquina Singer puede circular entre las grandes rosas de los invernaderos, aunque no podrán comprender nunca qué sutilísima diferencia poética existe entre una taza de té caliente y otra taza de té frío. A lo lejos brilla Filadelfia.*)

BUSTER KEATON: Esto es un jardín.

(*Una AMERICANA con los ojos de celuloide viene por la hierba.*)

AMERICANA: Buenas tardes.

(*BUSTER KEATON sonríe y mira en* gros plan *los zapatos de la dama. ¡Oh, qué zapatos! No debemos admitir esos zapatos. Se necesitan las pieles de tres cocodrilos para hacerlos.*)

BUSTER KEATON: Yo quisiera...

AMERICANA: ¿Tiene usted una espada adornada con hojas de mirto?

(*BUSTER KEATON se encoge de hombros y levanta el pie derecho.*)

AMERICANA: ¿Tiene usted un anillo con la piedra envenenada?

(*BUSTER KEATON cierra lentamente los ojos y levanta el pie izquierdo.*)

AMERICANA: ¿Pues entonces?

(*Cuatro serafines con las alas de gasa celeste bailan entre las flores. Las señoritas de la ciudad tocan el piano como si montaran en bicicleta. El vals, la luna y las canoas estremecen el precioso corazón de nuestro amigo. Con gran sorpresa de todos, el otoño ha invadido el jardín, como el agua al geométrico terrón de azúcar.*)

BUSTER KEATON: (*Suspirando.*) Quisiera ser un cisne. Pero no puedo aunque quisiera. Porque ¿dónde dejaría mi sombrero? ¿Dónde mi cuello de pajarita y mi corbata de moaré? ¡Qué desgracia!

(*Una JOVEN, cintura de avispa y alto cucuné, viene montada en bicicleta. Tiene cabeza de ruiseñor.*)

JOVEN: ¿A quién tengo el honor de saludar?

BUSTER KEATON: (*Con una reverencia.*) A Buster Keaton.

(*La JOVEN se desmaya y cae de la bicicleta. Sus piernas a listas tiemblan en el césped como dos cebras agonizantes. Un gramófono decía en mil espectáculos a la vez: «En América no hay ruiseñores».*)

BUSTER KEATON: (*Arrodillándose.*) Señorita Eleonora, ¡perdóneme, que yo no he sido! ¡Señorita! (*Bajo.*) ¡Señorita! (*Más bajo.*) ¡Señorita! (*La besa.*)

(*En el horizonte de Filadelfia luce la estrella rutilante de los policías.*)

Federico García Lorca (Fuente Vaqueros, 1898 - camino de Víznar a Alfacar, 1936). Las bicicletas son un milagro, y en manos de García Lorca logran sacar una sonrisa al mismísimo Buster Keaton, la estrella del cine mudo que tenía prohibido por contrato sonreír en la pantalla. Es bien conocida la fascinación que Buster Keaton ejerció sobre los integrantes de la Generación del 27, que lo convirtieron en personaje literario y le dedicaron obras como este *El paseo de Buster Keaton* o el *collage* daliniano «El casamiento de Buster Keaton».

La cadena

— Yuri Olesha —

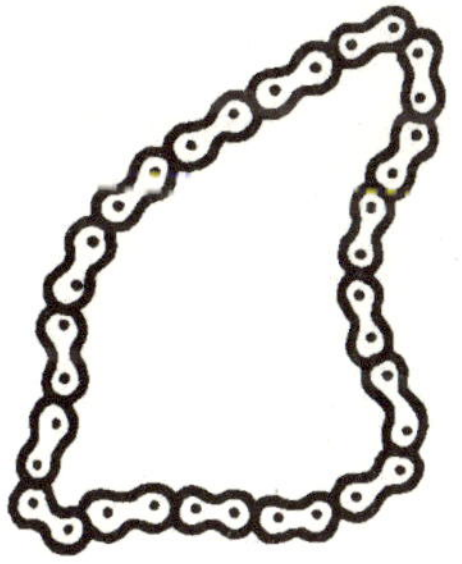

El estudiante universitario Orlov cortejaba a mi hermana.

Llegaba a la dacha en su bicicleta. La dejaba en el parterre, contra la baranda del porche. Una bicicleta cornuda. El universitario se quitaba de los tobillos los aros relucientes, una especie de espuelas sin ruleta, y los tiraba sobre la mesa de madera. Acto seguido se quitaba la visera celeste y se enjugaba el sudor. Rostro moreno, frente blanca, cráneo rapado, irisado, abultado. Yo le acechaba, él ni saludaba, ni siquiera me veía.

Sobre la rugosa superficie de la mesa hay un jarrón con flores, el universitario las sopla y las voltea. Mira a lo lejos y se encuentra con la banda azul del mar.

—Blériot ha cruzado volando el canal de la Mancha —digo.

Tengo aún esa edad en la que tragas saliva antes de pronunciar una frase.

—Cierto —dice el universitario.

Y de nuevo, silencio.

Aún no tengo derecho a participar en la vida mundana. Hasta me da vergüenza expresarme tan elegantemente: Blériot... Canal de la Mancha...

El universitario saca del jarrón un tallo con dos claveles abiertos y un capullo. De un mordisco separa el capullo. Es un capullo sólido, brillante, cilíndrico, parecido a una bala. El universitario aspira, hunde las mejillas y lanza el capullo, que sale disparado. Le da a la bicicleta, a un radio. La rueda suena como un arpa.

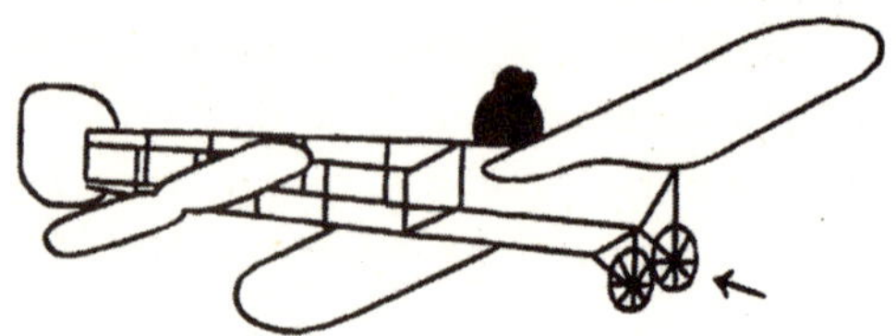

—¿El aeroplano va con ruedas de bicicleta? —pregunto.

Son de bicicleta, lo sé perfectamente. Sin embargo, en mi opinión el universitario es tonto. Seguro que en lo tocante a la aviación estoy bastante más informado que él. Pero me da reparo alardear y se me antoja oportuno cederle la ventaja de ser más versado.

—De bicicleta —dice el universitario.

Hay que ver qué triángulo: la bicicleta, el universitario y yo.

Me sonrojo: no pararía de hablar de la bicicleta; me da apuro y todo, me freno. Es tonto de capirote, el universitario este, lo sé. Lo tengo calado.

—Tu Vsévolod es un poco pavo —le decía papá a Vera.

Vaya que sí, un pavo rematado, el tal Vsévolod. Pero ¿qué hacer? Tiene esa bicicleta. Así que hago monerías, gitaneo. En su presencia ardo como si tuviese fiebre.

Siento ganas de decir:

—Vsévolod, permítame montar en su bicicleta. Un paseíto corto, por el sendero, y ya doblo hacia el postigo. Ahí el suelo es liso. Iré con cuidado. O incluso no hace falta llegar hasta el postigo. Con pedalear por el sendero me conformo.

Eso le diría. Pero la vergüenza me iza las cejas. Tengo que bajármelas con los dedos, codos hincados sobre la mesa.

Ayer me dejó montar en su bicicleta. Otra vez hoy sería demasiado. Se lo pediré mañana. O, mejor aún, pasado mañana.

No le quito ojo a la bici. En cualquier momento el universitario podría pillarme mirando. Si ocurre, alzaré en un santiamén la vista hacia el emparrado. Hay un gato encaramado. Entre las hojas, con sumo sigilo, se agarra a la parra un gato blanco, pequeño, peludo

—¡oh, casi plumífero!—, el descendiente de un noble linaje convertido en vagabundo.

El universitario se fija en el gato.

—¡Pero qué canalla! —dice—. Se está comiendo las uvas.

Los gatos jamás comieron uvas. Y menos aún uvas silvestres. Sin embargo, el universitario se levanta, y yo no intento disuadirle. Todo lo contrario: le animo, rebrincando. El universitario arranca al gato del emparrado y lo arroja al otro lado de la barandilla.

El universitario baja al jardín. Vera, mi hermana, está al caer. Pronto aparece detrás del cercado. Al ver a su pavo, aprieta el paso; corre. Ya se han encontrado, ella pliega su parasol rosa.

El universitario me dice:

—¡Adelante!

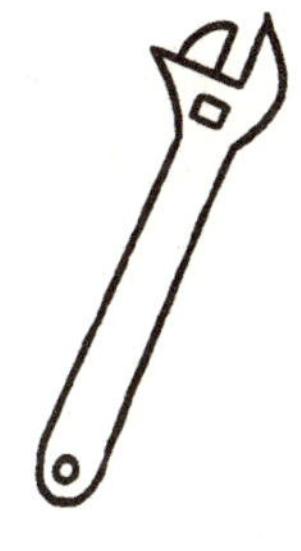

De la bolsa de piel sujeta bajo el sillín saco la llave francesa. Giro el tornillo y bajo el sillín. ¡Qué agradable es el tacto de las empuñaduras del manillar! Por los escalones guío la máquina hasta el jardín. Salta, tintinea. La linterna tiembla. La muevo. En el tubo superior resplandece el logo verde del fabricante. Otra vuelta y el logo desaparece cual lagartija.

A pedalear.

Ya cruje la grava; ya gira la rueda vista desde arriba; ya casi te tragas el postigo, que vino a encajársete debajo del sobaco como una muleta; ya se echó a dormir no sé qué tuerca en medio del sendero afelpado por el moho; ¡ya empezó la travesía!

La marcha se produce como encarando la bisectriz de un ángulo entre dos ramas, precipitándose hacia el vértice.

Se me ha metido una mosca en el ojo. Pero ¿por qué? Con todo este espacio y lo rápido que voy, y fíjate... ¡Cómo es posible que dos trayectorias no concordadas, la mía y la del insecto, topen en un punto tan pequeño como mi ojo!

Me escuece, pierdo foco. Cierro con tanta fuerza el ojo que el párpado toca la mejilla; no debo apartar las manos del manillar, intento levantar el párpado, pero se contrae... Freno, me apeo, el pedal sigue girando todavía; me abro el ojo con los dedos, el globo ocular apunta abajo, veo el lecho rojo del párpado.

¿Por qué nada más colarse en mi ojo habrá muerto el insecto? ¿Acaso emano jugos venenosos?

Vuelvo a rodar.

Casi a punto de que lo arrolle, en el último momento, un pajarillo se aparta volando de la rueda, sin asomo de susto. Otro, un palomo, ni se molesta en despegar. Se aleja caminando, sin tan siquiera mirar al ciclista.

Un chasquido como de aceite caliente sobre la sartén acompaña al correr de la bicicleta. Hasta el punto de que a veces parece que explotase un petardo. Qué ocurrencias, como para seguirlas agregando a troche y moche. Como si comparo un rebaño de vacas sobre un montículo con una carpa sobre un armazón, y ya ni te digo si encima camufláramos a las vacas con máscaras o capotes de gamuza blanca. Lo que no es broma es que he perdido la cadena. Sin ella no se puede andar en bicicleta. La cadena ha saltado en plena marcha y me he dado cuenta demasiado tarde.

Se ha quedado en la carretera. Toca volver y recogerla. Tampoco es para tanto. Desde luego que no. Camino y conduzco la máquina llevándola del manillar. El pedal me da empujoncitos en la corva. Tres niños, tres chiquillos desconocidos, corren por el borde de la zanja. Se alejan dorados por el sol. El canguelo nace en la boca del estómago. Caigo en la cuenta: los niños han encontrado la cadena. Esos niños desconocidos, vagabundos, que se escapan por el fondo del paisaje.

Ahí se tuerce todo.

O así me lo estoy imaginando:

... Regreso a casa como si nada hubiese pasado. Traigo la bicicleta inservible y la apoyo contra la baranda del porche. Mamá, papá, Vera y el universitario Orlov toman el té. Sobre la mesa, una tarta de ciruelas para acompañar la infusión. Un círculo plano, lila. Sentados el uno frente al otro, el universitario Orlov y yo. En ese brete estamos: el universitario tenía una bicicleta, y yo se la he estropeado. Podría ser peor: el universitario tenía esposa, y yo le he sacado un ojo. Anochece. Imagino que anochece, que traen una lámpara, que sobre el pecho de mamá, sobre los abalorios, se forma una vía lunar. El universitario se levanta y dice:

—Me voy.

Camina hacia la bicicleta.

Luego, un silencio pétreo.

No, no hay silencio... En la vida real, Vera está diciendo algo a mamá, mamá también habla, pero para mí ya se ha establecido el silencio. El universitario se inclina sobre la bicicleta, presiento que ahora, atravesando el silencio que media entre ambos, volverá la cabeza hacia mí.

—¿Dónde está la cadena? —pregunta el universitario.

—¿Qué cadena? —pregunto.

—¿Cómo que qué cadena?

—¿Cómo?

—¿La has perdido?

—No había ninguna cadena —digo—. He ido sin cadena. ¿Acaso la había?

—Se ha vuelto loco —dice papá—. Mirad, ha sacado la lengua.

Silencio. Me siento a la mesa con la lengua fuera.

Así me lo estoy imaginando. No se puede esquivar la desgracia por la vía legal. La única salida es infringir la ley.

Decido actuar como en los sueños. De las profundidades de mi conciencia emerge el recuerdo de una pesadilla que en raras ocasiones se repite: mato a mi madre. Me levanto. Vera se tapa el rostro con las manos. Mamá se achata, se hace más voluminosa, su cuello desaparece.

Así me lo estoy imaginando.

No puedo volver a casa.

De un momento a otro repararán en mi ausencia.

Me dirijo a la dacha de los Gurfínkel. Grisha Gurfínkel va a mi clase, me ayudará. Lloraré. El renombrado cirujano, el doctor Gurfínkel, me ayudará. El niño anémico llorará desgarrado, se dará de cabezazos ante el famoso médico. A ver, ¿cuánto puede valer una cadena de transmisión? Me prestarán el dinero... Compraremos la cadena.

Me he puesto en marcha. Detrás, con su ojo vaciado, se arrastraba la señora del universitario. A cada momento mirábamos atrás: ¿nos perseguían?

Pero los Gurfínkel no están, se han ido. Se han ido a Shabo, a por la uva. Me retiro. Frente al puesto de los refrescos se agolpa el gentío. Oigo la palabra «Útochkin». Hay aparcado un automóvil. Un automóvil espantoso. Ya lo había visto otra vez. Iba volando por la calle Lanzherónovskaia, produciendo estrépitos semejantes a disparos, soltando humo... No rodaba, parecía avanzar a trancos.

El automóvil lleva el motor al aire, sin cobertura, está sucio y grasiento, gotea por fuera y chirría por dentro.

Útochkin se está tomando un refresco en el quiosco. La muchedumbre profiere comentarios sobre el gran piloto de carreras. «Es Útochkin», dicen. «El pelirrojo», remachan, y se acuerdan de que es tartamudo.

La muchedumbre se aparta. Sale el gran piloto. No lleva el gorro. Le siguen otras personas, también pelirrojas. Él se adelanta a buen paso. En el velódromo ganó a Peterson. A Bader.

(Le toman por excéntrico. Le perciben humorísticamente. A saber por qué. Ha sido uno de los primeros en ir en bicicleta, en motocicleta, en automóvil; uno de los primeros en volar. Se reían de él. Durante el vuelo Petersburgo – Moscú su aparato se estrelló. Se rieron. Era un campeón, pero en Odesa lo tenían por un zumbado.)

Miro a Útochkin.

Viste algo que parece un saco, sucio, reluciente de mugre, desgarrado arriba. Va comiendo un pastelito de crema. Las manos ocultas en manoplas de piel. El hojaldre se desparrama sobre las manoplas como flores de lilo. Pétalos, migas de lilo en los labios, en las mejillas. Encienden el motor, que arranca con estornudos de cañón. Trepida el piso, se forman torbellinos. Caigo al suelo junto con la bicicleta. Me agarro a los radios. El espantoso automóvil me recuerda una letra, tal vez la *d*, o la *b*, tumbada de espalda.

Útochkin me levanta.

En medio del caos se desarrolla una escena sentimental: le agarro la mano embutida en la manopla, le confieso todo lo que me ha pasado: el universitario, la bicicleta, la catástrofe...

Luego suben mi bicicleta al automóvil, la colocan de soslayo. El espantoso vehículo luce un adorno transparente. Cinco hombres, yo entre ellos, montamos sobre la barriga de la letra *b*. ¡Oh, fanta-

sía industrial! ¡No recuerdo nada! ¡No sé nada! Lo único que se ha estampado en mi memoria es que a lo largo de nuestro trayecto todos los perros se han empinado.

Yo, claro está, no voy a morir, viviré más allá de este día, y de mañana, y hasta mucho, mucho tiempo después. Nada cambiará, continuaré siendo un niño, el universitario Orlov no desaparecerá, y el drama protagonizado por la cadena no se acabará así como así... Sin embargo, ahora... Ahora soy un descarado, altanero y cruel. ¿A dónde voy volando? A castigar a mamá, a papá, a Vera, al universitario... Si en ese momento se hubieran desplomado delante de mí, yo habría exclamado entre risas: «¡Mire, Útochkin! ¡Ja, ja, ja! Se están muriendo... Y nosotros sobre ruedas, somos los del coche, vamos de negro... ¿Quién dijo "amor, obediencia, piedad"? A otros con eso, a nosotros háblennos de cilindros, de bencina, de neumáticos... Somos hombres. Y he aquí el más grande: ¡Útochkin! El hombre que llega para castigar a papá».

Nos detenemos delante de la entrada. Caminamos. Útochkin va primero. La bicicleta y yo corremos detrás. El motor petardea sin cesar. El vecindario asoma enseguida por las puertas de sus inmuebles al reclamo de las detonaciones.

Útochkin y el universitario están ya vis a vis.

Los demás no entienden nada.

Claro, salí al son del suave tintineo. ¡Tan dócil y educado! Pedí permiso. Me lo dieron. ¡No ha pasado más de una hora! Y de pronto reaparezco entre truenos y relámpagos, ¡y con fantasma incluido! ¡Desafiante! ¡Indomable!

—No se debe ultrajar a los niños —le espeta Útochkin al universitario, tartamudeando y frunciendo el rostro—. ¿Cómo se le ocurre ultrajar al chico? Haga el favor, dele la cadena.

La escena acaba con el automóvil alejándose a trompicones y el universitario Orlov gritando en pos de la tormenta:

—¡Puerco! ¡Fanfarrón! ¡Chiflado!

En fin, un cuento sobre un pasado ya lejano.

Mi sueño era tener esa bicicleta. Bueno, al cabo me hice adulto. Y yo, el adulto de hoy, me digo a mí mismo, el escolar de entonces:

—Ya toca, llegó la hora de exigir. Ahora sí que puedo vengarme. Vamos, háblame de tus deseos arcanos.

Nadie me responde.

Vuelvo a la carga:

—Mírame, tampoco me alejé tanto de ti, pero ya me ves: fofo, pesado... Ibas al compás del siglo, ¿te acuerdas? ¿Blériot ha cruzado volando el canal de la Mancha? Me he quedado atrás, muy atrás, un gordinflón paticorto que corre a trote cochinero... ¡Date cuenta de lo mucho que me cuesta correr, pero no abandono: jadeando, arrastrando los pies, persigo sin rendirme la tronante tormenta del siglo!

Yuri Olesha (Elizavetgrado, 1899 - Moscú, 1960). Novelista ruso nacido en Ucrania cuya obra y destino ocupan un lugar especial en la literatura soviética, pues con la llegada del realismo socialista dejó de saber sobre qué escribir. Tenía un don para los símiles brillantes y las imágenes poéticas insólitas. Consideraba que cuando algo podía decirse con una sola frase, era un crimen ampliarlo a dos. Dejó dicho: «No sé mucho sobre la vida. Lo que más me gusta es que tiene animales, grandes y pequeños; que tiene estrellas en forma de cúpula que me miran desde un cielo claro». No es ninguna sorpresa que le gustaran las bicicletas.

Estío

– Edith Wharton –

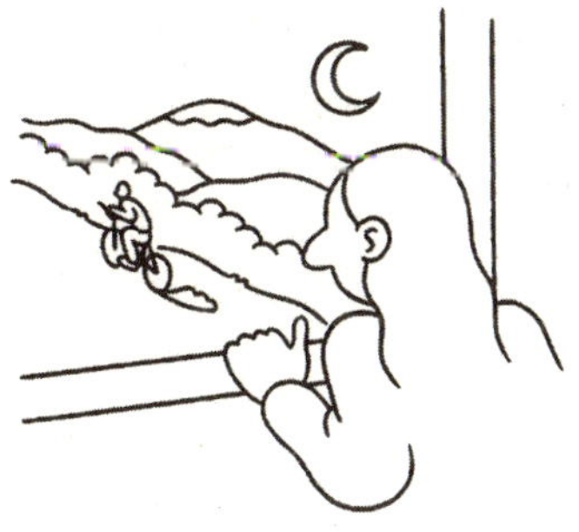

Avanzó rápidamente calle arriba hacia la biblioteca, cuya llave tenía colgada al cuello. Del pasaje trasero sacó una bicicleta y la llevó hasta el borde de la calle. Miró en torno para ver si se aproximaba alguna otra muchacha; pero se habían alejado juntas hacia el ayuntamiento, y ella saltó al sillín y giró hacia la carretera de Creston. La carretera era un descenso casi continuado en esa dirección, y con los pies en los pedales ella flotaba a través del quieto aire del anochecer como uno de los halcones que con frecuencia había observado descender planeando con las alas inmóviles. Veinte minutos después de salir por la puerta de la señorita Hatchard, estaba girando en el camino donde Harney le había dado alcance el día de su huida; y pocos minutos después había saltado de la bicicleta ante la puerta de la verja de la casa abandonada.

En el crepúsculo cubierto de polvillo dorado parecía más que nunca una frágil concha seca y lamida por el agua durante muchas estaciones; pero en la parte trasera, hacia donde avanzaba Charity con la bicicleta a su lado, se veían señales de que había estado recientemente habitada. Una puerta tosca hecha de tablas cubría la entrada de la cocina, y tras empujarla entró en una habitación amueblada en un estilo primitivo de campamento. En la ventana había una mesa, también hecha de tablas, sobre la que descansaba una jarra de arcilla con un ramo de asteres silvestres. Cerca de la misma había dos sillas de lona, y en una esquina se veía un colchón cubierto con una manta mexicana.

En la habitación no había nadie, y tras dejar la bicicleta apoyada contra la casa, Charity subió la ladera y se sentó en una roca debajo de un viejo manzano. El aire estaba perfectamente calmo, donde se encontraba podría oír el timbre de la bicicleta desde muy lejos...

Siempre se alegraba cuando podía llegar a la casita antes que Harney. Le gustaba tener tiempo para absorber cada detalle de la secreta dulzura del lugar —las sombras de los manzanos meciéndose sobre la hierba, los nogales de redondeadas copas más abajo del camino, los prados que ondulaban hacia el oeste en la luz de la tarde—, antes de que el primer beso de él lo borrara todo. Todo lo que no estuviera relacionado con las horas pasadas en aquel tranquilo lugar era tan leve como el recuerdo de un sueño. La única realidad era el maravilloso despliegue de su nuevo yo, el tenderse hacia la luz de todos sus contraídos zarcillos. Había vivido toda su vida entre personas cuya sensibilidad parecía haberse marchitado por falta de uso; y más maravilloso, al principio, que las ternuras de Harney, eran las palabras que formaban parte de ellos. Charity siempre había pensado en el amor como algo confuso y furtivo, y él lo convertía en algo tan brillante y abierto como el aire del verano.

Al día siguiente de que ella le enseñara el camino hasta la casa desierta, él había hecho el equipaje y abandonado Creston River camino de Boston; pero en la estación siguiente saltó del tren con un bolso de mano y subió a las colinas. Durante dos doradas semanas sin lluvia de agosto había acampado en la casa, comprado huevos y leche en una solitaria granja del valle donde nadie lo conocía, y preparado sus comidas sobre un hornillo de petróleo. Cada día se levantaba con el sol, se daba un chapuzón en una charca de aguas pardas que conocía, y pasaba largas horas tumbado en el perfumado bosque de abetos americanos que había más arriba de la casa, o paseando por el punto de unión de las laderas de Eagle Ridge, muy por encima de los brumosos valles azulados que se alejaban hacia este y oeste entre las interminables colinas. Por la tarde, Charity iba a verlo.

Con una parte de lo que quedaba de sus ahorros, la muchacha había alquilado una bicicleta por un mes, y cada día después del almuerzo, en cuanto su tutor se ponía en camino hacia el despacho, ella marchaba apresuradamente hacia la biblioteca, sacaba la bicicleta y volaba carretera abajo en dirección a Creston. Sabía que el señor Royall, al igual que todos los demás habitantes de North Dormer, estaba bien enterado de su adquisición; era posible que, al igual que todos los demás del pueblo, supiera el uso que hacía de ella. No le importaba: sentía que el hombre carecía tanto de poder que, si la hubiera interrogado, probablemente le habría dicho la verdad. Pero no habían vuelto a dirigirse la palabra desde la noche del embarcadero de Nettleton. Él había regresado a North Dormer el tercer día después del encuentro; llegó en el momento en que Charity y Verena estaban sentándose a cenar. Acercó su silla, sacó su servilleta del cajón del aparador, la extrajo de su anilla y se sentó con tanta despreocupación como si acabara de regresar de su sesión habitual en casa de Carrick Fry; y el viejo hábito de la casa hizo que pareciese natural que Charity no levantara siquiera los ojos cuando él entró. Ella le hizo saber que su silencio no era accidental por el sistema de abandonar la mesa mientras él aún estaba comiendo, y subir sin una palabra a encerrarse en su dormitorio. Después de eso, él adquirió el hábito de hablarle a Verena en voz alta y cordial siempre que Charity estaba en la misma habitación; pero, por lo demás, no había cambio aparente en sus relaciones.

Ella no pensaba de forma conexa en esas cosas mientras aguardaba a Harney, pero permanecían en su mente como un hosco telón de fondo contra el cual las cortas horas que pasaba con él flameaban como los incendios forestales. Nada más importaba, ni lo bueno ni lo malo, o lo que podría haberlo sido antes de conocerlo a él. Harney la había tomado y llevaba al interior de un mundo nuevo del cual, a horas señaladas, el fantasma de ella regresaba para realizar ciertos actos acostumbrados, pero era todo tan tenue e insustancial que a veces se maravillaba de que las personas entre las que se movía pudieran verla...

Tras la morena Montaña se había ocultado el sol en un dorado inmóvil. Desde los prados que había ladera arriba le llegaba el sonido de los cencerros de las vacas; una nube de humo flotaba sobre la granja del valle, se alargaba por el aire puro y desaparecía. Durante unos pocos minutos, en la clara luz que es toda sombras, los campos y bosques se vieron delineados con precisión irreal; luego el crepúsculo se desdibujó y la casita se hizo gris y espectral bajo las apergaminadas ramas de centeno.

El corazón de Charity se contrajo. El principio de la caída de la noche tras un día radiante, con frecuencia le producía la sensación de una amenaza oculta: era como asomarse al mundo cuando el amor hubiese desaparecido de él. Se preguntó si algún día se sentaría en el mismo lugar a esperar en vano a su amante...

El timbre de la bicicleta de él sonó camino abajo; al cabo de un minuto Charity estaba en la verja y los ojos del joven reían en los de ella. Regresaron por la alta hierba y abrieron la puerta trasera de la casa. Al principio la habitación pareció estar completamente a oscuras y tuvieron que entrar a tientas. A través del hueco de la ventana el cielo parecía iluminado por contraste, y por encima de las asteres de la jarra de arcilla, una estrella titilaba como una mariposa nocturna.

—¡Hubo tantas cosas que hacer en el último minuto! —estaba explicando Harney—. Y tuve que bajar hasta Creston para recoger a alguien que ha llegado a alojarse en casa de mi prima para asistir a la fiesta.

La tenía rodeada con los brazos, y los besos de él estaban en los cabellos y labios de Charity. Bajo el contacto del joven, cosas profundas de ellas lucharon hasta salir a la luz y se abrieron como flores al sol. Entrelazó sus dedos con los de él, y se sentaron el uno junto al otro en el improvisado lecho. Ella apenas oía las excusas de él por el retraso: en su ausencia, un millar de dudas la atormentaban, pero en cuanto aparecía él, dejaba de preguntarse de dónde venía, qué lo había retrasado y quién lo había mantenido alejado de ella. Era como si los lugares en los que había estado, la gente a la que había visto, tuvieran que dejar de existir en cuanto él los dejaba, de la misma forma que la vida de ella estaba en suspenso en su ausencia.

Él continuaba, ahora hablándole de forma voluble y alegre, deplorando su retraso, refunfuñando por las exigencias de los demás sobre su tiempo, e imitando con buen humor la benevolente agitación de la señorita Hatchard.

—Le dio prisa al señor Miles para que le pidiera al señor Royall que hablara mañana en el ayuntamiento: no me enteré hasta que estuvo ya hecho. —Charity guardó silencio y él agregó—. Al fin y al cabo, tal vez da igual. Nadie más podría haberlo hecho.

Charity no respondió: no le importaba el papel que fuera a jugar su tutor en las ceremonias del día siguiente. Al igual que todas las demás figuras que poblaban su magro mundo, él se había vuelto no-existente para ella. Incluso había dejado de odiarlo.

—Mañana solo te veré desde lejos —continuó Harney—, pero por la noche tendremos la oportunidad en el Ayuntamiento. ¿Quieres que te prometa no bailar con ninguna otra chica?

¿Ninguna otra chica? ¿Es que había otras? Había olvidado incluso ese peligro, tan encerrados que él y ella parecían estar en su mundo secreto. Su corazón dio un atemorizado respingo.

—Sí, prométemelo.

Él se echó a reír y la tomó en sus brazos.

—Tonta... ¿ni siquiera si son monstruosas?

Le apartó el pelo de la frente, echándole el rostro hacia atrás como tenía por costumbre, e inclinándose hacia delante de manera que la cabeza de él aparecía negra entre los ojos de Charity y la palidez del cielo en el que flotaba la estrella blanca...

El uno junto al otro, corrían de regreso por el oscuro camino forestal hacia el pueblo. Una luna tardía estaba saliendo, llena y deslumbrante, que hacía virar la cadena montañosa de un gris líquido a una negrura sólida, e iluminando de tal forma el cielo que las estrellas parecían tan mortecinas como su reflejo sobre el agua. En la linde del bosque, a setecientos metros de North Dormer, Harney saltó de su bicicleta, tomó a Charity en sus brazos para darle un último beso, y aguardó mientras ella continuaba el camino.

Llegaba más tarde de lo normal y, en lugar de llevar la bicicleta a la biblioteca, la muchacha la apoyó contra el cobertizo de leña y entró en la cocina de la casa roja. Verena estaba allí sentada, sola; cuando Charity entró, ella la miró con suaves ojos impenetrables y luego cogió un plato y un vaso de leche del estante y los puso en silencio sobre la mesa. Charity se lo agradeció con un gesto de asentimiento y, sentándose, cayó hambrienta sobre su trozo de pastel y bebió toda la leche. Le ardía el rostro a causa de la veloz carrera a través de la noche, y tenía los ojos deslumbrados por el parpadeo de la lámpara de la cocina. Se sentía como un pájaro nocturno atrapado y enjaulado de repente.

—Él no ha regresado desde la cena —dijo Verena—. Está en el ayuntamiento.

Charity no la escuchó. Su alma estaba todavía volando por el bosque. Lavó el plato y el vaso, y luego subió a tientas por la escalera a oscuras. Cuando abrió su puerta la detuvo un prodigio. Antes de marcharse, cerró los postigos para evitar que entrara el calor de la tarde; pero habían vuelto a abrirse parcialmente y un rayo de luna que atravesaba la habitación iba a posarse sobre la cama para iluminar un vestido de seda extendido en su virginal blancura. Charity había gastado más dinero del que podía permitirse en ese vestido, que superaría a los de todas las otras muchachas; había querido hacerle ver a North Dormer que era digna de la admiración de Harney. Por encima del vestido, doblado sobre la almohada, estaba el velo blanco que las jóvenes que participarían en el ejercicio debían llevar, debajo de una corona de asteres; y junto al velo un par de esbeltos zapatos de satén blanco que Ally había sacado de un baúl en el que guardaba misteriosos tesoros.

Charity se quedó mirando toda aquella desplegada blancura. Le recordaba una visión que había tenido la noche posterior a su primer encuentro con Harney. Ya no tenía visiones semejantes..., más cálidos esplendores las habían desplazado..., pero era una tontería por parte de Ally el haber expuesto todas esas cosas blancas encima de su lecho, exactamente como había estado expuesto el vestido de noche de Hattie Targatt, comprado en Springfield, para que lo vieran los vecinos cuando se casó con Tom Fry...

Charity cogió los zapatos de satén y los miró con curiosidad. De día, sin duda, se verían un poco gastados. Pero a la luz de la luna parecían tallados en marfil. Se sentó en el suelo para probárselos; le quedaban perfectamente, aunque al ponerse de pie se tambaleó un poco sobre los altos tacones. Se miró los pies, que el gracioso molde de los zapatos arqueaba y estrechaba de forma maravillosa. Nunca había visto antes unos zapatos como esos, ni siquiera en los escaparates de las tiendas de Nettleton..., nunca, excepto..., sí, una vez había advertido que Annabel Balch llevaba un par del mismo tipo.

Un rubor de mortificación le subió a las mejillas. Ally cosía a veces para la señorita Balch cuando aquel brillante ser descendía sobre North Dormer, y sin duda recogía presentes de ropa descartada: todos los tesoros de su misterioso baúl procedían de gente para la que ella trabajaba; porque no podía caber ninguna duda de que los zapatos blancos eran de Annabel Balch...

Mientras estaba allí de pie, mirándose con melancolía los pies, oyó el triple toque de un timbre de bicicleta debajo de su ventana. Era la señal secreta de Harney cuando pasaba camino de casa. Dio traspiés hasta la ventana sobre los altos tacones, abrió de golpe los postigos y se asomó. Él la saludó con la mano y continuó a toda velocidad, son su sombra negra danzando alegremente delante de él por la calle vacía alumbrada por la luna; y se quedó inclinada allí, observándolo hasta que desapareció debajo de las píceas de la señorita Hatchard.

Edith Wharton (Nueva York, 1862 - Saint-Brice-sous-Forêt, 1937). Escritora y cuentista estadounidense, en 1921 se convirtió en la primera mujer en ganar el Premio Pulitzer de Literatura por *La edad de la inocencia*. En su novela *Estío* se sirve de la bicicleta para describir la rebeldía y el rechazo a las restricciones de la vida en el pueblo de Charity Royall, una de las primeras polemistas de ficción a favor de los derechos sexuales de las mujeres: «La única realidad era el maravilloso despliegue de su nuevo yo, el tenderse hacia la luz de todos sus contraídos zarcillos. Había vivido toda su vida entre personas cuya sensibilidad parecía haberse marchitado por falta de uso».

Los escándalos de Crome

— Aldous Huxley —

Por aquel ramal de línea férrea no había pasado nunca ningún tren expreso. Todos los trenes —los pocos que por allí había— paraban en todas las estaciones. Dionisio se sabía de memoria los nombres de estas estaciones: Bole, Tritton, Spavin Delawarr, Knipswich para Timpany, West-Bowlby, y, finalmente, Camlet-on-the-Water. Él bajaba siempre en Camlet, dejando que el tren fuera trepando indolentemente Dios sabe hasta dónde, en el verde corazón de Inglaterra.

En aquel momento, el tren, con un resoplido, salía de West-Bowlby. ¡Gracias a Dios, solo faltaba una estación! Dionisio tomó sus bártulos de la red y los fue amontonando meticulosamente en el rincón opuesto al suyo. Tarea inútil. Pero algo había que hacer. Cuando acabó, se hundió de espaldas en su asiento y cerró los ojos. Hacía un calor extremado.

¡Qué viaje! Dos horas mutiladas, en seco, de su vida; dos horas en que podía haber hecho tantas, tantas cosas —escribir el poema perfecto, por ejemplo, o leer algún libro único, revelador—. Y en lugar de esto, la garganta se le revolvía con el olor de los cojines polvorientos en que se recostaba.

Dos horas. Ciento viente minutos. Todo hubiera podido realizarse en aquel espacio de tiempo. Todo. Nada. La verdad era que había dispuesto de centenares de horas, y, ¿qué había hecho con ellas? Las había malgastado, había esparcido los preciosos minutos como si sus reservas hubieran sido inagotables. Dionisio gimió en el fondo de su alma, condenándose sin remisión, con todas sus obras. ¿Qué derecho tenía él a sentarse al sol, a ocupar asientos de rincón en compartimentos de tercera, a seguir viviendo? Ninguno, ninguno, ninguno.

El dolor y una congoja nostálgica indefinible se apoderaron de él. ¡Tenía veintitrés años, y una conciencia tan angustiosa de ello!

El tren se detuvo dando un topetazo. Por fin se hallaba en Camlet. Dionisio se levantó, hundiéndose el sombrero hasta los ojos, desbarató el rimero de su equipaje, se inclinó a la ventanilla y dio voces pidiendo un mozo de estación; tomó una maleta en cada mano, pero tuvo que dejarlas otra vez para poder abrir la portezuela. Cuando, por fin, sano y salvo y cargado con sus enseres, se halló en el andén, echó a correr a lo largo del tren hacia el furgón de equipajes.

«¡Una bicicleta, una bicicleta!», gritó jadeante al guarda. Se sentía hombre de acción. El guarda no le hizo caso y continuó distribuyendo metódicamente, uno por uno, los bultos rotulados para Camlet. «¡Una bicicleta!», repitió Dionisio. «Una máquina verde, con el chasis cruzado, a nombre de Stone. S-T-O-N-E.»

«Cada cosa a su tiempo, señor», dijo el guarda en tono calmante. Era un hombre voluminoso, imponente, con una barba naval. Se lo imaginaba uno en su casa, bebiendo té, rodeado de familia numerosa. En aquel tono debía de hablar a sus chiquillos cuando se ponían pesados. «Cada cosa a su tiempo, señor.» En el interior de Dionisio se derrumbó el hombre de acción, se vació como un globo pinchado.

Dejó su equipaje para recogerlo más tarde y echó adelante con su bicicleta. Siempre se llevaba la bicicleta cuando iba al campo. Esto formaba parte de las teorías sobre el ejercicio. Tal día había que levantarse a las seis de la mañana y pedalear hacia Kenilworth o Stratford-on-Avon, o lugares por el estilo. En un radio de veinte millas se encontraban siempre iglesias normandas, castillos de estilo Tudor, para visitarlos en una tarde de excursión. Por un motivo o por otro se quedaba siempre sin verlos, pero no importaba. Era muy bonito saber que la bicicleta estaba allí y que una hermosa mañana realmente se levantaría uno a las seis.

Una vez en la cumbre de la larga cuesta que se eleva desde la estación de Camlet, se sintió de mejor humor. Le pareció que el

mundo estaba bien. Los lejanos collados azules, las cosechas que blanqueaban en las laderas de la cima donde se hallaba el camino que seguía, los horizontes sin árboles que se iban cambiando a medida que avanzaba, decididamente todo aquello estaba muy bien. Se sentía sobrecogido por la belleza de aquellas combas profundamente embutidas en los costados de la colina debajo de él. Curvas, curvas: repetía la palabra lentamente, intentando al repetirla hallar algún término en que pudiera expresar mejor su impresión. Curvas... No, no era esa la palabra. Hizo un gesto con la mano como para esculpir en el aire la expresión perfecta, y por poco se cae de la bicicleta. ¿Cuál sería la palabra para describir las curvas de aquellos vallecitos? Eran tan finas como las líneas de un cuerpo humano; estaban animadas por la sutileza del aire...

Galbe. Esta palabra era buena; pero era francesa. *Le Galbe évasé de ses hanches*: ¿se había leído jamás una novela francesa en que no se hallara esta frase? Algún día compilaría él un diccionario para uso de novelistas. *Galbe, gonflé, goulu; parfum, peau, pervers, potelé, pudeur, vertu, volupté.*

Pero él tenía que dar con la palabra. Curvas, curvas... Aquellos vallecitos ofrecían las líneas de una copa modelada en el seno de una mujer; parecían las abolladas huellas de algún enorme cuerpo divino que hubiera reposado en aquellas colinas. Pero, ¡qué locuciones tan enfadosas! Con todo, por medio de ellas, le parecía acercarse a la que necesitaba. Abollado, abultado, hoyoso —su espíritu andaba errabundo por corredores donde resonaban los ecos de la asonancia y de la aliteración cada vez más lejos del punto requerido—. Estaba prendado de la belleza de las palabras.

Volvió a darse cuenta del mundo exterior y se halló en lo alto de una pendiente. El camino se hundía, rápidamente y casi a cordel, en un ancho valle. Allá, en la vertiente opuesta, un poco más arriba del valle, estaba Crome, adonde se dirigía. Apretó los frenos; aquella vista de Crome era deliciosa contemplada desde allá arriba.

La fachada con sus tres torres saledizas se elevaba atrevidamente por encima de los sombríos árboles del jardín. La casa se bañaba en plena luz solar; sus viejos ladrillos brillaban con destellos rosáceos. ¡Qué sazonado y rico era todo aquello! ¡Qué soberbiamente mórbido! Y al mismo tiempo, ¡qué austero! El declive se hacía cada vez más rígido; su bicicleta se precipitaba a pesar de los frenos. No pudo dominar las palancas y de pronto se lanzó de cabeza. Dos minutos más tarde entraba por el portal del patio de honor. La puerta de la fachada estaba hospitalariamente abierta. Dejó la bicicleta apoyada contra la pared y entró. Quería darles una sorpresa.

Aldous Huxley (Surrey, 1894 - Los Ángeles, 1963).
Escritor y filósofo británico a quien se atribuye la frase: «La velocidad, me parece a mí, proporciona un placer realmente moderno». Su primera novela, *Los escándalos de Crome*, arranca con un lanzamiento cuesta abajo en bicicleta desde lo alto de una colina, algo que Huxley nunca dejó de hacer, si bien a un nivel más íntimo y personal. Consideraba que cada persona albergaba en su interior un tipo especial de consciencia que no necesitaba esperar pacientemente la llegada de un don divino, pues era accesible a voluntad por medio de la mescalina o el LSD.

Un paseo al cementerio

— Uxía Taboada —

Apoyada en una pila de leña en el jardín descansaba mi bicicleta. Es morada, resistente, demasiado grande en su momento como para regalársela a una niña que iba a hacer la comunión pero que agradecí años más tarde cuando pegué el estirón. Era de mi padre. Ahora me iba pequeña. Los cables de los frenos estaban sujetos con dos monedas de veinticinco pesetas, un apaño que hizo mi abuelo con el cableado después de que fallase el manillar y me chocase contra un muro.

Llevé la bici hasta el portón empujándola con suavidad por el manillar como si fuesen los hombros de un amigo nuevo al que llevas a conocer a tus amigos de siempre y esperas que todos se caigan bien. Al cerrar la puerta del jardín, con el barniz resquebrajándose tras años de lluvia sin darle nuevas capas, me encontré con el castaño. Tiene exactamente sesenta y tres años, los mismos que mi tía Chelo. Lo sé porque lo plantaron el año en que nació. Ahora vive lejos pero viene a visitarnos en vacaciones. En una de esas visitas, de un año para otro, le habían desaparecido todas las arrugas de la cara y del cuello. No mencionamos nada, por decoro, pero ahora que parecía veinte años más joven me resultaba difícil asociarla al castaño como había hecho hasta entonces.

Dejé el castaño atrás y tomé el camino de la derecha, donde está la fachada posterior. Esta parte de la casa tiene por lo menos trescientos años. Así está registrado en viejos documentos guardados por mi madre en una caja metálica de publicidad antigua: un certificado de defunción de 1792, un contrato de alquiler de maquinaria agrícola de 1875, una carta casi ininteligible de 1907 de un familiar que emigró a Cuba... Toda esa burocracia, todos esos nacimientos y muertes, todos esos encuentros fortuitos, todas las guerras y desastres económicos de tres siglos han culminado en la persona que soy ahora: una chica bajando una cuesta sobre una bicicleta morada un poco incómoda porque el sillín está muy bajo.

Llegué a la casa de mis Primeros Vecinos, mucho más lujosa que la mía, algo que ya se aprecia desde fuera. Las paredes son de piedras lisas y simétricas y el portón de metal está tallado como una fantasía barroca. Dentro hay una escalinata tapizada con una alfombra persa donde me torcí el tobillo a los ocho años jugando con mi amiga Alba, la nieta de los dueños, al competir para ver quién saltaba desde el escalón más alto. Las escaleras llevan a un comedor rectangular con techos altísimos cubierto de tapices que representan escenas de caza a escala 1:1 en las paredes. En el centro de la habitación hay una mesa de roble con unas patas de sirena. Las sillas a su alrededor son de madera oscura con respaldos de dos metros coronados por cruces, ideales para albergar la convención de los hombres más altos del mundo. De la lámpara del techo caen cientos de cristales minúsculos que tintinean si corre algo de brisa, como los efectos de sonido que ponen en las películas de los ochenta cuando alguien está a punto de tener una ensoñación o un recuerdo. Un día de agosto estábamos Alba y yo jugando debajo de esa enorme mesa después de merendar un bocadillo de salchichón cuando oímos que gritaban su nombre. Era su abuelo, un militar originario de Burgos que llevaba el pelo al ras y unas uñas muy limpias, cortadas con mucha precisión a pesar de pasarse el día entre caballos y escopetas. Salimos de debajo de la mesa y lo vimos sosteniendo un plato de porcelana. Sobre el plato, haciendo un tachón, la piel de las rodajas del salchichón que Alba le había arrancado al bocadillo antes de comérselo. El abuelo militar no se andaba con tonterías: la disciplina y el ahorro eran los dos pilares básicos de la educación familiar, y con esa dureza trataba a Alba durante los meses de verano en los que ella vivía allí. Colocó el plato sobre la mesa y la obligó a comerse los restos de la piel del salchichón. Allí no se tiraba nada, supongo que por eso a su familia le había ido mejor que a la mía.

Un par de pedaleos después está la casa de mis Segundos Vecinos. La construcción también es de piedra antigua, sí, pero más reciente que la anterior. La fachada casi no se ve porque está cubierta con macetas de flores colgantes, arbustos y rosales. A su lado hay un lavadero comunal que tienen casi todas las aldeas de por aquí. La piedra original del lavadero está cubierta con cemento. Si alguien quisiera lavar ahí una prenda delicada las rugosidades de la superficie le harían pequeños agujeros al tejido y solo serviría para trapos. Encima del lavadero hay colocadas unas plantas de aire tropical en tambores de lavadoras que ya no funcionan, a modo de tiestos. Me gusta que en este pequeño espacio congelado en el tiempo la herramienta ancestral para lavar la ropa esté en un plano central, al alcance de todos, mientras que el producto de la industrialización, la lavadora, sea aquí puramente coyuntural y esté abierta a usos más decorativos. El lavadero ya no se usa pero el agua que sale de la fuente es potable, así que me bajé de la bici para beber. Aún faltaba un rato para llegar al cementerio y no quería tener sed más adelante.

Salí de la aldea y a partir de ese momento lo único que distinguieron mis ojos fueron los diferentes tonos de verde de la naturaleza. Entre plantaciones de pinos, maíz y pasto para los animales, detrás de un muro bajo, asoma una calva de tierra en medio de un prado de hierba alta. Por el prado pasean varios caballos viejos. Hace tiempo una mujer que conducía un tractor sin cabina superior se desvió del camino, volcó el vehículo y quedó atrapada en él.

Una piedra del muro desgarró el depósito de gasoil y vertió todo su contenido entre la hierba dejando una mancha de un metro de diámetro y un olor industrial. Muchos años después de que una grúa moviese el tractor, de que una ambulancia se llevase el cuerpo sin vida de la mujer atrapada y de que volviera a reconstruirse el muro, el cerco permanece perfectamente visible desde el camino como una señal de muerte que indica la proximidad del cementerio. Los caballos viejos que pacen en ese campo evitan acercarse a la calva. ¿Es porque notan el olor del gasoil? ¿O es porque saben que es una zona maldita? Tienen las crines llenas de canas y de sus ojos no sale ninguna chispa de vida. Cuando mastican la hierba enseñan unos dientes desgastados y sucios.

El último tramo del camino transcurría entre una zona boscosa llena de curvas cerradas. Algunas ramas sueltas me daban manotazos en la cara; me lo tomé como una señal para reducir la velocidad. Con la claridad del cielo despejado llegué al cementerio, por fin. Dejé la bicicleta aparcada en la puerta porque intuí que había algo sacrílego en rozar con el neumático la carcasa de los muertos que es el suelo del camposanto. Mi bicicleta es demasiado mecánica, demasiado aerodinámica, demasiado lúdica para la paz de ese lugar.

En la iglesia de esta parroquia se casaron mis tatarabuelos, mis bisabuelos, mis abuelos y mis padres, aquí me bauticé y aquí hice la comunión. El cementerio rodea la iglesia, con los nichos muy pegados y repartidos horizontalmente, como si le diera un abrazo. Los nichos están rodeados de otro muro, y tras ese muro están las huertas de las casas de la parroquia. Ahí todo está hipertrofiado: las tomateras desbordadas sostenidas por palés, las cebollas, las berzas altísimas y un poco retorcidas que se tambalean como un bebé con zancos, las lechugas a punto de estallar. Siempre me pregunté si el motivo original de colocar las huertas al lado del cementerio tendría que ver con el uso de los cuerpos en descomposición como abono para las plantas. La iglesia ha sobrevivido a varias pandemias: a la peste negra, a la peste bubónica y a la gripe española, eso como mínimo. Estoy segura de que el cementerio, en los tiempos más crudos de cada una de ellas, albergaba más muertos de los que era recomendable enterrar. Los vecinos, que conocían muy bien el ciclo de la vida y las propiedades del abono, aprovecharían estas desgraciadas circunstancias para, al menos, estar bien alimentados y tener las defensas altas para afrontar la enfermedad. Imaginaba a alguno de los vecinos cortando la cebolla de una huerta pegada al cementerio para preparar una ensalada y que dentro de ella encontraba el anillo con el que esa familia enterró a su tatarabuelo hace ciento tres años.

Conté las tumbas desde la esquina derecha hacia la izquierda: una, dos, tres, cuatro, cinco, seis. Esa, la sexta, era la de mi padre. Me acerqué y me senté sobre ella. Tiene una placa plateada que indica su año de nacimiento, 1962, y el año de su muerte, 1989. Ya soy cuatro años mayor que él. Ya soy mayor que él, para siempre; este es un dato que no cambiará nunca. La tumba de mi padre es la más limpia de todo el cementerio. Mi madre había comprado un bote de spray con un líquido que sirve para aislar y proteger la piedra y se lo aplicó al nicho, así que nunca se humedece ni se mancha. Mantener los nichos de la familia limpios y aseados es motivo de orgullo para ella, se crece y saca pecho cuando alguna vecina lo elogia. Sobre él hay un ramo de flores de plástico tan bonitas que no parecen de plástico. Imitan un ramo de flores silvestres sencillas, sin pretensiones. A mi madre no le gusta lo pomposo, las clásicas rosas de las coronas fúnebres son demasiado altivas y no encajan en un cementerio rural. Sobre el nicho hay una hornacina con la figura de una Virgen de Fátima que compré en Portugal. El manto de la Virgen cambia de color dependiendo del tiempo: si llueve, el manto se vuelve azul, y, si hace sol, el manto se tiñe de rosa. No es muy práctico para un cementerio porque a los muertos les da igual la meteorología, pero a mí me había encantado esa combinación perfecta de religión, magia y ciencia.

Entre las cosas que me dejó mi padre, además de la bicicleta, está un ejemplar de *El principito*. *El principito* es un libro que me gustaba mucho. Me lo sabía de memoria y siempre lloraba en todas las partes tristes en las que había que llorar. Los años de mi adolescencia lo tuve un poco olvidado, pero si salía en cualquier conversación asentía y daba mi conformidad sobre él. Las cosas cambiaron cuando cumplí dieciocho años. De repente, de un día para otro, descubrí que odiar *El principito* era un rito de paso para entrar en la adultez. Empecé a ver en internet a gente muy enfadada escribiendo en mayúsculas que claro que aquello no era un elefante, era *UN PUTO SOMBRERO* y que el Principito era un gilipollas, que era un libro para simples. Las relaciones imaginarias que por entonces tenía con mi padre se resintieron durante un tiempo por este motivo. Ya no me era posible idealizarlo porque el único legado que me quedaba de él era un libro al que al noventa por ciento de la gente a la que quería impresionar le parecía un fraude.

Durante el par de años que pasé distanciada de mi padre intentaba no hablar de él con nadie, evitaba pensarlo. Quería desembarazarme del peso de su sangre, sudarla en una sauna y ver cómo la tragaba el desagüe haciendo círculos en espiral. Bastante tiempo después, una noche en la que estaba aburrida, bajé el libro de la balda más alta de la estantería para ojearlo. Lo leí entero allí mismo, tumbada en el suelo, con la espalda apoyada en el suelo, alimentando mis contracturas. Toda la irritación infantil que sentía por mi padre, por lo naíf y cursi del libro, se había diluido. Me sentía como si hubiese estado llorando dos horas seguidas por una tontería y la persona más guapa de la fiesta me contara un chiste muy gracioso para consolarme. La sangre me subió en oleadas a la cara y me escribió *vergüenza* en la mejilla derecha y *culpa* en la izquierda, una reacción alérgica causada por el hecho de haber sido tan tonta. La fase de rebelión inevitable contra tus progenitores era normal en el resto de la gente: todos los padres de mis amigas se comportaban de forma huraña y respondían con negativas a cualquier deseo que implicase diversión o que les causara algún esfuerzo más allá del estrictamente necesario. A su lado, mi rebelión era un chiste, una lucha contra un fantasma cuyo mayor pecado había sido poseer un ejemplar de *El principito*. Cogí una de las flores de plástico de la maceta, me la guardé en el bolsillo y salí de allí. No me quedaba nada más que hacer.

Cuando bajas una cuesta a toda velocidad con lágrimas en los ojos, la tristeza y el nudo en la garganta no desaparecen pero se glamurizan porque parece que estás en un videoclip y *tu pelo suelto ondea al viento* y está atardeciendo con unos colores increíbles. Todas esas cosas creaban un abanico de circunstancias convencionalmente cursis que envolvían con suavidad el hecho de que acababa de visitar la tumba de mi padre, para hacerlo un poco más digerible. A pesar de ponerle muchísimo empeño por mi parte, esa ensoñación cinematográfica en la que me convertía en una desamparada adorable no llegó a funcionar del todo porque las piedras de gravilla de la carretera, al tomar el camino de vuelta, me saltaban a las pantorrillas al pasar sobre ellas y cada vez tenía más calor. Me empezaba a doler la cabeza, en parte por la resaca de llorar y en parte porque esta bicicleta vieja, de tamaño desaconsejable para una persona adulta, me doblaba las articulaciones en un ángulo incómodo con cada pedaleo. Era ingenuo seguir usándola.

Dejé la bicicleta en la cuneta y me acosté en un prado al lado del camino. No quería dejar que se pudriera en el jardín por falta de uso, menos aún abandonarla en un punto limpio. Necesitaba un final solemne, una despedida con honores. La idea llegó mientras arrancaba briznas de hierba del suelo, como si acabase de sintonizar bien la emisora después de salir de un túnel: *tengo que enterrar mi bicicleta tengo que enterrar mi bicicleta tengo que enterrar mi bicicleta*. Enterrarla y ponerle una cruz como hice con todos mis perros cuando se fueron muriendo de viejos: Tim, Lisa y Toffee. Esta idea desterró al resto de pensamientos, no había espacio para nada más que no fuese ella. ¿Era posible enterrar una bicicleta? Posible sí, pero ¿legal? No sabía si para construirla habían usado materiales contaminantes y por culpa de eso iba a incumplir alguna ley europea al meterla bajo tierra. ¿Se iría descomponiendo a lo largo de los años sin ver la luz del sol, con la presión de la tierra empujando hacia dentro? ¿Cuánta hambre tenían que tener los gusanos de la tierra para digerir un vehículo de acero? Me levanté, me sacudí la ropa y me volví a montar en la bici para darle el último paseo, la ruta que va del cementerio de mi padre al cementerio de mis perros.

Este otro cementerio está oculto por una caseta de herramientas, un nogal y un muro de maleza, la cortina perfecta para ocultar a una persona que cava una tumba para un objeto inanimado. El cerrojo de la caseta está roto, para abrirlo solo hay que desatar la cuerda que une la manilla a una punta clavada a la pared. Dentro hay una exposición de palas viejas en una amplia gama de tonos de óxido para escoger. Me quedé con la más grande y salí de allí.

Tracé un círculo sobre la tierra del tamaño de la bicicleta y empecé a cavar. No era fácil, la superficie estaba dura y las raíces de las hierbas formaban nudos muy compactos. Cuando la pala chocaba contra alguna piedra enterrada (tac) me esforzaba por interpretar ese ruido metálico (tac) como las campanas de la iglesia que tocan a muerto (tac) aunque no se parecía casi nada. Saqué la flor de plástico del bolsillo y la dejé sobre el manillar, al acabar el hoyo las metería ahí juntas a las dos. Me aparté el flequillo de la frente empapada de sudor y vi que alguien había dejado en el suelo un sombrero de paja al lado del nogal. No se trataba de una serpiente que se había comido a un elefante, lo más seguro era que dentro del sombrero una víbora durmiera la siesta mientras digería algún ratón; no me convenía despertarla. Pensé otra vez en toda esa gente que se reía de *El principito* y me volví a poner roja; tengo un sistema circulatorio muy eficiente, la sangre siempre acude a la mínima.

La verdad, es un libro muy bueno.

Uxía Taboada (Lugo, 1989). Le gustan las películas de terror y los fanzines. Ha colaborado en varios y publicado dos propios, *Él tiene 17 y yo 16 recién cumplidos* y *¿Podemos ser amigos de Dios?* Tiene una cicatriz con forma de puñal debajo del ombligo por chocarse en bicicleta contra un muro mientras hacía una carrera con su mejor amiga. Odia ponerse el casco.

Persecución

– Giovanni Guareschi –

Don Camilo se había dejado llevar un poco por su celo durante una jaculatoria de asunto local en que no faltó algún pinchacito más bien fuerte para esos tales, y sucedió que, la noche siguiente, cuando tiró de las cuerdas de las campanas porque al campanero lo habían llamado quién sabe dónde, se produjo el infierno.

Un alma condenada había atado petardos al badajo de las campanas. No hubo daño alguno, pero se produjo una batahola de explosiones como para matar de un síncope.

Don Camilo no había abierto la boca. Había celebrado la función de la tarde en perfecta calma, con la iglesia repleta. No faltaba ninguno de aquellos. Pepón en primera fila, y todos mostraban caras tan compungidas como para poner frenético a un santo. Pero don Camilo era un aguantador formidable y la gente se había retirado desilusionada.

Cerrada la puerta grande, don Camilo se había echado encima de la capa, y antes de salir, había ido a hacer una corta reverencia ante el altar.

—¡Don Camilo! —le dijo el Cristo—. ¡Deja eso!

—No entiendo —había protestado don Camilo.

—¡Deja eso!

Don Camilo había sacado de debajo de la capa un garrote y lo había depositado ante el altar.

—Una cosa muy fea, don Camilo.

—Jesús, no es de roble: es de álamo, madera liviana, flexible —habíase justificado don Camilo.

—Vete a la cama, don Camilo, y no pienses más en Pepón.

Don Camilo había abierto los brazos e ido a la cama con fiebre. Así, la noche siguiente, cuando se le presentó la mujer de Pepón, dio un salto como si le hubiese estallado un petardo bajo los pies.

—Don Camilo —empezó la mujer, que estaba muy agitada. Pero él la interrumpió.

—¡Márchate de aquí, raza sacrílega!

—Don Camilo, olvide estas estupideces. En Castellino está aquel maldito que intentó matar a Pepón... Lo han soltado.

Don Camilo había encendido el cigarro.

—Compañera, ¿a mí vienes a contármelo? No hice yo la amnistía. Por lo demás, ¿qué te importa?

La mujer se puso a gritar.

—Me importa porque han venido a decírselo a Pepón y Pepón ha salido para Castellino como un endemoniado, llevándose el ametrallador.

—¡Ajá! ¿Así que tenemos armas escondidas, verdad?

—Don Camilo, ¡deje tranquila la política! ¿No comprende que él lo mata? ¡Si usted no me ayuda, él se pierde!

Don Camilo rio pérfidamente:

—Así aprenderá a atar petardos al badajo de las campanas. ¡En presidio quisiera verlo morir! ¡Fuera de aquí!

Tres minutos después, don Camilo, con la sotana atada en torno del cuello, partía como un obseso hacia Castellino en la Wolsit de carrera del hijo del sacristán. Alumbraba una espléndida luna y a cuatro kilómetros de Castellino vio don Camilo a un hombre sentado en el parapeto del puentecito del Foso Grande. Allí moderó la marcha, pues hay que ser prudentes cuando se viaja de noche. Detúvose a diez metros del puente, teniendo al alcance de la mano un chisme que se había hallado en el bolsillo.

—Joven —preguntó—, ¿ha visto pasar a un hombre grande en bicicleta, derecho hacia Castellino?

—No, don Camilo —contestó tranquilamente el otro.

Don Camilo se acercó.

—¿Has estado ya en Castellino? —inquirió.

—No; he pensado que no valía la pena. ¿Ha sido la estúpida de mi mujer la que lo ha hecho incomodarse?

—¿Incomodarme? Figúrate. Un paseíto.

—Pero ¡qué pinta ofrece un cura en bicicleta de carrera! —dijo Pepón soltando una carcajada.

Don Camilo se le sentó al lado.

—Hijo mío, es preciso estar preparado para ver cosas de todos los colores en este mundo.

Una horita después don Camilo estaba de regreso e iba a hacerle su acostumbrada relación al Cristo.

—Todo ha andado como me lo habíais sugerido.

—Bravo, don Camilo. Pero, dime, ¿te había sugerido también agarrarlo por los pies y arrojarlo al foso?

Don Camilo abrió los brazos.

—Verdaderamente no recuerdo bien. El hecho es que a él no le hacía gracia ver un cura en bicicleta de carrera y entonces procedí de manera que no me viese más.

—Entiendo. ¿Ha vuelto ya?

—Estará por llegar. Viéndolo caer en el foso pensé que saliendo un poco mojado le estorbaría la bicicleta y entonces pensé regresar solo trayendo las dos.

—Has tenido un pensamiento muy gentil, don Camilo —aprobó el Cristo gravemente.

Pepón asomó hacia el alba en la puerta de la rectoral. Estaba empapado y don Camilo le preguntó si llovía.

—Niebla —contestó Pepón entre dientes—. ¿Puedo tomar mi bicicleta?

—Figúrate; ahí la tienes.

Pepón miró la bicicleta.

—¿No ha visto por casualidad si atado al caño había un ametrallador?

Don Camilo abrió los brazos sonriendo.

—¿Un ametrallador? ¿Qué es eso?

—Yo —dijo Pepón desde la puerta— he cometido un solo error en mi vida: el de atarle petardos a los badajos de las campanas. Debía haberle atado media tonelada de dinamita.

—*Errare humanum est* —observó don Camilo.

Giovanni Guareschi (Parma, 1908 - Rávena, 1968). Periodista y escritor humorístico italiano. Su colección «Pequeño Mundo» recoge 347 cuentos ambientados en un pueblecito del valle del Po durante la posguerra italiana. En ellos encontramos a don Camilo, el exaltado cura del pueblo, y a Pepón, el alcalde comunista. Guareschi, profundamente católico, hizo objeto de fuertes críticas a los comunistas en su revista *Cándido*, donde se publicaron la mayoría de las historias de don Camilo. Ambos personajes, sin embargo, persiguen un interés común: el bienestar del pueblo.

Believer

– Tórtel –

Vas en tu bici en esta perfecta mañana de verano y notas que podrías volar como si llevaras a ET en el manillar.

Vas camino de su casa, y parece que estés navegando, deslizándote cuesta abajo con tu camiseta amplia ondeando, y hasta puedes sentir el viento colándose entre tus costillas.

Ayer ella te dijo que hoy no habría nadie en su casa, que fueras a pasar la mañana allí hasta que llegaran sus padres. Y sabes que hoy es el día en el que casi seguro ocurrirá algo. Y no sabes si quizás eres el último chico de una larga fila de chicos y eso te preocupa casi tanto como te asusta, y que te preocupe y asuste te hace sentir extrañamente solo.

Piensas en el primer día que la viste en el aparcamiento del centro comercial mientras candabas tu bicicleta a un árbol. Ella metía bolsas de la compra en el coche de su madre, parado donde no se puede aparcar. Y desde aquel día no has dejado de sentir un tipo especial de tristeza. Al principio solo deseabas su atención, caerle bien, eso era todo. Inventabas conjuros absurdos con los que la invocabas para que apareciera en cualquier lugar. Tu amigo te lo dijo: «Tu magia es una mierda».

Y aquí estás ahora, camino de su casa, y es como si te vieras desde fuera. Pareces una especie de Timothée Chalamet con tu camiseta negra de Gorillaz talla grande. Y mientras vuelves a pedalear piensas que sí, seguramente hoy sea el día. Y recuerdas aquella película proyectada sobre el frontón, y que llevaste de tu casa una silla para ti y otra para ella. Y ni siquiera eres capaz de recordar cómo se llamaba aquella película, pero sí que acabasteis en el coche de alguien que conducía demasiado rápido, y que seríais como cinco en el asiento de detrás, y todo el mundo reía y hablaba a gritos, y estabas bien porque tuviste la suerte de que ella saltara justo a tu lado, casi sentada sobre ti. Y allí estabais esa noche y en ese coche, uno al lado del otro, pegados, pero con bastante cuidado de no tocaros. Pensaste en lo mucho que se parecía a Rachelle Vinberg, con el pelo largo moreno y las gafas. Y tú le preguntaste algo tonto mientras pasabas los dedos por ese hueco por donde se esconden los cristales en las ventanillas de los coches. Después de eso vino la noche en la que el cielo parecía una enorme piscina boca abajo y corristeis empapados a refugiaros en la pérgola del supermercado, que estaba cerrado porque eran como las cuatro de la mañana, y os besasteis y su boca sabía a vodka con limón, y ya no os dio miedo tocaros.

Y esta mañana ni siquiera te mueres por llegar porque estás disfrutando de tu paseo en bicicleta y eres elegante llevando esos cruasanes para desayunar. Para que no bailen en tu mochila los has metido en la caja de plástico que compraste en los saldos de la tienda de animales, y pareces Jaden Smith místico sobre tu bicicleta y conectado con el universo. Ya no estás preocupado. Te gustaría detenerte un segundo y coger el teléfono para contárselo, pero eso sería realmente estúpido. En realidad no sabes decidir si estás muerto de miedo o si eres disparatadamente feliz.

Ahora mismo, sentado en tu bicicleta, haces un *bunny hop*. Y crees que todo el mundo sabe algo de ti que a ti se te escapa.

Y por fin te acercas a ese árbol que nunca deja ver que al pasar por su sombra empieza un camino lleno de casitas blancas con porches desconchados. Y entonces puedes verla a ella, sentada en la acera a la puerta de su casa. Cuando te ve sonríe y se levanta como impulsada por un resorte, agitando su mano en el aire.

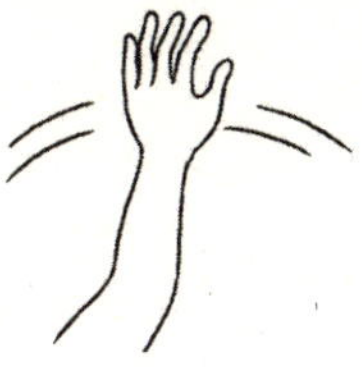

Como si limpiara los cristales de una ventana imaginaria.

Tórtel (Valencia, 1976). Licenciado en Filología Hispánica. Como compositor e intérprete musical lleva publicando canciones y discos en distintas formaciones desde 1997, y desde 2010 al frente de su proyecto personal. También ha compuesto música para cine, cortometrajes, publicidad, arte visual, televisión y teatro. Además de esto, colabora como editor externo en Plaza & Janés. Vive a las afueras.

— PEDALES lozanos —

No hay motivo por el que un hombre que va por un camino liso pierda el equilibrio sobre una bicicleta, pero puede hacerlo.

***Perelandra*, C. S. Lewis**

Es imposible desesperarse por la raza humana cuando se ve a alguien montando en bicicleta.

Stewart Parker

Sartre prefería montar en bicicleta a caminar. La monotonía del paseo le aburría, mientras que la intensidad del esfuerzo y el ritmo de un viaje en bicicleta variaban constantemente. Se entretenía acelerando en las colinas. A mí me faltaba el aire e iba tras él. En los tramos llanos, pedaleaba con tal indiferencia que en dos o tres ocasiones aterrizó en la cuneta. «Estaba pensando en otras cosas», decía. A los dos nos encantaba la libertad de bajar por una colina.

El paisaje pasaba volando más rápido que cuando íbamos a pie. Al igual que él, yo estaba dispuesta a cambiar mi antigua pasión por caminar por este nuevo placer.

***La plenitud de la vida,* Simone de Beauvoir**

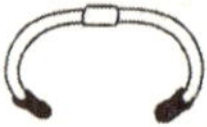

La vida es como montar en bicicleta. Para mantener el equilibrio hay que seguir pedaleando.

Albert Einstein

Cuando el día se vuelva oscuro, cuando el trabajo parezca monótono, cuando resulte difícil conservar la esperanza, simplemente sube a una bicicleta y date un paseo por la carretera, sin pensar en nada más.

Arthur Conan Doyle

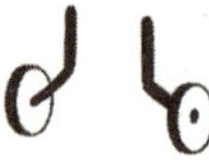

Nada es comparable al sencillo placer de dar un paseo en bicicleta.

John F. Kennedy

La tolerancia requiere el mismo esfuerzo del cerebro que mantener el equilibrio sobre una bicicleta.

Helen Keller

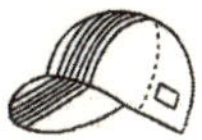

La melancolía es incompatible con montar en bicicleta.

James E. Starrs

Entonces meto la bici en el maletero del coche; el Citroën parece que intenta tragársela entera, excepto una rueda delantera indigesta, y echo a andar hacia el bosque de Fontainebleau o Rambouillet. Paro el coche. Saco la bicicleta y me adentro en el bosque, un ciervo con ruedas, los frenos sobresaliendo como ramas de cornamenta del manillar de carreras. El aire muerde, el oxígeno llega a la sangre y al cerebro, las ruedas cantan en la estrecha franja de un carril forestal asfaltado, una idea viene a la mente.

***The Man Who Loved Bicycles*, Daniel Behrman**

Yendo en bicicleta es como mejor se conocen los contornos de un país, pues uno suda ascendiendo a los montes y se desliza en las bajadas.

Ernest Hemingway

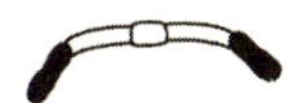

Con la irreflexión de los locos —o más bien de los científicos— la pareja [Maris & Pierre Curie en agosto de 1897, ella embarazada de ocho meses] partió de Port Blanc a Brest en sus bicicletas, cubriendo etapas tan largas como tenían por costumbre. Marie declaró que no sentía fatiga, y Pierre se mostró dispuesto a creerla. Tenía la vaga sensación de que ella era un ser sobrenatural, que escapaba a las leyes humanas.

[Se vieron obligados a interrumpir su viaje en bicicleta y tuvieron que regresar a París, donde el 12 de septiembre Marie dio a luz a su hija Irene, futura premio Nobel de Química en 1935.] Ève Denise Curie-Labouisse

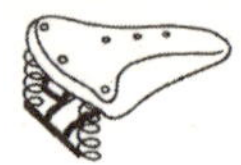

Fue a finales de agosto, mientras un sol ardiente ablandaba el asfalto en las polvorientas calles de Londres y maduraba el lúpulo en la agradable tierra de Kent, cuando fuimos en peregrinación a Canterbury. El nuestro no era un viaje ordinario en tren, que es la forma en que los peregrinos de hoy en día suelen viajar. No. Lo que queríamos era, con toda reverencia, seguir, en la medida de lo posible, el camino emprendido por la célebre compañía de antaño, partiendo del mesón en el que estos señores pernoctaron una noche y celebraron un consejo, haciendo paradas por el camino en los pocos lugares que mencionan por su nombre, y terminando, como ellos, en el santuario del «santo y dichoso mártir», en la catedral de Canterbury. ¿Qué mejor manera de hacerlo que recorriendo en nuestro triciclo el terreno que ellos hicieron sagrado?

***A Canterbury Pilgrimage*, Joseph y Elizabeth Robins Pennell**

La bicicleta es una forma sencilla de ser libre. Libera las manos del manillar y eres libre de ir a donde quieras.

Sempé

A estas alturas, los incansables ciclistas habrán recorrido ya más de trescientos kilómetros sin haber llegado a ninguna parte. Y es que no es eso lo que quieren. Ellos dan vueltas y más vueltas a la misma pista, que tiene doscientos metros de longitud y dos millones de metros de aburrimiento. Si esta pista tuviera una línea de meta, podría decirse que en la línea de meta aguarda un premio por el que merece la pena pasar seis días de tormento. Pero la pista no tiene una línea de meta, y sin embargo a los ciclistas les espera un premio: así de pueriles e inútiles son mis pensamientos mientras observo la carrera. Tan solo faltan cien horas para que acabe.

***La XIII edición de los Seis Días de Berlín*, Joseph Roth**

Crujes de sufrimiento y caes de la bici, Tom Simpson. Aún no has entrado en coma, la montaña te está matando con paciencia. Alguien te levanta del suelo y vuelves a estar encima del sillín, inconsciente pero pedaleando como un robot. A tu vida solo le quedan 40 pedaladas. Y ni siquiera te das cuenta.

***Plomo en los bolsillos*, Ander Izagirre**

UN DÍA EN LAS CARRERAS

Bicis deportistas que aparecen por la tele y echan de menos a las chicas y al colectivo LGTBIQ+. A veces se ponen tristes, no porque se les pinche una rueda, sino porque les privan de un montón de caprichos, como unas buenas alforjas o un racor de color pistacho con forma de elefante.

Una especie de viaje-récord

– Édouard de Perrodil –

Unos pocos días más y estaremos a las puertas de este récord París-Madrid que Farman y yo, después de prepararnos durante cinco meses, hemos decidido intentar. Después de hacer pública esta noticia entre los aficionados al ciclismo, me han llegado algunas críticas a las que debo responder con algunas palabras de explicación. Estas críticas pueden resumirse en lo siguiente: «Usted ha dicho que pretende batir un récord. Pero no; eso no es un récord, sino un viaje largo. No se trata de un récord serio, propiamente dicho, puesto que es seguro que podrá ser batido cuando se quiera. Supongamos que tal o cual corredor de primera fila se pone a la tarea seriamente. Batirá con facilidad su tiempo, ¿no es así?».

Tal es, en resumen, la crítica que se me ha formulado. Y he aquí mi respuesta:

El día que decidí subirme a la bicicleta para ir de París a Madrid y cuando le pedí a mi amigo Farman que fuera mi acompañante, entonces, en efecto, se trataba de un simple viaje, con numerosas paradas e, incluso, demorándonos en algunas ciudades.

Después, a medida que pasaban los días, como consecuencia de esta pasión por la velocidad que muerde en el corazón de todo ciclista, decidimos seguir y seguir, y llegar, lo más deprisa posible, a Madrid. Pero, entonces, ¿qué significado tiene un viaje realizado en semejantes condiciones? ¿Qué sentido encierra desde el punto de vista deportivo? Por otro lado, si hemos decidido ir rápido, ¿qué aguijón no nos servirá de acicate a seguir así en los momentos de lasitud?

Así que, tras arremolinarse en mi caletre todas estas reflexiones, me reuní con mi futuro compañero y le hice partícipe de estas ideas, con las que estuvo de acuerdo punto por punto:

—Amigo, no se trata de ningún paseo, sino de un récord, un récord oficial, durante el cual nos someteremos a controles y a la homologación de la Unión Velocipédica de Francia. En estas condiciones, avanzaremos hasta quedarnos sin aliento.

Y aún he de añadir, para terminar:

¿Se dice que no es un récord serio? Muy al contrario, lo será, y de los grandes. Para empezar, lo haremos en unas etapas que, sin duda, pueden batirse, pero no sin esfuerzo, os lo aseguro. Además, habremos puesto las bases de futuras marcas desde el punto de vista de los tiempos y desde el punto de vista de la ruta, respecto de la cual podremos dar informaciones de interés, de forma que podría convertirse en la «ruta clásica» París-Madrid. En fin, para terminar con los aspectos puramente deportivos, es decir, los relativos a la velocidad y a la seriedad de nuestro trabajo en ese aspecto, dejaré constancia de lo que me ha dicho el amable corredor Dubois, con el que tuve el placer de hacer el viaje de París a Burdeos. Me ha dicho lo siguiente: «Si las carreteras de España son como se dice, doscientos kilómetros diarios durante siete días me parece extraordinario. Y si quiere que le sea sincero, no creo que pueda terminar la carrera en siete días».

Sea como fuere, no me voy a echar atrás en mi intento si puedo demostrar, no solo al mundo de la bicicleta sino también a los profanos, lo que puede hacer un simple aficionado con esta maravillosa herramienta: la bicicleta. Y máxime si, además, por los informes que hagamos sobre las carreteras españolas, podremos ser de utilidad a los futuros plusmarquistas y al resto de ciclistas.

* * *

A eso de las cinco nos pusimos en camino hacia Valladolid, a treinta y cinco kilómetros.

El calor había disminuido considerablemente. No olvidemos que en toda esta zona de España, incluso en Madrid, la temperatura varía con gran rapidez; por un lado, los días en verano son más cortos que en París, pues se encuentra en una latitud más próxima al ecuador; por otra parte, el viento procedente de la montaña refresca rápidamente el ambiente.

Pero aún debía surgirnos otra dificultad. La carretera, que desde Burgos nos había recordado incluso a las mejores carreteras de Francia, se iba a volver espantosa.

Así que nos pusimos en marcha, los tres franceses —Boyer, Farman y yo— junto al señor Ribed y su compañero, seguidos ahora de muchos ciclistas de Palencia, todos con un gran empeño y muy amables.

Como ya he dicho, a partir de aquí la carretera se vuelve atroz, tanto que no es posible dar una idea solo con palabras. Nos sentimos con muchos ánimos: Boyer y Farman, a pesar de que la insolación les ha dado aspecto de amapolas, no se quejan lo más mínimo; Ribed y su compañero han comido con muy buen apetito; yo, por mi parte, me encuentro muy bien; los demás están frescos y a punto. En una palabra, todo el grupo está perfectamente reparado, remendado y recosido, y para colmo tenemos el viento a nuestra espalda, un viento muy suave, es verdad, pero que aun así nos empuja.

Pues bien, a pesar de estas inmejorables condiciones, verdaderamente excepcionales, marchamos a quince kilómetros por hora. ¿Marchamos?... No, nuestro espantoso bailoteo no puede calificarse de marcha. Nuestras máquinas cocean, se encabritan, dan saltos adelante y atrás, a derecha y a izquierda; es una perpetua carrera de obstáculos sobre un mar de polvo. A veces, enormes piedras medio escondidas en ese mar atraviesan la carretera y nos levantan como las olas levantan el barco. ¡Pobres Gladiator! ¡Pobres Seddon! ¡Y, sin embargo, resisten!

A veces la carretera mejora y se puede ir más rápido. Pero es peor el remedio que la enfermedad. La máquina, lanzada a gran velocidad, se hunde bruscamente, igual que el barco al que se asemeja. Entonces, bien lejos de detenerse, la máquina se impulsa y, de un bote, vuelve a caer en otro lago de polvo. Todos hacemos equilibrios, damos saltos, giramos, chocamos, y las máquinas chirrían con el esfuerzo. ¡Qué cabriolas! ¡Parecemos carpas! ¡Somos como veletas!

En estas circunstancia, mi liviano peso, cincuenta y cinco kilos, que cuando el viento sopla me pone en una gran situación de inferioridad, me supone ahora una enorme ventaja. Puedo circular a través del polvo más fácilmente, porque me hundo a una profundidad mucho menor. Tanto es así que, cuando cojo la cabeza del grupo, al menos por esta vez no es fácil seguirme. Tengo prisa por escapar de estos caminos horribles, tanto que mis compañeros renuncian a forzar sus máquinas solo por mi capricho.

Al rato me giro... Nadie. ¡Bah, qué importa! Quince kilómetros antes de llegar a Valladolid hay un pueblo; allí me pararé a descansar y a esperar al grupo. Al entrar en el pueblo, veo a muchos ciclistas saliendo de una casa que, en cuanto se aproximan a mí, me dicen, un poco sorprendidos de verme solo:

—¿El señor De Perrodil?

—El mismo.

—¿Está solo?

—Estén tranquilos, señores. Mis compañeros están a unos pocos minutos. Estarán a punto de llegar.

Al momento, todos me rodean y me conducen al interior de la tienda de donde había visto salir a esta avanzadilla del ejército de Valladolid. En seguida ponen ante mí leche, té caliente, vino... La organización es admirable. Estábamos a punto de llegar a una ciudad bien distinta de Burgos, una ciudad con una gran afición al deporte y, particularmente, a la bicicleta, donde el ciclismo se comprende y respeta.

Tras unos minutos, llega el grupo, con Farman a la cabeza. Todos están alegres. Unos beben té, otros leche, algunos vino..., en fin, también hay quien bebe agua fresca, la sempiterna y deliciosa agua fresca, el verdadero, el único, el auténtico licor de España. Francia suena a champán, nos diría en Madrid don Emilio Castelar; España suena a agua fresca.

Édouard de Perrodil (Albi, 1860 - Ambrus, 1931). Ciclista, escritor, poeta y periodista francés, pero también recordman, aventurero, «velocipedista» y cicloturista. Legó al mundo su magnífico *¡BICI! ¡TORO!*, un viaje épico-festivo París-Madrid realizado en 1893 por el que está considerado uno de los primeros autores de ciclismo. Lo hizo acompañado por Henry Farman, el diseñador de «El Goliat», el bombardero que se convirtió en el primer avión de pasajeros, y es que ya se sabe que las bicis y los aviones van de la mano desde que los hermanos Wilbur y Orville Wright, pioneros de la aviación, previamente habían sido mecánicos de bicicleta.

Alfonsina Strada, ciclista

— Ander Izagirre —

Cuando la Primera Guerra Mundial empujó a millones de hombres a morir en las trincheras, muchas mujeres se incorporaron a los puestos vacantes de las fábricas, las oficinas, los campos. Ese mismo fenómeno le abrió a Alfonsina Strada un resquicio para competir en las grandes pruebas masculinas. A finales de octubre de 1917, en plena batalla de Caporetto, en la que los austrohúngaros mataron, hirieron o apresaron a 300.000 italianos, *La Gazzetta dello Sport* publicó este anuncio: «El Giro de Lombardía se disputará el próximo domingo 2 de noviembre con la participación de grandes campeones italianos, belgas y franceses, para demostrar la calma y la serenidad del país». Las autoridades apoyaban los encuentros deportivos, para entretener un poco a la población y dar apariencia de normalidad, pero el panorama seguía siendo desolador. Si pocos años antes participaban hasta 350 ciclistas, en el Giro de Lombardía de 1917 solo se apuntaron 54. Se palpaba la ausencia de tantos jóvenes que se pudrían en las trincheras, la ausencia de los muertos, los prisioneros, los desperdigados. En la salida destacaban los italianos Girardengo, Belloni, Lucotti y Gremo, que se enfrentarían al belga Thys y al francés Pélissier, campeones del Tour. Y entre ellos, sin levantar mucho comentario, pedaleaba Alfonsina Strada.

Se había presentado unos días antes en las oficinas de *La Gazzetta dello Sport* para inscribirse en el Giro de Lombardía. Al administrador Cougnet le gustó la idea: el reglamento no decía nada contra la participación de las mujeres, Strada era una ciclista con licencia de la Federación y su presencia sumaría otro atractivo a la prueba. No le fue mal. De los 54 participantes, solo 32 terminaron los 204 kilómetros. Strada terminó en el puesto 32, última, pero llegó, y llegó en un grupo con otros siete ciclistas. Demostró que una mujer podía competir con mucha dignidad contra los mejores hombres. Strada repitió al año siguiente, en una edición aún más triste, con solo 36 ciclistas. Y volvió a terminar la prueba, en el puesto 21 entre los 22 clasificados, a 23 minutos del ganador Belloni. Se ganó una modesta dieta para los gastos, el apretón de manos de Cougnet y el respeto de sus colegas.

«La recuerdo como una figura extraña, siempre vestida de hombre, incluso fuera de la carrera, con los pantalones bombachos amplios, el pelo negro corto y sin sombra de maquillaje», contaría el legendario ciclista y director Eberardo Pavesi. «A mitad del Giro de Lombardía se habían fugado cinco corredores. Los perseguimos a relevos pero no conseguíamos alcanzarlos. De pronto llegó desde atrás un ciclista a toda velocidad, se puso a mi lado y me di cuenta de que era Strada. Me dijo: "Dale, Pavesi, vamos a por los escapados". "Pero tú estás loca, Alfonsina, lo hemos intentado con todas nuestras fuerzas y no nos hemos acercado." "Bueno, pues hazme un favor: cuando lleguemos a la meta, lánzame el esprint." Yo gruñí, porque no me hacía ninguna gracia, pero ella me convenció de que nadie se burlaría, de que incluso sería un bonito gesto deportivo. Al final se nos marcharon algunos ciclistas, pero esperé en el grupo para mantener la promesa que le había hecho a aquella mujer extraordinaria. Tiré a fondo en el último kilómetro, ella me siguió con facilidad, a la salida de una curva aceleré demasiado y me gritó, se puso otra vez a rueda, salió disparada entre el delirio de la muchedumbre y yo la empujé desde atrás, quién sabe si por caballerosidad o por alguna otra razón. El asunto es que Alfonsina consiguió una trigésima posición en el Giro de Lombardía, por delante de un corredor nada despreciable, como el que esto suscribe. Y el público la aclamó como si hubiera ganado la prueba.»

Estos recuerdos de Pavesi no cuadran con las clasificaciones —él nunca terminó por detrás de Strada— pero reflejan la huella que la ciclista emiliana dejó en la historia del ciclismo, con esa mezcla de admiración, condescendencia y siempre algún comentario levemente sexual.

Tres días antes de que empezara el Giro de 1924, *La Gazzetta dello Sport* publicó la lista de los participantes. Quizá por un despiste, quizá por retrasar polémicas, con el número 72 figuraba el apellido Strada y el nombre Alfonsin, así, sin la *a* final. Ni siquiera *Il Resto del Carlino*, diario boloñés, reconoció a la corredora más famosa de su tierra: al copiar la lista, alguien corrigió ese supuesto error y escribió que el 72 correspondía a Strada, de nombre Alfonsino.

La Gazzetta dello Sport soltó la bomba en un párrafo perdido de su crónica de la primera etapa: la señora Alfonsina Strada había tomado la salida del Giro de Italia a las 4:41 de la mañana, junto a los demás corredores, «con una perfecta vestimenta masculina». En los avituallamientos fue «recibida con muchas atenciones y muy festejada», y sorprendió a los expertos «por la tenacidad y la seguridad de su marcha». Para estupor de muchos, terminó la primera etapa, la Milán-Génova de 300 kilómetros, dentro del tiempo máximo. Solo lo consiguieron 77 de los 90 participantes, y Strada ocupó el puesto 74, a 2 horas 29 minutos y 26 segundos del ganador Bartolomeo Aymo.

Strada empezaba a brillar como la estrella de un Giro nublado. Los equipos italianos, patrocinados por los grandes fabricantes de bicicletas, habían boicoteado aquella edición de 1924 porque los organizadores se negaban a pagarles una cantidad fija. Solo se habían inscrito 89 ciclistas individuales. Sin Girardengo, Brunero ni

Bottecchia, sin estrellas nacionales ni extranjeras, el Giro se veía reducido a una carrera de aficionados con poco interés para el público. Strada pilló la oportunidad al vuelo. Cuando se presentó en la sede de *La Gazzetta dello Sport* para inscribirse, convenció rápidamente al director Emilio Colombo: las asombrosas aventuras de una mujer ciclista en el Giro de Italia atraerían el interés de los lectores. Otros directivos se opusieron, porque consideraban que la presencia de Strada convertiría el Giro es un espectáculo circense y terminaría de arruinarle el poco prestigio que le quedaba. Tampoco les hizo ninguna gracia a ciertos corredores, porque creían que sus viriles hazañas parecerían ridículas si también las cumplía una mujer, y probablemente porque temían en secreto verse sobrepasados por ella. De hecho, en la primera etapa ya hubo dieciséis hombres que no consiguieron llegar a la meta antes que Strada.

Había terminado la primera etapa tras pedalear trece horas y media, sí, pero ¿sería capaz de soportar el recorrido entero? Aquello fue uno de los desafíos que levantó más expectación en 1924. A Strada le esperaba una peripecia salvaje por carreteras de gravilla, polvo y barro: 3.613 kilómetros en doce etapas, la más corta de 230 y la más larga de 415, siempre intercaladas con una jornada de descanso.

Ander Izagirre (San Sebastián, 1976) fue un ciclista con ambiciones hasta que a sus veinte años se descolgó del pelotón y al pasar por un pueblo oyó cómo una espectadora le decía a un niño vestido con un maillot: «Si vas a andar como este, tú mejor ni salgas». Como no pudo participar en el Tour de Francia, escribió un libro: *Plomo en los bolsillos*. También es autor de *Cómo ganar el Giro bebiendo sangre de buey* y *Pirenaica*. Ahora sigue pedaleando para escribir, porque si no, no le sale.

Ni Coppi ni Bartali se detuvieron en Éboli

— Dino Buzzati —

Salerno, 24 de mayo, noche.

Estimado Coppi, ilustrísimo señor Bartali (y lo escribo así porque Bartali me inspira cierto temor, pedalea con el ceño fruncido y nunca se lo ve por ningún lado, ni siquiera en los vestíbulos o en los pasillos de su hotel; ayer por la mañana, sin ir más lejos, durante el paso en transbordador de Messina a Villa San Giovanni, todos los corredores estaban, por así decir, al descubierto, bien visibles y accesibles a los pasajeros, todos menos Bartali, y aún me pregunto dónde demonios pudo haberse escondido). Así pues, estimado Coppi e ilustrísimo señor Bartali: quien les habla es, en materia de ciclismo, un bruto total y absoluto; no sabe nada de cambios ni de platos, no tiene ninguna idea clara sobre las estrategias de competición y durante estos días ha hecho preguntas tan ingenuas que, entre tanto entendido, resultaban casi escandalosas. Dicho esto, añado que las razones de ustedes son sacrosantas, me hago cargo de sus responsabilidades para con sus respectivos equipos y familias. Sé que las respetan ustedes con el mayor escrúpulo. Sería estúpido, lo admito, poner en riesgo la clasificación final de una competición tan larga y exigente como el Giro por ceder a la tentación de un *beau geste*. Me hago cargo, o por lo menos así me agrada pensarlo, del espantoso cansancio de etapas como la de hoy de Cosenza a Salerno, 292 kilómetros, casi todos de montaña, con una sucesión ininterrumpida y desoladora de subidas y bajadas pronunciadísimas que no daban cuartel ni por un minuto, y por si fuera poco, ha habido borrasca, con viento, frío, niebla y lluvia, por no decir nada del efecto deprimente del paisaje, tal vez encantador bajo un buen sol, pero hoy pálido, salvaje y repulsivo. Incluir etapas como esta, he oído que decía un compañero veterano en materia de Giros, es como decirles a los corredores: «Reservaos si no queréis acabar hechos polvo». No sé si es verdad. Si bien es cierto que, si alguien hubiera pasado hoy por la carretera para anunciarnos que un centenar de hombres sería capaz de recorrerla en bicicleta sin desmontar en ningún momento y a una velocidad media apenas inferior a los treinta kilómetros por hora, lo más probable es que no nos lo hubiésemos creído. Admito incluso que, a efectos prácticos, el comportamiento de ustedes durante la carrera ha sido prudente; han permanecido con el grupo y solo en los últimos kilómetros se han lanzado a perseguir a Leoni, que se había escapado en el último descenso, antes de Éboli, junto con Bevilacqua y Cargioli: entre dos emocionadas hileras de público les han dado alcance a los tres, justo a las puertas del estadio de Salerno, y, a la hora del esprint, el de más clase se ha impuesto sin problemas: primer lugar, pues, para Coppi; segundo para Leoni, que en un esprint normal, dicen, debería haberse adelantado, pero se había desfondado durante la fuga fallida; tercero, Bartali. Lo cual, bien mirado, les da a ustedes la razón.

Ahora, no obstante, permitan que este incompetente les haga una pregunta: ¿se han fijado ustedes, mientras cruzaban Calabria, en la gente que los esperaba? ¿Se acuerdan de los miles y miles de caras angustiosamente dirigidas hacia ustedes, sin distinción de edad ni de oficio: campesinos, pastores, madres, albañiles, jovencitas, frailes, carabineros, ancianas decrépitas, alcaldes, empleadas, barrenderos, maestros y esa miríada inacabable de chiquillos? Han pasado por valles solitarios donde se diría que Cristo, habiéndose detenido en Éboli, no había entrado nunca, y sin embargo, sobre los peñascos, en la linde de las arboledas, en pie sobre los escarpados bordes de la carretera, hombres y mujeres los esperaban. Muchos habían recorrido varios kilómetros desde aldeas perdidas encaramadas a lo alto de antiguas peñas nada más que para saludarlos. Han pasado ustedes por pueblos imposibles colgados en los aéreos flancos de la montaña, con calles principales con al menos treinta grados de inclinación, en parajes que parecían salidos de una fábula: vistos desde la distancia, desde el otro lado del valle, ¿quién se habría atrevido a pensar que a alguien pudiera interesarle el ciclismo ahí arriba? Parecían extraños islotes de humanidad relegada al exterior de nuestro mundo, ciudades inverosímiles, puro espejismo.

Y sin embargo, las carreteras estaban atestadas a un lado y a otro de gente feliz. Sí, toda esa gente cuya existencia ni siquiera imaginábamos estaba absolutamente feliz, llena de un candor y de una bondad de ánimo que no encontrarán ustedes en ninguna otra parte. También ustedes, seguro, se dieron cuenta, ya que no son estúpidos.

Aun concentrados totalmente en su esfuerzo, habrán intuido qué significa el Giro de Italia para la gente de esos lugares. Reían, ¿vieron cómo reían? Aquello no era ya una simple competición deportiva, ni ustedes tan solo los campeones. Sin sombra de retórica, eran la encarnación del mundo rico y feliz que por fin iba a saludar —aunque solo fueran unos segundos, cierto, pero iba— a aquellas viejas y olvidadas casas. Pese al temporal, ustedes les han llevado la luz de una especie de América. Eran Milán, eran Turín, las maravillosas ciudades del norte que se acordaban de las hermanas perdidas, pobres y lejanas.

¿Y saben qué nos preguntaba esa gente a nosotros, que en nuestro coche íbamos unos cuantos kilómetros por delante de los campeones? Fuera o no injusto para con los demás, que acaso se esforzaban más que ustedes, solo dos cosas nos preguntaban con una avidez casi desesperada, como si para ellos fuera cuestión de vida o muerte. ¿Y Coppi? ¿Y Bartali? ¿Qué hacen? ¿Va Coppi en cabeza? ¿Es cierto que Bartali los ha dejado atrás a todos?

Ustedes administraban sabiamente sus energías en función de un cálculo impecable. Si se escapaba algún pipiolo que no pudiera en modo alguno crearles complicaciones, ustedes lo dejaban seguir. Buscaban la mejor posición en mitad del pelotón, para no cansarse. Ni siquiera entre ustedes dos (aunque sin duda eso estaba calculado) se percibía esa proverbial tensión. Usted, Bartali, ha pinchado hoy tres veces y nadie se ha atrevido a escaparse. Sabia administración, repito. Pero esa gente, esas almas sencillas, ligeramente semejantes a un servidor, que en materia ciclista es un asno, creían a ciegas en ustedes, los tenían por héroes, ídolos, seres invencibles. Ustedes eran el punto de referencia de esos absurdos sueños que todos, hasta los más humildes, nos permitimos de vez en cuando. No concebían que ustedes no fueran delante, solos, entregados a una fuga precipitada. Ustedes son los mejores, ¿no es cierto? Entonces, ¿por qué no iban delante?

Era una insensatez, lo sé. ¿Cómo pretender que uno de ustedes dos, y nadie más, fuera el primero en doblar la curva de entrada a todos los pueblos y en traspasar todas las metas, y que dejase siempre atrás a los compañeros en las subidas? Nunca ha existido ni existirá un atleta capaz de tanto. Era poco razonable. Algo así como el diletante que espera que los campeones de ajedrez realicen jugadas geniales a cada partida, cuando es sabido que los duelos entre los grandes ajedrecistas son una epopeya al tedio, un continuo escatimar riesgos y lances. Ustedes desempeñan su oficio aplicando un conjunto de sabias reglas que, en su calidad de maestros, conocen bien. Y también hoy ha ido todo lo mejor posible. Pero sean sinceros, queridos Coppi y Bartali: ¿no sería mejor que ustedes que pueden dieran más de sí? Desde el punto de vista racional, probablemente sería un error ridículo. ¡Pero qué feliz harían a todo el mundo! En el fondo, ¿no redundaría también eso en su ventaja? Cuán mayor sería la estima que les tienen.

Piensen, de vez en cuando al menos, en todos esos niños, muchachas, ancianos, carabineros, campesinos y curas que ayer y hoy los esperaban, en los habitantes de Rosarno, Vibo Valentia, Còraci, Rogliano, Tarsia, Lauria, Lagonegro, Auletta, Éboli, en cómo los miraban, les sonreían y sufrían por ustedes. Piensen en ellos de vez en cuando.

Por lo demás, podría estar equivocado. Podría ser que pasado mañana, de camino a Nápoles, desmintieran todo cuanto he dicho. En fin, hagan como si no hubiera dicho nada.

Dino Buzzati (Belluno, 1906 - Milán, 1972). Novelista italiano y periodista del *Corriere della Sera.* Fue precisamente este periódico el que en 1949 lo envió a cubrir el Giro de Italia. Quiso la fortuna que el celebrado corresponsal no hubiera visto una carrera ciclista en su vida. Gracias a este pequeño gran detalle pudo reflexionar sobre una cuestión que carcome a muchos: «¿Sirve de algo una cosa tan estrafalaria y absurda como dar la vuelta a Italia en bicicleta?». Y no dudó en responderse a sí mismo: «Por supuesto que sí: es una de las últimas provincias de la fantasía, un baluarte del romanticismo, que, sitiado por las sórdidas fuerzas del progreso, se niega a darse por vencido».

La Pasión considerada como una carrera de montaña

— Alfred Jarry —

Barrabás, que estaba inscrito, se dio por vencido.

Pilatos, que daba la señal de comienzo, sacó el reloj de agua o clepsidra, que le mojó las manos (a no ser que simplemente hubiera escupido en ellas) y dio la salida.

Jesús arrancó a toda velocidad.

En aquellos tiempos, la costumbre era, según el gran periodista deportivo san Mateo, flagelar a la salida a los esprinters, como hacen nuestros cocheros con sus hipomotores. El látigo es al mismo tiempo un estimulante y un higiénico masaje. Así pues, Jesús arrancó en muy buena forma, pero el pinchazo llegó de inmediato. Un sembrado de espinas agujereó todo el perímetro de su rueda delantera.

En nuestros días se ve la réplica exacta de aquella verdadera corona de espinas en los escaparates de los fabricantes de ciclos, como reclamo para neumáticos a prueba de pinchazos. Los de Jesús, de una sola cámara y para pista normal, no eran de esa clase.

Los dos ladrones, que estaban a partir un piñón, tomaron la delantera.

Es falso que hubiera clavos. Los tres representados en las imágenes son el desmontable al que llaman «de un minuto».

Pero es conveniente que hablemos antes de las caídas. Y, para empezar, describamos de algún modo la máquina.

El cuadro es de invención relativamente reciente. Fue en 1890 cuando se vieron las primeras bicicletas con cuadros. Antes, el cuerpo de la máquina se componía de dos tubos soldados en perpendicular, uno sobre otro. Es lo que se llamaba bicicleta de cuerpo recto o de cruz. Así pues, Jesús, tras el pinchazo, subió la montaña a pie, con su cuadro, o su cruz, si quiere, a hombros.

Algunos grabados de la época reproducen aquella escena, según las fotografías. Pero parece que el deporte del ciclo, tras el conocido accidente que puso tan fastidioso fin a la carrera de la Pasión, y que pone de actualidad, casi en su aniversario, el accidente similar del conde Zborowski en la ladera de la Turbie, estuvo prohibido cierto tiempo por decreto de la Prefectura. Lo que explica que los periódicos ilustrados, al reproducir esta célebre escena, dieran formas más bien fantasiosas a las bicicletas. Confundieron la cruz del cuerpo con la otra cruz, el manillar recto. Representaron a Jesús con las manos separadas sobre el manillar, y en este punto debemos señalar que Jesús circulaba tendido de espaldas, lo que tenía por objeto disminuir la resistencia del aire.

Señalemos asimismo que el cuadro o la cruz de la máquina, como algunas llantas actuales, era de madera.

Algunos han insinuado, erróneamente, que la máquina de Jesús era una *draisienne*,* instrumento bien inverosímil en una carrera de montaña, durante el ascenso. Según los viejos hagiógrafos ciclófilos santa Brígida, san Gregorio de Tours y san Ireneo, la cruz estaba provista de un dispositivo al que llaman *suppedaneum*. No es necesario ser un Salomón para traducir: «pedal».

Justo Lipsio, Justino, Bosius y Ericio Puteano describen otro accesorio que aún encontramos en 1634, según nos informa Cornelius Curtius, en las cruces de Japón: un saliente de la cruz o del cuadro, de madera o de cuero, sobre el que el ciclista monta a horcajadas: es, evidentemente, su sillín.

Estas descripciones, además, no son más infieles que la definición que dan hoy los chinos a la bicicleta: «Pequeña mula que se conduce por las orejas y a la que se hace avanzar a golpe de pie».

* Modelo de bicicleta inventado por el Barón von Drais en 1813. Se considera precursora directa de la bicicleta actual.

Resumiremos el relato de la propia carrera, que ha sido narrada con todo detalle en obras especializadas y expuesta por la arquitectura y la pintura en monumentos *ad hoc*.

En el ascenso, bastante duro, del Gólgota, hay catorce curvas. Fue en la tercera donde Jesús tuvo su primera caída. Su madre, que se encontraba en las tribunas, se alarmó.

El buen entrenador Simón de Cirene, cuya función hubiera sido, sin el incidente de las espinas, «arrastrarlo» y cortarle el viento, le llevó a máquina.

Jesús, pese a no llevar nada, estaba sudando. No es seguro que una espectadora le enjugara el rostro, pero sí es exacto que la reportera Verónica, con su Kodak, tomó una instantánea.

La segunda caída tuvo lugar en la séptima curva, en un tramo resbaladizo. Jesús derrapó por tercera vez sobre una baliza en la undécima.

Las mantenidas de Israel agitaban sus pañuelos en la octava.

El deplorable accidente conocido tuvo lugar en la duodécima curva. Jesús estaba en ese momento a *dead-head** con los ladrones. También sabemos que siguió la carrera como aviador... pero eso escapa a nuestro asunto.

Alfred Jarry (Laval, 1873 - París, 1907). La fascinación que este escritor experimental francés, precursor del dadaísmo y el surrealismo, sentía por la bicicleta llegaba al extremo de compartir su habitación con una Clément Luxe 96, que él consideraba su «esqueleto externo». Es posible que el celebérrimo «¡Mierdra!» que abre la obra de teatro *Ubú rey* responda a una colisión ciclista contra lo que él llamaba peatones temerarios. «La muerte es en apariencia un reposo para los que están más allá, en los infiernos.»

---

* «A tumba abierta», en inglés en el original. (*N. del A*)

El fin de una Vuelta a Francia

— Colette —

28 de julio de 1912

«¡Apártense, apártense, por Dios! ¡Ya llegan, ya llegan!» No nos movemos. Permanecemos mudos y desdeñosos en nuestro automóvil, aparcado en el borde de la carretera, cerca del paso a nivel de Villennes. Una hora de espera nos ha enseñado el valor de este anuncio, lanzado por unos ciclistas al pasar. Están congestionados, excitados, sudorosos; llevan pequeñas banderolas en el manillar, y pedalean muy deprisa, gritando advertencias perentorias. No son heraldos, sino simples jovencitos que, en domingo, juegan a turbar la paz del paisaje hortense, sin conseguirlo.

De Poisy a Villennes, las márgenes polvorientas de la carretera sirven de alfombra a familias campesinas, a ciclistas sin pretensiones y de perneras sujetas con cordeles, a algunos achispados domingueros. Los hay que comen mientras esperan, como nosotros, el regreso de los de «la Vuelta a Francia».

El ligero viento hace oscilar los tallos de los espárragos, las flores de las cebollas y las espigas todavía en pie, y nos trae el abominable olor del estiércol nutricio.

De vez en cuando, un adolescente pasa volando sobre dos ruedas, ondeando los faldones al viento, y grita, con ojos desorbitados, noticias dramáticas inventadas para la ocasión:

—¡Acaba de matarse uno...!

—¡Solo quedan tres en el equipo Peugeot! ¡Los demás han reventado...!

La blanca harina de la carretera se levanta detrás de ellos como la nube de vapor que oculta, en el teatro, a un evocado espíritu maligno.

Pero he aquí que llegan otros tipos, también montados sobre dos ruedas; sus rostros no están enrojecidos, sino que son de un amarillo extraño; parecen pertenecer a otra raza. Un maquillaje de sudor y de polvo los enmascara, empasta sus bigotes; sus ojos, hundidos entre cejas enyesadas, les dan un aire de poceros escapados.

—Esos son los aficionados serios —dice mi acompañante—. Los corredores no están lejos.

Todavía habla, cuando una nube baja blanquea el recodo de la carretera y viene sobre nosotros. Quedamos cegados, sofocados; arrancamos a tientas; un coche piloto ulula a nuestra espalda, como la sirena de un navío perdido; otro, nos roza y adelanta con un impulso audaz y ondulante de pez gigantesco; una enloquecida turba de ciclistas de labios terrosos, entrevistos entre el polvo, se agarra a los guardabarros de los automóviles, resbala, cae...

Seguimos adelante, incorporados a la carretera. He visto pasar, delante de nosotros, tragados enseguida por espesos torbellinos, tres flacos corredores: espaldas negras y amarillas, con cifras rojas; tres seres que se dirían sin rostro, arqueado el espinazo, inclinada la cabeza sobre las rodillas, bajo una gorra blanca. Han desaparecido rápidamente, únicas criaturas mudas en este tumulto; su prisa por avanzar, su silencio, parecen aislarlos de lo que ocurre aquí. No parece que compitan entre ellos, sino que huyan de nosotros, que sean las liebres de una cacería en que se mezclan, entre el polvo opaco, gritos, toques de trompeta, aclamaciones y truenos.

Seguimos adelante, comiendo sílex crujiente, quemadas las ventanas de la nariz. Delante de nosotros, entre la nube, se adivina la sombra baja y vaga de un automóvil invisible, pero que casi toca nuestro capó; nos incorporamos sobre el respaldo para observar, detrás, otro fantasma de coche, y otros detrás de este; adivinamos brazos agitados, oímos gritos que nos maldicen y nos piden paso... En todas partes, a nuestro alrededor, acecha el peligro, se percibe el olor sofocante, a grasa y chamusquina, de los incendios incipientes; dentro de nosotros, y a todo nuestro alrededor, impera el gusto demoníaco por la velocidad, el imbécil e invencible afán de «ser el primero»...

Sin embargo, los mudos corredores —modesta cabeza del ensordecedor cortejo— nos han llevado hasta la vía del ferrocarril, donde la barrera cerrada inmoviliza un instante la carrera. Una multitud animada, endomingada, espera y aclama; y los hombrecillos negros y amarillos, con números rojos, se deslizan por la puerta de los peatones, cruzan la vía y desaparecen. Nosotros permanecemos estacionados detrás de la verja, furiosos y como fracasados. La nube de polvo, momentáneamente disipada, me permite ver una triple hilera de impacientes y potentes coches, color de carretera, color de barro, conducidos por chóferes enmascarados y de color de ladrillo, que esperan, prestos a adelantar, en un zigzag tal vez mortal, al vecino de delante... A mi derecha, dos hombres están de pie en su automóvil, abalanzados como gárgolas por encima de la cabeza de su conductor. En el coche de mi izquierda, otro hombre, negro de grasa y de aceite, permanece en cuclillas sobre los cojines, y asaetea la carretera con la mirada de sus gafas convexas. Todos parecen prestos a saltar, a pegar, y los objetivos de muchos aparatos fotográficos apuntan, inquietantes, como cañones negros. Hace calor. Un sol de tormenta alienta toda esta ferocidad anónima...

La multitud, cordial, jovial, espera, a lo largo de Poissy, a los corredores a quienes hemos alcanzado. Un tío gordo, un poco embriagado, quiere manifestar su entusiasmo abrazando a uno de los autómatas negros y amarillos, que pasa a marcha lenta, y el autómata sin rostro descarga de pronto un terrible puñetazo en la jeta del gordo y entra de nuevo en su nube, como un dios vengado...

Avenida de la Reina, en Boulogne... La muchedumbre, cada vez más densa, ha invadido la calzada, y, en su molesto celo, se abre solo lo preciso delante del ganador, que ahora levanta la cabeza, muestra sus ojos desesperados y su boca abierta, que acaso grita de furor... Le hacen sitio, pero la multitud vuelve a cerrarse delante de nosotros, que lo seguimos, a la manera de un campo tupido de espigas después de una ráfaga. Un segundo corredor pasa rozándonos, igualmente estorbado por la muchedumbre que lo vitorea, y su rubio semblante, igualmente furioso, mira enloquecido un punto, allá al frente: la entrada del velódromo...

Se acabó. Ahora no hay más que la pista inmensa del Parque de los Príncipes, llena de una multitud estancada. Los gritos, los aplausos, la música, es brisa celestial después de la borrasca que me trajo hasta aquí y de la que salgo ensordecida, zumbándome la cabeza. Pero todavía veo, allá abajo, muy lejos, al otro lado del circo, subir y bajar, como dos bielas minúsculas e infatigables, capaces de desencadenar esta tempestad mecánica, las dos menudas piernas del triunfador.

Colette (Saint-Sauveur-en-Puisaye, 1873 - París, 1954). Conocida simplemente como Colette. La novelista y autodenominada «periodista de pacotilla» (nada más lejos de la realidad) se sumó a la legión de escritores e intelectuales franceses que generó un flujo constante de piezas literarias sobre el Tour de Francia, contribuyendo así a convertirlo en un fenómeno cultural de proporciones épicas.

Maillot azul

– Paul Fournel –

Aprovechando que llevaba un maillot azul como el de la selección italiana, me colé en el Tour del Porvenir. Los buenos habían pasado ya mucho antes y me situé tras un rubio con maillot rojo que subía el puerto a una cadencia aceptable.

Me puse a su rueda, luego a su lado y escalamos a coro el puerto de la Forclaz, animados por hordas de espectadores.

Él era ruso y como yo chapurreaba un poco su lengua, intercambiamos algunas frases jadeantes. Lo que le interesaba saber sobre todo era si aquel infierno iba a durar mucho tiempo más, si faltaba aún mucho para coronar aquella infinita montaña. Escalábamos junto a esos muros blancos que bordean la carretera y que reflejan sobre el ciclista el calor y la luz del sol. Quería agua y le di. Quería recuperar el ritmo de pedaleo redondo y sincopado de las etapas llanas de la Carrera de la Paz y las llanuras del Asia central que es de donde procedía. Por poco me provoca una depresión.

Pero yo estaba feliz de estar en una carrera y de avanzar kilómetros en buena compañía. Me cuidé mucho de hablarle del Galibier que tendría que subir al día siguiente. Subimos a ritmos y aporté mi parte de relevos. Estaba contento de estar en el Tour del

Porvenir a mi edad. Así pude soñar en ruso durante una decena de kilómetros, luego un motorista vino a preguntarme que dónde estaba mi dorsal y mi estancia de pasajero clandestino dentro de la carrera se acabó allí.

Le dije: «Do svidaniya, tovarisch», y dejé marchar a mi compañero de equipo. Solamente le faltaban dos kilómetros para la cima.

Paul Fournel (Saint-Étienne, 1947). Novelista, ensayista y poeta francés, regente del Colegio de Patafísica. Actualmente escribe a tiempo completo y dedica el resto del día al ciclismo. Después de su ingreso en 1972 en el OuLiPo, acrónimo de «Ouvroir de littérature potentielle» («Taller de literatura potencial»), fue el secretario provisional permanente hasta 2003 y actualmente es tercer presidente. Ha llegado a decirse que la lectura de su libro *Bicio* (que incluye este «Maillot azul» que acabas de leer) es lo más parecido que hay a montar en bicicleta leyendo. Cree que «los corredores de hoy en día parecen más bien robots. Tienen personalidad, pero no se les permite mostrarla», por eso colarse en un Tour del Porvenir para dar cháchara a uno de los participantes no tiene precio.

Etapa 11: Eymet - Pau
Convocatoria para manifestarse

— Guillaume Martin —

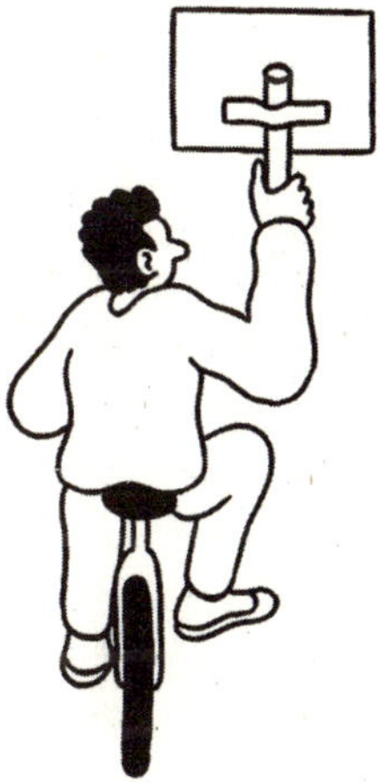

Como el día antes, como ha sucedido a menudo desde el comienzo del Tour, la undécima etapa terminó en esprint de todo el pelotón. Este es un escenario clásico del ciclismo moderno, donde el grupo deja marchar una fuga fácil de controlar en los primeros kilómetros, antes de abatirse sobre ella al final, como un buitre hace con su presa.

Ese día, Marx fue otra vez uno de los que iban en la escapada, y el último a quien capturaron, lo que le valió el título de «ciclista más combativo del día». Invitado después del final al plató de Sport-TV, aprovechó la oportunidad para dejar un mensaje, como un manifiesto:

«¿Estoy loco por lanzarme de cabeza a una escapada así, sabiendo que está condenada al fracaso? Creo, más bien, que el loco es quien permanece escondido todo el día en el corazón del grupo, inactivo, a pesar de que su falta de explosividad lo condena al anonimato en el esprint final. ¿Qué está esperando? ¿Que llegue el esprint y que unos pocos corredores (siempre los mismos, los de piernas gordas) se repartan los ramos de flores? En lugar de someterme, prefiero intentarlo. ¿Intentar lo imposible? Tal vez, pero ya sabes: como dijo un camarada, "entre lo posible y lo imposible no hay más que dos letras y un estado de ánimo...". El problema es que, por el momento, los espíritus están imbuidos con el viejo sistema, y ese ordena que una etapa plana debe terminar al esprint. Los ciclistas han interiorizado tanto este patrón que ni siquiera consideran la posibilidad de desviarse de él. Sin embargo, no hay ninguna ley que prohíba atacar. El esprint no es inevitable. Son los corredores quienes hacen la carrera. Si no hubiera solamente dos o tres de nosotros apostando por la fuga, sino diez, veinte, treinta ciclistas, entonces el partido sería mucho más equilibrado. Nuestra empresa ya no sería una locura, ya no seríamos los dulces soñadores, porque resultaría mucho más difícil para los equipos de esprínteres despertarnos a la razón. La unión hace la fuerza. Si hubiera suficientes de nosotros, existiría una verdadera lucha entre los fugados y los equipos de velocistas. ¡Una batalla que podríamos ganar! Podríamos derrocar la dominación de los velocistas e imponer nuestra visión del ciclismo: ¡una dictadura de los ciclistas en las sombras, una dictadura de los proletarios del ciclismo! Para que esto suceda, solo hay una condición: que todos los que no somos ni velocistas ni escaladores, nosotros los corredores ordinarios, la base, lo intentemos, independientemente de nuestros respectivos equipos, ya seamos ciclistas, filósofos o ciclósofos. ¡Hago un llamamiento a todos para que nos unamos, dejemos de trabajar para los líderes que nos explotan y unamos las fuerzas de nuestras piernas para construir un ciclismo más hermoso, un ciclismo más deportivo! ¡Aventureros de todos los países, uníos!»

Después de este discurso impactante, vibrante, soltado del tirón, los periodistas y comentaristas de Sport-TV (Thierry, Laurent, Richard) tienen lágrimas en los ojos. ¡Un poco más y estarían listos para ponerse un dorsal e ir a la escapada en la etapa del día siguiente!

Tras el momento de la emoción, Thierry retorna a su conciencia como periodista, y se permite un comentario: «Digamos que, como usted desea, quienes van a la ofensiva se unen y sois unos quince en la escapada, lo que garantizaría que podáis resistir el empuje del pelotón. ¿Cómo se decidiría la victoria de la etapa entre ustedes?».

A decir verdad Marx no había pensado en ello. Una victoria no es algo que se pueda compartir. Invertir el orden está bien. ¿Pero qué orden debe establecerse en lugar del viejo? ¿Cómo podemos evitar una guerra interna dentro del partido de los aventureros? Solo hay un ganador, ese es el problema.

En lugar de afrontar este problema, Marx prefiere excusarse ante los periodistas. Lo esperan en el masaje y, por tanto, debe abandonar el plató de televisión. ¡Recuperación ante todo! Llevemos a cabo la revolución, se dice a sí mismo. Luego ya veremos cómo nos organizamos...

Guillaume Martin (París, 1993). ¿Qué fue primero, el huevo o la gallina? Guillaume Martin, ¿ciclista profesional francés o auténtico filósofo? Menos mal que no son categorías excluyentes, pues de otra manera no estaríamos aburridos de oír en cualquier retransmisión ciclista: «Martin, el filósofo del pelotón». Tras presentar *El deporte moderno: ¿una aplicación de la filosofía nietzscheana?* como trabajo de fin de máster de Filosofía, logró el codiciado jersey de color blanco con lunares azules del ganador de la Montaña en la Vuelta a España de 2020.

— PEDALES enamorados del pavé —

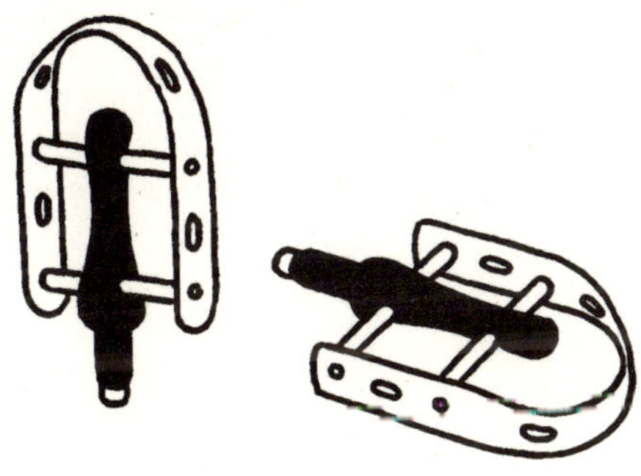

El corredor se pone en marcha, solo; va a rodar lo más rápido posible cada segundo, como si no hubiera nada más en el mundo que el tiempo y él mismo. Nunca siente su victoria.

Roland Barthes

Son los grandes rezagados, corredores a los que han sacado varias decenas de kilómetros y que durante toda la segunda mitad de la etapa lo único que han visto, en lugar de regueros de humanidad agolpada con entusiasmo al borde de la carretera, han sido grupos desordenados de gente que se iba para casa.

Dino Buzzati

Es como si una pequeña ciudad de cinco mil habitantes se desplazase diariamente durante veintiún días y a lo largo de tres mil quinientos kilómetros arrastrando, entre otros muchos materiales, dos mil toneladas de mercancías.

***Ciclismo y capitalismo*, Corsino Vela**

Los Monumentos son los *thrillers* imprevisibles del ciclismo, en los que casi cualquier miembro del pelotón puede imponerse si se da la combinación adecuada de gran estado de forma, astucia táctica y simple buena suerte.

***The Monuments*, Peter Jordan**

Resulta muy atinado, en este sentido, dar el curioso dato de que existe un hombre, un ciclista que, incluso mientras se leen estas palabras, anda en bicicleta por todo el territorio de Francia, se trata de un veterano de carreras, de un hombre calvo, de uno de esos «competidores de aguante» que siempre ocupa los primeros lugares en los campeonatos nacionales y provinciales y cuyo apellido es Godeau (apellido que, por supuesto, se pronuncia exactamente igual que Godot).

***Samuel Beckett: A Critical Study*,**
Hugh Kenner

Dentro de unos años quizá pelee por ganar una Vuelta a España. Pero el Tour siempre será demasiado grande para mí. Yo no puedo pasar las montañas de Francia con los primeros.

Miguel Induráin

Y a mí, como a casi todos los niños de entonces, nos entusiasmaba más la victoria en la cresta de una montaña que en un final de etapa llano, sin accidentes. Todos aspirábamos a ser escaladores y nuestro sueño inexpresado era coronar un día el Tourmalet en primer lugar.

***Mi querida bicicleta,* Miguel Delibes**

Un ciclista —le dijo Anquetil— consta de dos partes: una persona y una bicicleta. La bicicleta es, sin duda, el medio del cual se sirve la persona para ir más rápido, pero su peso también supone un freno para su velocidad. Eso es especialmente importante en los momentos duros, y en las ascensiones sobre todo hay que procurar aligerar la bicicleta lo máximo posible. Una buena forma de conseguirlo es sacar la botella del portabidones.

***El ciclista,* Tim Krabbé**

UNA BICICLETA PROPIA

Son las bicis más valientes, las más modernas y las que sabrían decirte el paradero exacto de todas las librerías del mundo sin pestañear. No se achantan cuando graniza, ni cuando caen piedras aún más grandes. Si quisieran podrían representar la danza de las abejas para orientarse y volver a casa. Pero no quieren.

Entrevista de Nellie Bly

— Susan B. Anthony —

NELLIE BLY: «¿Qué opina sobre los cambios que se han producido en la indumentaria?».

SUSAN B. ANTHONY: «Creo que la mujer más actual y mejor preparada, la mujer autosuficiente y que se supera a sí misma, necesita una ropa más adecuada para sus desplazamientos que la que ofrecen las modas de hoy en día. No apruebo la ropa horrible por el mero hecho de que sea menos engorrosa, pero sí pienso que la mujer debe evolucionar hacia algo que le proporcione libertad en el vestir y que al mismo tiempo no la convierta en objeto de burla. Los hombres pueden llevar pantalones y ponerse una toga y un birrete cuando se sientan en el banco de los jueces. Quiero que las mujeres actúen con la misma libertad. Hace cuarenta años me atreví a enseñar los tobillos, y eso me enseñó una cosa: a la gente no se le pueden presentar dos ideas a la vez; alguna de las dos se verá perjudicada. Y cuando una mujer trabaja para una gran causa, no puede permitirse satisfacer otras ideas más peculiares».

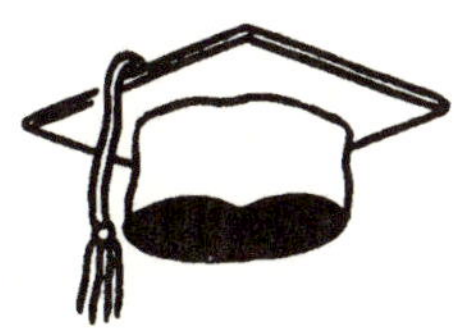

«Permítame decirle lo que opino sobre montar en bicicleta —dijo la señorita Anthony inclinándose hacia delante y apoyando su fina mano en mi brazo—. Creo que ha hecho más por emancipar a las mujeres que cualquier otra cosa en el mundo. Me lleno de orgullo y me regocijo cada vez que veo pasar a una mujer sobre

ruedas. Le confiere una deliciosa sensación de libertad y autonomía. Le hace sentirse como si fuera independiente. En el momento en que se sienta sobre el sillín, sabe que no le va a pasar nada a menos que se baje de la bicicleta, y se marcha pedaleando, la viva imagen de una mujer libre y sin límites».

«¿Y los pololos?», sugerí, bajando la voz.

«Son lo más apropiado para montar en bicicleta —añadió de inmediato la señorita Anthony—. Ya se lo he dicho: hay que vestirse en función de la ocasión. Una mujer no quiere que una falda y un encaje de mírame y no me toques se le queden atrapados entre las ruedas. La seguridad, así como la modestia, exigen pololos o faldas extremadamente cortas. De todas formas, ya sabe que las mujeres solo llevan prendas de vestir ridículas para complacer a los hombres».

Susan B. Anthony (Massachusetts, 1820 - Nueva York, 1906). Feminista sufragista y escritora estadounidense mundialmente famosa por haber pronunciado, ¡en el siglo XIX!, una frase que deberían llevar estampada todas las camisetas: «Creo que la bicicleta ha hecho más por emancipar a las mujeres que cualquier otra cosa en el mundo». Desempeñó un papel fundamental en la lucha por los derechos de la mujer y su derecho al voto en Estados Unidos. La entrevistadora no es otra que **Nellie Bly** (seudónimo de Elizabeth Jane Cochran; Pensilvania, 1864 - Nueva York, 1922), pionera del periodismo encubierto.

El proceso

— Frances E. Willard —

Los cortesanos afirman burlonamente que la equitación es lo único en lo que puede sobresalir un príncipe, por la simple razón de que el caballo jamás lisonjea y no dudaría en arrojarlo al suelo igual que si se tratara de un mozo de cuadra. Por tanto, solo mediante un auténtico dominio del arte de montar a caballo puede un príncipe mantener su categoría con el más noble de entre los animales de cuatro patas.

Por fortuna, ahora disponemos de un nuevo artilugio locomotor que en absoluto es adulador y que tanto el campesino como el príncipe han de dominar, si es que llegan a lograrlo, por la democrática vía de un duro y honesto esfuerzo. Bien estará para los gobernantes cuando el antiguo y contundente dicho de Yorkshire los ataña a ellos con la misma severidad que al más humilde de sus súbditos: «Con determinación todo se consigue». Es de sobra conocido el viejo refrán: «El fuego es buen sirviente pero mal amo». Esto es igual de cierto para la bicicleta: si se le da la mano —¡qué digo! Menos que eso—, agarrará el brazo entero —¡qué digo! Las riendas—, y recibiremos una contusión o, como si lo viera, una rótula machacada.

Ni uno solo de mis amigos me ha animado a aprender a montar en bicicleta, excepto una joven maestra de ideas renovadas, la señorita Luther, de Evanston, mi ciudad natal, que vino varias veces con su montura de dos ruedas para darme clases. También tomé unas cuantas lecciones en una galería sofocante y semisubterránea de Chicago. Pero a mis cincuenta y tres años me encontraba en una situación de mayor desventaja que la mayoría de la gente, pues a los impedimentos que resultan de una vestimenta antinatural había que sumar que sufría de los hábitos sedentarios de toda una vida. Y entonces, ese pequeño mundo (que es el verdadero para cada uno de nosotros) de quienes más me apreciaban, y que se consideraban en gran medida responsables de mis prácticas cotidianas, no solo no me alentó sino que, con cariñosa solicitud —y con gran razón— pensaron que me «fracturaría los huesos» y «arruinaría mi futuro». Debo decir, sin embargo, y para su eterna alabanza, que no opusieron objeción alguna cuando comprobaron que mi voluntad estaba firmemente decidida a intentarlo; al contrario, me acompañaron en mi empeño de cumplir tal propósito y prestaron a mis arduas lecciones la luz de su consentimiento reconciliado. Los actos son mucho más elocuentes que las palabras, por lo que a continuación expongo lo que podría llamarse la primera postura de una ciclista (o por lo menos fue la mía):

Falta de equilibrio

Me dieron una bicicleta de seguridad —llantas neumáticas y toda la pesca que hace de la seguridad neumática el único Bucéfalo seguro— con sus engranajes cuidadosamente conectados para evitar posibles enredos. «¡Pobre de mí!» fue mi primera exclamación, que mis escoltas, como es natural, interpretaron como «¡ole por mí!», y lanzaron unos cuantos al aire; lo cierto es que hicimos poco más que «revisar».

(Permitidme deciros algo: aprended en una bicicleta baja, pero «volad alto» una vez la dominéis, porque la potencia que se ejerce sobre las ruedas es muy superior y se puede alcanzar una mayor velocidad gastando menos energía cuando se está sobre el instrumento que desde la parte de atrás. Y recordad que esto aplica por igual al mundo y a la bicicleta.)

* * *

Ocurrió más o menos lo siguiente: en primer lugar, tres jóvenes ingleses, todos ellos ciclistas expertos de brazos fuertes, sostuvieron la máquina mientras yo me alzaba tímidamente al sillín. Después, dos jóvenes bien dispuestas emplearon toda su fuerza hasta que se pusieron rojas como un tomate, compensando cada una la presión de la otra en la barra, manteniendo así un equilibrio para el cual yo era inepta. Por último, una tercera ayudante caminaba a mi lado y estabilizaba el conjunto lo mejor que podía sujetando la mortífera barra por el centro; soltar las empuñaduras se traducía en colapso y caída. Al cabo de un rato, fui capaz de defenderme siempre y cuando contara con el apoyo moral de mis amables entrenadores, y la escueta y enfática voz de mando que les dirigía cada vez que giraban la rueda se convirtió en una máxima entre ellos: «Soltadme pero quedaos». Luego, cuando hube aprendido todo —a sentarme, a pedalear, a girar, a bajarme—, por desgracia no encontré la manera de subir a la montura de un salto. Esta era la codiciada facultad que perseguía sin éxito.

Aquello que causaba mis numerosos fracasos durante mi aprendizaje con la bicicleta también me había proporcionado fracasos en la vida, a saber: un cierto temor al juicio ajeno; una comprensión demasiado vívida de las incertidumbres de todo lo relacionado con mi persona; una duda subyacente. Sin embargo (y esto es lo único que me salvó), al mismo tiempo se vio equiparado y superado por mi determinación de no ceder ante ello.

* * *

Poco a poco, una pieza tras otra, aprendí la ubicación de cada tornillo y muelle, de cada radio y neumático, de cada barra y cojinete de los que se componía Gladys. Esto no fue lección de una sola jornada, sino de muchos días y semanas, y era necesario aprenderla antes de poder llevarnos bien. En mi opinión, las infelicidades que tanto padecemos en la vida surgen de la falta de tiempo y paciencia para estudiar y ajustar las naturalezas que han acordado a los ojos de Dios y de los hombres estar una al lado de la otra hasta el final. No están dispuestas a soportar las dificultades, carecen de la suficiente gravedad para mantener su nuevo entorno en equilibrio. A decir verdad, hallé toda una filosofía de la vida en el cortejo y conquista de mi bicicleta.

* * *

Finalmente, llegué a la conclusión de que todos los fracasos procedían de una voluntad que se tambalea en lugar de una rueda que se tambalea.* En efecto, sentía que la voluntad es la rueda de la mente: aprendió su movimiento perpetuo cuando las estrellas del alba cantaban alabanzas. Si la rueda de la mente iba bien, entonces la rueda de caucho tarareaba alegremente; pero tanto la rueda como la mente tienen sus espectros. En el conjunto de percepciones sobre el que hemos reflexionado y a partir del cual hemos deducido nuestras opiniones sobre el mundo exterior, interior y superior, abundan las imágenes espantosas y fantásticas que consiguen imponerse con cierta frecuencia, como pedacitos de cristal velado al hacer girar un caleidoscopio. Es probable que cualquier accidente del que he oído hablar o sobre el que he leído en mi medio siglo de

* En el original, la autora hace un juego de palabras por la semejanza fonética entre los sustantivos *will* (voluntad) y *wheel* (rueda).

existencia impregnara la incertidumbre que por la correlación de fuerzas se transformó en el temblor que sentí cuando empezamos a doblar la última curva del amplio paseo del Convento. Y ¿quién sabe cuál fue la energía original por la que mi mente se obligó de inmediato a pasar de la contemplación del desastre a introducir en el propio movimiento del pie sobre el pedal una dosis de vigor, seguridad y éxito? Empecé a sentir que yo sumada a la bicicleta equivalía a yo sumada al mundo, en cuya rueca todos debemos aprender a montar, o de lo contrario caeremos en los canales del olvido y la desesperanza. Lo que me hizo triunfar con la bicicleta fue precisamente lo que me había procurado éxitos en la vida: la fortaleza de espíritu que me había llevado a tomar la iniciativa, la persistencia de la voluntad que me mantuvo fiel a la tarea y la paciencia que estaba dispuesta a ponerse de nuevo en marcha tras el último intento fracasado. Y así encontré elevados conceptos morales en la bicicleta y puedo encomiarla como una maestra sin credo ni púlpito. El hombre que consiga, o, para ser más exactos a la hora de transmitir mi experiencia, la mujer que consiga dominar a un animal como Gladys, conseguirá dominar la vida, y mediante los mismos métodos y características.

* * *

Pero al fin (lo que quiere decir pasados dos meses más o menos, con entre diez y veinte minutos de práctica diaria) logré mi objetivo y pude montarme en la bicicleta sin la más mínima interferencia ajena, incluso sin el apoyo moral de un espectador solidario. Al hacerlo comprendí que todo lo que había aprendido entraba en acción. Cada nuevo incremento de potencia obtenido en el equilibrio, en el pedaleo, en la dirección, en el aprovechamiento de las superficies, en el ajuste de mi peso en función de mis propias particularidades, etcétera, se depositó en mi haber una vez empecé a controlar el voluminoso corcel que, cuanto más novata es la persona que acude a la montura y se lanza sola, peor se porta. Sentí que había sido así toda mi vida, y que sin duda así será en todos los mundos y con todos nosotros. El conjunto de fuerzas propias, disciplina adquirida y conocimiento experto nos prepara

para todas las crisis que tengamos que afrontar. Hay un impulso, un poder acumulativo con el que podemos contar en cada nueva circunstancia, de la misma manera que un capitalista cuenta con su crédito en el banco. No es únicamente una declaración divina, sino una de las leyes fundamentales del ser: que «Dios dispone todas las cosas para el bien de quienes lo aman», es decir, para quienes están enamorados de Dios; y el que ama una ley de Dios y obedece dicha ley, al hacerlo ama a Dios, pero no siempre dispone del ingenio para saberlo.

* * *

Aunque ahora podía montar y apearme, doblar esquinas y avanzar por el terreno sin ayuda, todavía sentía una completa ausencia de fe en Gladys, a pesar de que la única vez que ella me había lastimado había sido mi culpa por soltarme de la reluciente barra, el equivalente a soltar la brida de un brioso corcel. Todo ciclista que «comienza» debe tener siempre presente, aunque se le olviden otras cuestiones, que en todo momento ha de mantener la «sujeción principal» pues, de lo contrario, su caballo irá desbocado y sin duda dará un respingo.

* * *

Poco a poco fui logrando un reconfortante nivel de dominio sobre Gladys, pero era del todo evidente que aún no nos conocíamos a fondo: no habíamos compartido un verano y un invierno. Yo no había aprendido sus manías (y las tenía para dar y tomar, como la yegua más enérgica que arrasa en un hipódromo de Kentucky). Pese a que en toda mi vida solo he presenciado una carrera de caballos (y se celebró en los Campos Elíseos de París hace un cuarto de siglo), no obstante, me llama mucho la atención que sea una Flora Temple, una Goldsmith Maid, una Maud S., una Sunol, una California Maid la que a menudo queda registrada en primera posición, y me hubiera gustado llamar a mi apocado corcel en honor a una de ellas. Pero dado que fue un regalo de Lady Henry Somerset, como mujer yanqui me parecía una ofensa y por eso la llamé *Gladys*, habida cuenta del espíritu alegre de la donante, el movimiento estimulante de la máquina y el regocijo* de haberla conocido, así como su utilidad en mi salud y carácter.

* * *

Si tuviera que explicar por qué aprendí a montar en bicicleta debería decir que lo hice como un acto de gracia, cuando no de auténtica religión. Mi médico había dictaminado la siguiente doctrina fundamental: «Llevar una vida al aire libre y hacer ejercicio agradable». Sin embargo, desde el día en que, con dieciséis años, me vi envuelta en largas faldas que me obstaculizaban el paso, he detestado caminar y he sentido con algo de noble desdén que las convenciones de la vida me habían apartado de lo que, en la libertad de mi hogar en la pradera, había sido una de las más dulces alegrías de la vida. Conducir no es un verdadero ejercicio. No renueva el caudal sanguíneo que fluye tan lentamente por las venas de los que, por la razón que sea, han perdido la sincronización natural del cerebro con la fuerza. Practicar equitación, una actividad que sí promete un ejercicio vigoroso, es costoso. La bicicleta reúne todos los requisitos y pronto estará al alcance de todos. Por tanto, en obediencia a las leyes de la salud, aprendí a montar en bicicleta. También quería ayudar a ampliar el mundo de las mujeres, pues soy de la opinión de que cuantos más intereses tengan en común las mujeres y los hombres, en pensamiento, palabra y obra, más feliz será el hogar. Además, para las mujeres tenía un valor especial que fuese una mujer de cincuenta y tres años la que conquistara la bicicleta. Sin olvidar que, siendo alguien que cuenta con tantas camaradas en el ejército del lazo blanco,** su acción tendría una gran influencia. Luego había tres razones menores:

* De nuevo, la autora hace un juego de palabras gracias a la semejanza fonética entre el nombre propio Gladys y el verbo *gladdening*, que significa «alegrar» o «regocijar».

** La autora hace referencia al lazo blanco que llevaban las integrantes de la Unión Cristiana de Mujeres por la Templanza (WCTU por sus siglas en inglés), una organización de mujeres dedicadas a las reformas sociales. Se fundó en 1874 y Frances E. Willard fue su segunda presidenta después de Annie Wittenmyer.

Lo hice por puro amor natural a la aventura; un amor que llevaba largo tiempo obstaculizado e impedido, como un arroyo que fluye bajo tierra pero que en esta iniciativa vuelve a burbujear con algo de su prístina frescura y siguiendo su alegre curso como antaño.

En segundo lugar, por las ganas de adquirir esta nueva herramienta de poder y ponerla literalmente a mis pies.

Por último, pero no por ello menos importante, porque era mucha la gente que pensaba que no podría lograrlo a mi edad.

Frances E. Willard (Nueva York,1839 – 1898). Aprendió a montar en bicicleta con cincuenta y tres años, es decir, en 1892. Antes de eso ya había sido profesora, escritora, sufragista y presidenta nacional de la Unión Cristiana de Mujeres por la Templanza desde 1879 y hasta su muerte. Siempre será recordada por poner el mejor nombre del mundo a una bicicleta: Gladys.

La WCTU hizo campaña a favor de la ley seca a nivel local, estatal y nacional, del sufragio femenino, de la mejora de las condiciones de trabajo o de las leyes contra la poligamia, entre otras.

Derecho a pedalear

– Pilar Tejera –

A finales del siglo XIX, los periodistas ingleses y estadounidenses andaban de cabeza con un asunto: las mujeres, pese a seguir estando sometidas a un severo escrutinio en base a su comportamiento y vestimenta, andaban descarriadas. La culpa la tenía la bicicleta. Para muchos políticos y periodistas conservadores, con cada pedalada las damas se dirigían derechas al infierno. Según afirmaban algunos, debido al diseño de su asiento, tan diabólico invento podía dañar o «sobreestimular» la pelvis. La bicicleta tenía un peligro adicional, al menos para aquellos que querían tener bajo llave la vida de sus esposas o hijas, y es que les permitía escapar fácilmente de su control para hacer sencillamente lo que les viniera en gana. «Aquellos padres que no permiten a sus hijas ir al teatro con un joven sin la compañía de una carabina, las están dejando ir solas en bicicleta, en compañía de un hombre», declaraba el periodista Joseph Bishop en 1896.

Entre los detractores de las aficionadas a los pedales no faltaban mujeres. Charlotte Smith, que dedicó media vida a luchar por los derechos de las trabajadoras, centró sus esfuerzos en hacer un llamamiento a todas las damas decentes para unirse en su denuncia «del mal ejercido por la bicicleta», un invento que convertía a sus usuarias en seres indecentes y vulgares. Llevada por tales convicciones, puso su punto de mira en Nueva York, donde abrió una sucursal de su organización para luchar por la limitación de su uso por parte de las féminas. Allí se dedicó a culpar a la bicicleta de la relajación moral y religiosa de la mujer. «La bicicleta es el agente diabólico contra la moral y el físico de las mujeres en miles de situaciones», repetía en sus comparecencias públicas. Tales afirmaciones arraigaron en las morales más conservadoras. «Se afirma, y con razón, que la dama que se deja ver acalorada, enrojecida por el esfuerzo y jadeante por la falta de aliento pierde gran parte de su dignidad femenina», declaraba una defensora del decoro.

Otros afirmaban: «El riesgo de parecer "poco femenina" no es la única razón por la que se aconseja a las mujeres que se desplacen en bicicleta de manera lenta y constante. Con frecuencia, los doctores recomiendan que las damas no se esfuercen demasiado mientras pedalean, pues poseen constituciones más débiles que los hombres y pondrían en serio peligro su salud». Mensajes como estos siguieron calando muy hondo. A finales de siglo se producía un cisma entre los profesores de una escuela de College Point, en Queens (Nueva York). Tres de las profesoras habían adoptado la práctica de acudir allí en sus bicicletas, causando estupefacción entre el claustro y los administradores del centro. Uno de ellos, en declaraciones a *The New York Times*, dijo: «Resulta impropio que las mujeres monten en bicicleta. Van en falda, claro, pero si no las paramos ahora, querrán ir a la moda de otras neoyorquinas y ponerse bombachos. ¡Estamos decididos a detenerlas a tiempo, antes de que lleguen más lejos!».

Pese a posturas como aquellas, lo cierto es que cada vez era más frecuente la imagen de un grupo de damas subidas a esos ingenios de dos ruedas. A medida que dominaban su conducción, fueron despojándose de la moda encorsetada para adoptar prendas más cómodas y adecuadas.

El *San Francisco Call* se hacía eco de escenas que escandalizaban a la sociedad:

«No importa demasiado a dónde se dirige una jovencita subida en una bicicleta. Es posible que se dirija al parque por puro placer, o a la tienda a por unas horquillas, o que vaya a visitar a un amigo enfermo al otro lado de la ciudad, o a hacerse con un patrón de costura o con una receta para matizar el bronceado o las pecas. Dejemos que sea así. Lo que el público interesado desea saber es: ¿A dónde van todas esas mujeres sobre dos ruedas? ¿Es que acaso hay una gran cita en alguna parte hacia la cual todas ellas se dirigen y donde mantendrán una reunión que causará el despertar y reajuste de este viejo y vacilante mundo?»

La contienda era inevitable. Gracias a líderes carismáticas como Helen Parkhurst, quien declaró: «Por supuesto, no creo que la bicicleta resulte inmoral. Las mujeres que la usan se expanden interior y exteriormente, respiran aire puro, se rodean de naturaleza y hacen un ejercicio que de otra forma no harían. Todo ello resulta una bendición», la balanza se inclinó a favor de la mujer, pese a que muchas pioneras del ciclismo fueran diana de insultos e incluso de piedras y palos arrojados por quienes veían amenazada su moral conservadora.

Pero las ciclistas victorianas no estaban dispuestas a renunciar a sus bicicletas. Para ellas, una vez aprendían a manejarlas ya no existía otra realidad en su día a día en la que no estuviera presente el inconfundible sonido de la cadena y el tintineo del timbre en el manillar. «No tenía ni idea de montar en bicicleta hasta que acompañé a un amigo que estaba a punto de tomar una clase en una de las escuelas fundadas para tal propósito —confesó la escritora Sarah Grand—. Allí vi a mujeres de todas las edades, tamaños y pesos manejando sus bicicletas con pasmosa facilidad, y evidentemente disfrutando de un ejercicio estimulante.» Para esta feminista, impulsora del concepto de *The New Woman* (que animaba a las mujeres a traspasar los límites establecidos por una sociedad dominada por los hombres), la bicicleta fue un gran descubrimiento.

Como cabe imaginar, las largas faldas suponían un importante obstáculo; se enredaban en las cadenas, su peso hacía agotadora cada pedalada... y la mujer no tuvo más remedio que echar mano de la picaresca. Algunas se las ingeniaron para ocultar bajo su ropa de diario faldas más cortas o «radicales» que solo enseñaban una vez alcanzaban las áreas menos concurridas de su ciudad. No faltaron imaginativas diseñadoras que contribuyeron a la causa con asombrosos patrones. Gracias a las patentes registradas por ellas podemos conocer los ingeniosos modos de conversión ocultos bajo las largas faldas a base de poleas, cables y botones para recogerlas a la altura de las rodillas. Las posibilidades eran infinitas. Sin embargo, nadie como Amelia Bloomer para desencadenar la auténtica revolución en las prendas de las ciclistas.

Making a bloomer

Eran tiempos convulsos. Proclamas como las pronunciadas por la defensora de la igualdad Susan B. Anthony: «Haced entender a vuestros empleadores que estáis a su servicio como trabajadoras, no como mujeres», estaban a la orden del día. Este icono internacional que lideró el movimiento estadounidense de los derechos civiles y jugó un papel decisivo en la lucha por el sufragio femenino dejó muy clara su postura respecto al polémico asunto de las ciclistas: «Permítame decirle lo que pienso sobre montar en bicicleta: creo que ha hecho más por emancipar a las mujeres que cualquier otra cosa en el mundo. Me lleno de orgullo y me regocijo cada vez que veo a una mujer sobre ruedas. Le confiere una deliciosa sensación de libertad y autonomía».

La mujer reclamaba el derecho al voto, al divorcio, a poder opinar, estudiar, trabajar... «La Declaración de Sentimientos.» Así bautizaron las participantes de la Primera Convención por los Derechos de la Mujer celebrada en julio de 1848 en Seneca Falls (Nueva York) al manifiesto que firmaron Lucretia Mott y Elizabeth Cady Stanton, dos líderes con carisma y magnetismo, oradoras extraordinarias y feministas convencidas, que habían encendido la mecha en aquel encuentro masivo. Por primera vez, muchas estadounidenses se permitieron soñar con la posibilidad de «ser felices». Amelia Bloomer fue una de las asistentes, y quedó contagiada por aquel embrujo.

A sus treinta años, Amelia creía tener asentados los pilares de su vida. Un marido, una ocupación, cierto bienestar económico... Sin embargo, durante los dos intensos días que duró la convención se habían tratado cuestiones que echaban por tierra algunos de sus principios. Al poco de salir, siente que ha sido alcanzada por vientos de cambio y desea hacer extensible el mensaje liberador. Ha visto con sus propios ojos que las mujeres se organizan abiertamente, hablan de cambiar su lugar en la sociedad, de luchar por el sufragio femenino... La idea de poder alterar el orden establecido, de mejorar las cosas, ha calado en lo más profundo de su mente.

Durante el año siguiente va a tener que recomponerse como persona y como mujer. Conoce el sentido de palabras como abnegación y trabajo, de modo que no le asusta el reto de luchar por sus nuevas ideas. Comprende que tiene a su disposición una poderosa arma: la escritura. Y sin duda el mejor medio para alcanzar sus fines es creando su propio periódico.

Con el apoyo de su marido, un abogado liberal, Amelia saca adelante *The Lily*, que arranca con una modesta tirada mensual. Conforme publica artículos cada vez más rompedores, descubre que no está sola, que muchas otras progresistas fundan clubs, se agrupan para reivindicar un espacio propio; ha prendido en ellas un deseo irrefrenable de cambiar las cosas.

Pero es a raíz de una visita de Elizabeth Cady Stanton cuando su nombre pasará a la historia como revolucionaria de la moda victoriana. Tras observar los diseños que la líder feminista le muestra, diseños que modernizan y liberan la vestimenta, tiene una revelación. Es como si hubiera estado persiguiendo un gran sueño y de pronto hubiera trastabillado y se hubiera visto inmersa en él.

No tarda en confeccionar unos pantalones sueltos y fruncidos en los tobillos inspirados en los trajes tradicionales turcos. Van coronados por una falda y un chaleco a juego. Satisfecha con el resultado decide publicitarlos en su periódico, promoviendo un cambio de estilo rompedor. Incluso publica un patrón para que las lectoras puedan confeccionar sus propias prendas. Acaba de sacar a la luz a los tatarabuelos de los futuros *leggings* de las deportistas.

Amelia no puede sospechar hasta qué punto los *bloomers*, como se designará a los bombachos, jugarán un papel decisivo en la lucha por la emancipación de la mujer.

Los provocadores diseños causan una conmoción social y son blanco de enconadas críticas. Poco después, la prensa recoge el guante de la historia y pronto todo el mundo habla de sus bombachos. La prenda acabará dando lugar a la expresión *making a bloomer*, en referencia a situaciones en las que alguien hace el ridículo.

Como era de esperar, el aire rezumaba una mezcla de perfume y adrenalina. El deseo de romper con las normas es tan grande que resulta una ofensa para la sensibilidad de muchos. ¡No hay quien detenga a las mujeres!, y el denominado *The Bloomer Costume* (el atuendo bombacho) tiene gran culpa de ello.

Amelia seguirá involucrándose en programas feministas y llegará a ser una popular oradora. Cientos, miles de mujeres desfilarán por las principales calles a lomos de sus bicicletas. Muchas de ellas acudirán a escuchar a esta líder que les ha facilitado la movilidad. Pronunciará discursos que abrirán a otras damas puertas desconocidas, conduciéndolas a lugares y situaciones insospechadas, como le ocurriera a ella. Presidirá convenciones, publicará artículos en defensa del sufragio femenino en un buen número de periódicos, atenderá entrevistas y hará campaña para animar a la gente, y especialmente a las mujeres, a vivir en espacios abiertos en el oeste del país, lo que sin duda les reportará una importante mejora en su calidad de vida.

En 1867, la Asociación Americana para el Sufragio Femenino la nombra vicepresidenta, cargo que ostentará hasta su muerte.

Esta mujer de aspecto frágil, que empezó su carrera como simple maestra en una escuela de niñas y luego trabajó como columnista de un panfleto local, logró fundar uno de los diarios feministas más importantes del país, convirtiéndose así en una embajadora de la mujer. Pero sobre todo, Amelia Bloomer logró que las mujeres guardaran en los baúles sus largas faldas para vestir sus cómodos «pantalones estilo turco» mientras pedaleaban. Las poleas ocultas bajo las largas faldas estaban condenadas a pasar a la historia. «Hay algo que las mujeres de todas las clases han adoptado como un camino más corto hacia la libertad que las amplias y acogedoras puertas de la universidad o el acceso a las urnas —publicaba la revista femenina *Godey's* en 1890—. En posesión de su bicicleta, las hijas del siglo XIX sienten que la declaración de su independencia ha sido proclamada.» Y no le faltaba razón al autor del artículo. Sin embargo, la batalla de la mujer por hacer uso del derecho a pedalear con bombachos se seguiría librando. El 25 de marzo de 1895, un año después de la muerte de Amelia Bloomer, el periódico *Brooklyn Eagle* publicaba el siguiente artículo:

> MANTENIENDO A RAYA LOS *BLOOMERS*
> LA POLICÍA DE BRITISH COLUMBIA LLAMA LA ATENCIÓN A UNA CICLISTA POR SU ATUENDO.
> La policía considera que los *bloomers* no son prendas apropiadas para ir por la calle, incluso cuando son llevados como prendas de bicicleta, y ha decidido tomar cartas en el asunto. Miss Ethel Delmont es una entusiasta ciclista, bella y agradable. La pasada semana hizo su aparición con sus *bloomers*, y, si la propia Lady Godiva hubiera intentado emular su estampa pedaleando, no lo habría hecho mejor. La ciudad entera se daba la vuelta para contemplarla y, en un momento dado, la policía, petrificada de asombro, decidió actuar. Le informaron de que, en caso de repetir su aparición con aquellas prendas, tendrían que detenerla bajo el cargo de alteración del orden público.

Sin embargo, pese a los ataques y a la censura, el legado de Amelia Bloomer permaneció vivo. En 1897, una revista ilustraba la portada de uno de sus números con varias mujeres circulando en bicicleta y usando pantalones bombachos. Amelia sin duda debió de sentirse encantada desde su tumba.

Finalmente, la bicicleta ganó la partida a favor de la mujer. El vehículo que había sido calificado de inductor a la perversión y el libertinaje acabó siendo aceptado como un compañero de vida saludable y símbolo de la ecología. Salir con ella, entrar en contacto con la naturaleza, sentir el viento, practicar deporte, hallar un nuevo medio para ir al trabajo o para viajar, fue posible gracias al tesón de ciclistas victorianas ataviadas con sus largos y pesados vestidos.

Mujeres que hicieron sonreír a los lugareños, a los campesinos, a los árboles y a las montañas que se toparon en su camino.

La viajera y alpinista norteamericana Fanny Bullock Workman recorriendo medio planeta en bicicleta, Annie Londonderry dando la vuelta al mundo a golpe de pedal en 1895 por una simple apuesta, Amelia Bloomer revolucionando la moda con los bombachos y dando libertad de movimientos a la mujer, Susan B. Anthony dejando mudo al auditorio con su famosa pregunta: «¿Son personas las mujeres?» o Marie Curie celebrando su luna de miel en bicicleta fueron algunas de las damas que contribuyeron con su humor y su tesón a la aceptación de las ciclistas.

Pilar Tejera (Madrid, 1958). Lleva dos décadas rescatando historias de las damas del pasado. Esta pasión la llevó a crear el sello editorial Casiopea y a publicar diversos libros. El primero de ellos fue *Viajeras de Leyenda*. Más tarde dedicó *Casadas con el Imperio* a las inglesas que vivieron en la India colonial británica. *Reinas de la Carretera* aportó una nueva perspectiva del feminismo y la aventura. Con *Viajeras por los mares del Sur* y *Viajeras por el Lejano Oriente* rindió otro homenaje a las pioneras en destinos lejanos. *Damas de Manhattan* nos desveló la Gran Manzana de la mano de emprendedoras y luchadoras y con *Viajeras al Tren* descubrió historias y anécdotas sobre las mujeres y el ferrocarril.

Cuatro bajo mano Forsyte

— John Galsworthy —

Los historiadores que registran las mareas de las costumbres sociales y la moral han pasado por alto la bicicleta. Sin embargo, sería difícil negar que este «invento del diablo», como siempre la llamaba Swithin Forsyte porque un *penny-farthing*[*] había sobresaltado a sus caballos tordos en Brighton en 1874, ha sido responsable de más cambios en las costumbres y en la moral desde Carlos II. Pese a sus inocentes inicios agitahuesos, a causa de su extraordinaria incomodidad, en su etapa inofensiva del *penny-farthing*, porque solo era peligroso para la vida y los miembros del sexo masculino, comenzó a ser un potente agente diluyente una vez fue accesible a las damas en su forma presente. Bajo su influencia, total o parcialmente, han languidecido las carabinas, las faldas largas y estrechas, los corsés apretados, las largas melenas, las medias negras, los tobillos gruesos, los sombreros grandes, la mojigatería y el miedo a la oscuridad; bajo su influencia, total o parcialmente, han florecido los fines de semana, los nervios fuertes, las piernas fuertes, el lenguaje fuerte, los pololos, el conocimiento del fondo y la forma, de los bosques y de los pastos, la igualdad entre los sexos, la buena digestión y la ocupación profesional. En cinco palabras: la emancipación de las mujeres. Pero para Swithin, y posiblemente por esa razón, no dejaba de ser lo que había sido en un principio: un invento del diablo. Pues,

[*] Nombre con el que se conocía al biciclo, el vehículo de dos ruedas posterior al velocípedo. Se llamó así por la relación de tamaño entre la rueda grande —penique o *penny*— y la pequeña —cuarto de penique o *farthing*—. En un biciclo la rueda delantera es al mismo tiempo motriz y directriz.

además de molestar a sus tordos, tras haber vivido sus primeros dieciséis años con «Prinny»* en el horizonte y habiéndose formado a sí mismo bajo Lord Melbourne, las bodegas de sidra y el Pavilion de Brighton, en lo que a gusto y comportamiento se refiere se mantuvo hasta el final como un dandi del Periodo Regencia, incapaz de desligarse de su amor por los chalecos y la joyería, o de la convicción de que las mujeres eran un beneficio adicional para quienes la elegancia y el... ejem... encanto eran atributos de primera necesidad.

Estas son las consideraciones que debemos tener presentes a la hora de referirnos al relato de un episodio que tiene lugar en la saga *On Forsyte 'Change* en el año 1890.

Swithin había pasado los primeros meses del año en Brighton y no hay duda de que para abril ya había bebido bastante. Los últimos tres años habían supuesto un severo castigo y desde hacía algún tiempo se había deshecho de su faetón, limitando su ejercicio de carruaje a una berlina de dos plazas, en la que, tirado por sus tordos, paseaba arriba y abajo todas las tardes por el paseo marítimo desde el extremo de Hove hasta el comienzo de Kemptown. Cuáles pudieron ser sus cavilaciones durante estas excursiones nunca ha sido revelado. Posiblemente ninguna. Y ¿por qué no? Para un anciano tan solitario, la incitación al pensamiento brillaba por su ausencia; y a pesar de que siempre podía pensar en sí mismo, un hombre no puede estar siempre preocupado por esto. El regreso a su hotel tenía lugar a las cuatro de la tarde. Descendía del carruaje asistido por su ayuda de cámara y accedía al hotel por su propio pie, sin apoyo, seguido de Alphonse, que llevaba el cojín de aire especialmente resistente sobre el que siempre se sentaba, y el tapete de tela escocesa de las Tierras Altas con el que se cubría las rodillas. Swithin se detenía en la sala durante tal vez un minuto y ajustaba con mayor firmeza la barbilla, acomodaba los pesados párpados cuidadosamente sobre sus llorosos ojos. Entonces tendía su bastón de malaca con empuñadura de oro para que se lo sujetaran y extendía ligeramente las manos, enguantadas en un brillante cuero lavado, para indicar que debían retirarle el abrigo, azul, forrado con

* Jorge IV del Reino Unido (1762-1830).

piel de ardilla y cuello de astracán. Una vez hecho esto, y quitados los guantes y el sombrero de fieltro negro con la parte superior algo cuadrada, se acariciaba el mechón del labio inferior, como si quisiera asegurarse de que su distinción se mantenía intacta.

A esa hora acostumbraba a dirigirse a cierto asiento en cierto rincón donde no había corriente y fumaba medio puro antes de subir en el ascensor a la sala de estar de su suite. Se sentaba tan quieto y su sordera era tan célebre, que nadie le hablaba. Sin embargo, él sentía que así veía más vida y preservaba la obsoleta reputación de «Cuatro bajo mano Forsyte». Encajado hacia delante por los almohadones, como si todavía se encontrara en su berlina, con las piernas gruesas algo separadas, se llevaba el puro a la oreja; tras haber escuchado atentamente su consistencia, lo sostenía un minuto entre el hinchado pulgar y el dedo índice, todavía más hinchado, de ese blanco amarillento que delata al sujeto que padece gota. Entonces se lo metía en la boca y esperaba a que lo encendieran. Con el pecho encorvado, bajo un plastrón de raso negro y un broche de diamantes, dando la apariencia de tener un solo grosor desde el cuello hasta abajo, se quedaba sentado, contemplando aquello que aún no se llamaba «salón» por debajo de sus párpados abultados y caídos, como haría un Buda desde el rincón de un templo. El viejo rostro cuadrado, perfectamente pálido, de quien ha vivido largo tiempo retirado del privilegio del aire libre, permanecía tan inmóvil que la gente lo miraba como si de un reloj se tratase. El bigotito blanco y la pequeña perilla en el labio inferior, los mechones sobre los ojos y el cabello aún elegante en la frente, acentuaban tal vez su parecido con una esfera. De vez en cuando, alguien cuyo padre o tío lo había conocido en los viejos tiempos se detenía al pasar, como si deseara ajustar la hora de su reloj, y decía: «¿Cómo le va, señor Forsyte?». Entonces se desplegaba en el rostro de Swithin una expresión como de gato que ronronea, y murmuraba con voz fatigosa y distinguida: «¡Oh! ¿Cómo le va? Hace tiempo que no veo a su padre». Y como la mayoría de las veces el padre en cuestión había fallecido, esto ponía fin a la conversación. Pero Swithin se cuadraba todavía más en su asiento, porque le habían dirigido la palabra.

Con el puro a medio fumar, se producía un cambio. Con un ligero temblor, la mano que lo sujetaba se recostaba en el brazo de la butaca. La barbilla se deslizaba lentamente entre las puntas bien separadas del rígido cuello blanco; la caída de los párpados se volvía completa; un ligero espasmo se apoderaba de los labios, dando lugar a un jadeo débil y constante... Swithin se había quedado dormido. Y todo el que pasase lo miraba con cierta indiferencia, con una especie de impaciencia, es posible que con una nota de compasión, y es que, en ocasiones como esta, como en recuerdo de glorias pasadas, Swithin no roncaba. Y luego, claro está, llegaba el momento del despertar. La barbilla se sacudía hacia arriba, los labios se abrían y todo su aliento parecía salir despedido en un largo suspiro; al despegarse, los ojos adquirían una expresión vidriosa; la lengua se desplazaba hacia el paladar y el labio superior; y una expresión como de bebé enfurruñado se adueñaba del viejo rostro. Malhumorado, alzaba el puro a medio fumar, lo miraba como si este le debiera algo que no estaba dispuesto a pagar y lo dejaba caer de entre el dedo índice y el pulgar a una escupidera. Entonces volvía a sentarse igual que antes, aunque distinto, esperando a que algún sirviente se acercara lo suficiente para decirle: «¡Buenas! Avise a mi ayuda de cámara, ¿quiere?», y entonces aparecía Alphonse: «¡Ah! ¡Ahí está! Me he quedado traspuesto. Subiré ahora».

Tras levantarse de la silla con ayuda, se quedaba un minuto entero de pie, mareado. Luego, erguido aunque apoyándose con fuerza en el bastón y en una pierna, avanzaba hacia el ascensor seguido de Alphonse y los almohadones especiales. Y al verlo pasar, quizás alguien murmuraba: «Ahí va el viejo Forsyte. Un vejete curioso, ¿no te parece?».

Pero ese no fue el orden de los acontecimientos en aquella particular tarde de abril de la que se informa en *On Forsyte 'Change*, pues cuando una vez despojado del sombrero y del abrigo estaba a punto de dirigirse a su acostumbrado rincón, se le vio alzar el bastón y pronunciar las siguientes palabras: «¡Ay de mí! ¡Hay una dama sentada en mi butaca!».

Una figura, en efecto, con una falda más bien corta ocupaba aquel lugar sagrado.

—¡Iré arriba! —dijo Swithin de mal humor.

Pero al moverse, ella se levantó y se le acercó.

—¡Que Dios me bendiga! —exclamó Swithin, que había reconocido a su sobrina Euphemia.

Bien, la hija más joven de su hermano Nicholas era, en ciertos aspectos, la peor pesadilla de Swithin. A sus ojos era demasiado delgada y siempre decía lo que no debía; además, hablaba chillando. No la veía desde que, para su desazón, se había sentado a su lado en el concierto de Francie's Fourpenny Foreigner.

—¿Cómo estás, tío? He pensado que *debía* venir a verte mientras estoy por aquí.

—Tengo gota —dijo Swithin—. ¿Cómo está tu padre?

—¡Oh! Como siempre. Él dice que está mal, pero no es cierto. —Y soltó un pequeño grito.

Swithin la miró fijamente. El que hubiera ocupado su butaca ya lo había enojado suficiente, y ahora estaba a punto de decirle: «Tu padre vale veinte veces lo que tú». Pero acordándose a tiempo de las exigencias del saber estar, demostró una mayor galantería y murmuró:

—¿De dónde has salido?

—De mi bicicleta.

—¡¿Qué?! —dijo Swithin—. ¡Vas montada en una de esas cosas!

Euphemia volvió a emitir un gritito.

—¡Ay, tío! ¡Una de esas cosas!

—Bien —dijo Swithin—, ¿qué otra cosa son?... El invento del diablo. ¿Quieres tomar el té?

—Gracias, tío, pero debes de estar cansado después de tu paseo.

—¡Cansado! ¿Y por qué habría de estarlo? ¡Camarero! Lleve un poco de té allí..., a mi butaca.

Transmitiéndole así el paso en falso que había cometido al sentarse en su butaca, le indicó que regresara al rincón y la siguió.

Al llegar a la butaca se produjo un momento incómodo.

—Siéntate —dijo Swithin.

Euphemia se acercó al borde por un instante y a continuación dijo con su voz de pito:

—Pero si es tu butaca, tío.

—Alphonse —dijo Swithin—, traiga otra.

Cuando hubo llegado la otra butaca, hubieron colocado los almohadones para Swithin y estuvieron sentados, Euphemia dijo:

—¿No sabías que las mujeres están empezando a montar en bicicleta, tío?

La perilla del labio inferior de Swithin se puso de punta.

—Mujeres —dijo—. Bien haces diciendo mujeres. ¡Imagínate a una dama montando en una cosa de esa forma!

Euphemia chilló aún más fuerte.

—Pero tío, ¿por qué dices *de esa forma*?

—Con una pierna a cada lado, perturbando el tráfico. —Y mirando la falda de Euphemia, añadió—: Enseñando las piernas.

Euphemia dejó escapar una risa silenciosa.

—¡Ay, tío! —dijo finalmente con voz ahogada—. ¡Vas a matarme!

Pero en ese momento llegó el té.

—Sírvete lo que quieras —dijo Swithin bruscamente—. Yo no lo bebo.

Y tomando del camarero un encendedor para su puro, se sentó mirando con ojos pálidos a su sobrina. Ella no rompió el silencio hasta que no terminó la segunda taza.

—Tío Swithin, cuéntame por qué te llaman «Cuatro bajo mano Forsyte», siempre he querido saberlo.

Swithin la miró con mayor severidad.

—¿Y por qué no deberían?

—«Cuatro bajo mano». Pero nunca has conducido más de un par, ¿verdad que no?

Swithin se arregló el cuello.

—¡De ninguna manera! Era un cumplido por mi... ejem... estilo.

—¡Estilo! —repitió Eufemia—. ¡Ay, tío! —Y se puso tan colorada que él pensó que se había atragantado con una migaja.

Entonces, despacio pero seguro, se dio cuenta de que él era la causa de su emoción. Un rubor le cubrió las mejillas; algo se movió en su garganta, algo que podría llegar a ahogarlo si no iba con cuidado. No hizo ademán alguno.

Euphemia se levantó.

—Tengo que irme, tío. Me alegro de haberte visto, tienes muy buen aspecto. No te levantes, por favor. Muchas gracias por el té.

Se inclinó sobre él, le besó en la frente y, enseñando las piernas, se dirigió hacia la puerta. Al marcharse seguía con la cara muy roja y a Swithin le pareció oírla chillar. Permaneció inmóvil un segundo, luego se levantó, no sin esfuerzo; carecía de bastón con el que ayudarse, y de tiempo que dedicar al proceso, por lo que le costó. Se puso de pie, se quedó quieto un instante para recuperarse y entonces, sin apoyo, caminó sin saber cómo hasta la ventana de la sala que daba al paseo. Allí estaba su sobrina, la chillona, en su bicicleta, moviéndola, montándola, marchándose en ella. Se incorporó al tráfico, pedaleando, enseñando los tobillos; ¡sin un ápice de gracia, de elegancia, de nada! ¡Allá iba! Y Swithin se puso de pie, tamborileando su hinchado dedo índice contra el cristal, como si denunciara lo que estaba viendo. ¡Estilo! ¡Estilo! Ella... se había reído de él. ¡Estaba seguro! Aunque él solo había conducido dos caballos, ¡habían sido los más elegantes del reino! Se puso de pie y aquel tono rosado de angustia aún coloreaba la palidez de sus mejillas... Se sentía agitado hasta lo más profundo de su alma. ¿Era consciente de hasta qué punto le aguijoneaba la risa de su sobrina? ¿Consciente de cómo el sobrenombre «Cuatro bajo mano Forsyte» encarnaba el sentimiento que la Sociedad siempre había mostrado hacia él? ¿El sentimiento que con su afán de distinción se había inflado hasta convertirse en el doble de lo que era realmente? ¿Era consciente de aquel lamentable desprecio? Tal vez solo en su subconsciente, pero fue más que suficiente. Una ira punzante se apoderó de todo su ser, alcanzando inclusive las suelas de las botas de charol que aún calzaba en público en sus doloridos pies. Con que ella montaba una de «esas cosas», y se reía de él. Pues él le enseñaría. Se apartó de la ventana y fue al escritorio. Y allí, con ojos cansados y amarillos y mano temblorosa, tomó papel y empezó a escribir. En una trémula parodia de lo que antes había sido casi caligrafía, trazó las siguiente líneas:

> «Anexo a las últimas voluntades de Swithin Forsyte. Para manifestar mi desaprobación de los modales y costumbres de mi sobrina Euphemia, hija de mi hermano Nicholas Forsyte y de su esposa Elizabeth, por la presente revoco el legado de la parte de mis bienes repartidos en mis mencionadas últimas voluntades. No le dejo nada en absoluto.»

Hizo una pausa y lo leyó entero. ¡Así aprenderá! Fiel a las damas, había legado la mitad de su propiedad a sus tres hermanas a partes iguales; la otra mitad a sus ocho sobrinos a partes iguales. Bien, ¡ahora solo habrá siete! Y tocó la campana.

—Chico, ve a buscar a mi ayuda de cámara y dile al portero de la sala que venga aquí.

Cuando llegaron estaba añadiendo las palabras: «Firmado en presencia de...».

—¡Tengan! —dijo—. Esto es un anexo a mis últimas voluntades. Quiero que sean testigos de ello. Escriban sus nombres y ocupaciones donde se les indica.

Una vez lo hubieron hecho, y él hubo secado todo, tomó un sobre y escribió:

> ESTIMADO JAMES:
>
> Esto es un anexo. Añádelo a mis últimas voluntades y hazme saber que lo has recibido.
>
> Con afecto, tu hermano,
>
> Swithin Forsyte

Y lacró el sobre con el sello de la «cresta de faisán» obtenido, pago mediante, en el Colegio de Armas en 1850.

—Tome —dijo a Alphonse—, y échelo al correo. Vamos, ayúdeme a regresar a mi butaca.

Cuando volvió a estar instalado, y cuando Alphonse se hubo marchado, sus ojos vagaron inquietos.

¡Estilo! Sus viejos compinches... ¡No quedaba ninguno! ¡Ya no venía nadie que lo hubiera conocido en la época gloriosa del estilo! Una época en la que había habido elegancia. ¡Bicicletas! Por favor... Bien, a esa jovencita el paseo le había salido caro, la risa le había salido cara. Le había costado la friolera de seis o siete mil libras. ¡El que ríe último, ríe mejor! Y con la sensación de haber roto una lanza a favor de la elegancia, de las costumbres, del... del estilo, Swithin recobró su palidez, sus ojos se volvieron menos amarillos y, sobre ellos, sus párpados pesaban cada vez más, y la expresión de aquellos ojos se volvió casi nostálgica. Este maldito viento del este... Si no se andaba con cuidado no tendría apetito para la cena.

¡Cuatro bajo mano Forsyte! ¿Por qué no? ¿Por qué? Él podría haber manejado cuatro con una sola mano si hubiera querido, en cualquier momento. ¡Cuatro bajo...! La barbilla se le cayó ligeramente. ¡Cuatro bajo...! Se le cerraron los ojos; se le inflaron los labios. Dormía, con la mano todavía descansando en el bastón.

Dos jóvenes entraron en la sala. Venían de pasar el fin de semana en la ciudad. Ensombrerados, con cuello alto y haciendo girar los bastones, pasaron a poca distancia de la butaca de Swithin.

—Mira a ese viejo dandi —dijo uno de ellos en voz baja.

Y se detuvieron, mirándolo de reojo.

—¡Vaya! Pero si es el viejo tío Swithin, Giles.

—¡Por San Jorge! Tienes razón, es él. Mira, Jesse, fíjate en sus anillos, y en su broche, y en cómo le brillan el pelo y las botas. Anda que no se acicala este viejo tonto.

—¡Por las barbas de Júpiter! Espero no ser viejo nunca. ¡Vamos, Giles!

—¡Vieja antigualla!

Y «los Dromios», como se les llamaba, reanudaron el paso, afianzando con gallardía sus ávidos rostros magros por encima del cuello.

Pero los labios viejos y pálidos de Swithin, entre el pequeño bigote y el mechón blanco, se hinchaban y soplaban, se hinchaban y soplaban. No se había enterado de nada.

John Galsworthy (Surrey, 1867 - Londres, 1933). Novelista y dramaturgo inglés célebre por su apabullante fuerza descriptiva. Conforman su obra más emblemática, *La saga de los Forsyte,* una serie de doce novelas y relatos escritos entre 1906 y 1934. En ella critica a la clase media inglesa durante el fin de la época victoriana y el comienzo de la edad moderna. Fue elegido primer presidente del club literario PEN International, al que donó el importe del Premio Nobel que recibió en 1932, pocas semanas antes de morir. Jamás dudó del papel crucial de la bicicleta en la emancipación de las mujeres.

Rueda conmigo

— Lidia Damunt —

Un, dos, tres, y...

Tengo una bicicleta de carreras
Que por las cuestas sube muy ligera
Cuesta abajo parece que vuela
Soy la reina de la carretera
Si quieres verme, pégate a mi rueda

Rueda, rueda conmigo
Oh, rueda, rueda conmigo

No puedo ver esa serie tan buena
Tampoco puedo preparar la cena
No toco la guitarra, ya no tengo teléfono
Ya solo me importa la carretera
Si quieres verme, pégate a mi rueda

Rueda, rueda conmigo
Oh, rueda, rueda conmigo

Lidia Damunt (La Manga del Mar Menor, 1978). Pronto se dio cuenta de que con una guitarra podía sintonizar con el mundo de una manera mejor que sin ella. Un buen día conoció a su álter ego, Tormina, en la orilla del Mar Menor, y se dio cuenta de que era ella misma. Desde entonces no ha dejado de escribir canciones. La bicicleta es otra de sus grandes pasiones y fuente de inspiración para su música.

El viaje más extraordinario

– Lola Buendía –

La mañana del día 25 de junio de 1894, frente a la Casa del Estado de Massachusetts (Boston), un grupo de amigos y curiosos se congregaron para despedir a una mujer que, desafiando todos los convencionalismos de la época, se disponía a emprender un extraordinario viaje alrededor del mundo en bicicleta.

Vestida al estilo victoriano tradicional —falda oscura larga, camisa de cuello alto, chaqueta y sombrero— y subida a uno de los primeros modelos de velocípedos adaptados a la vestimenta femenina —con una barra central más baja—, la aspirante a aventurera estaba a punto de embarcarse en una gesta que parecía imposible.

—Recorreré el mundo en quince meses —aseguró nuestra protagonista dirigiéndose al público— y regresaré con 5.000 dólares, sin más equipo que la que ropa que llevo puesta.

Quien pronunciaba estas palabras era Annie Kopchovsky, una joven de origen judío que años atrás había emigrado desde Letonia a EE. UU. Ni su marido ni sus tres hijos (el mayor de los cuales tenía solo cinco años) habían acudido ese día a verla partir.

Según parece, ni ellos ni ninguno de sus vecinos del modesto barrio bostoniano de West End donde vivían esperaban que fuera capaz de emprender semejante locura, dado que, por entonces, las mujeres apenas habían comenzado a subirse a las bicicletas.

Hasta el momento solo lo habían hecho los hombres, pero un novedoso diseño que incluía una barra baja en el cuadro, facilitando que ellas pudieran subir con sus largas faldas, había animado a las más intrépidas.

Las pioneras, en su mayoría señoras acomodadas de clase alta que encontraron en este invento la posibilidad de desplazarse de forma independiente y rápida, tuvieron que hacer frente a duras críticas. No solo se consideraba indecoroso que una dama montara sobre dos ruedas, sino que se decía que podía causar esterilidad y trastornos nerviosos.

Teniendo en cuenta el incómodo ambiente social al que las ciclistas debían enfrentarse, es difícil saber qué pudo llevar a una madre a dejarlo todo para iniciar un viaje tan cargado de polémica. Sin embargo, en repetidas ocasiones a lo largo de su periplo por el mundo, cuando se le preguntaba al respecto, respondía: «No quiero pasar mi vida en casa, cada año con un bebé en mi regazo». Como demostraría más tarde, el innovador vehículo de dos ruedas representaba para ella libertad, fama y dinero. Y también una oportunidad para reafirmar su personalidad más allá de las paredes del hogar.

No solo las ansias de libertad impulsaron el espíritu aventurero de la estadounidense, sino que detrás del origen de su aventura pudo haber una apuesta. Al igual que en la novela de Julio Verne, en la que Phileas Fogg invierte su fortuna en una apuesta que le lleva a rodear el globo en menos de 80 días, el desencadenante del viaje de Kopchovsky pudo estar en otra entre dos ricos hombres de negocios de Boston. Si superaba el reto de viajar alrededor del mundo en bicicleta y estar de vuelta en tan solo quince meses, obtendría la suculenta cifra de 10.000 dólares.

Las condiciones del acuerdo dejaban claro que, a su regreso a Boston, la viajera debería haber ganado como mínimo 5.000 dólares, para lo cual no podría aceptar dinero gratuitamente, sino que tendría que conseguirlo por sus propios medios. El objetivo era demostrar que una mujer podía viajar sola y, además, ganarse la vida durante su travesía.

El día en que inició el viaje, frente a la Casa del Estado de Massachusetts, algunos de los empresarios allí presentes ofrecieron las primeras sumas de dinero a la ciclista en forma de patrocinio, colocando lazos con los nombres de las empresas colaboradoras.

Uno de esos patrocinadores fue el representante de la empresa de agua mineral Londonderry Lithia de Nuevo Hampshire, que por la suma de 100 dólares propuso a Kopchovsky cambiar su apellido por el de Londonderry durante el tiempo que durara su periplo.

Así fue como nació el personaje de Annie Londonderry, la mujer que pedaleó a través de EE. UU., Europa y Asia completando una vuelta al mundo no exenta de polémica.

Tras los primeros kilómetros por senderos pedregosos y caminos impracticables, la inexperta ciclista decidió cambiar su larga falda por unos *bloomers*, unos pantalones de camal ancho que se ajustaban en el tobillo y que habían sido calificados como prenda «indecorosa» y «masculina». Pese a todo, estas críticas no lograron frenar su expansión, en parte gracias a la sufragista Amelia Bloomer, a quien deben su nombre, que los popularizó con tanto éxito que la prenda llegó a convertirse en un símbolo del movimiento por los derechos de las mujeres en el mundo occidental.

El atuendo no fue el único cambio que adoptó nuestra protagonista antes de embarcarse hacia Europa. En Chicago, representantes de la firma de bicicletas Sterling le ofrecieron una nueva montura mucho más ligera, esta vez con un cuadro en forma de triángulo, no con la barra baja de los modelos femeninos. Se trataba de un diseño masculino más deportivo que facilitaba el desplazamiento.

Así, vestida con sus nuevos *bloomers*, una blusa ancha, sin corsé y con una máquina más ligera y deportiva, Annie Londonderry desembarcó en París, despertando un gran revuelo a su paso. Algunos cuestionaron su feminidad, otros alabaron su proeza, pero en ningún caso pasó desapercibida, y mucho menos para la prensa.

Concedió entrevistas a periódicos de todo el mundo en las que contó numerosas anécdotas acontecidas durante su trayecto sobre ruedas, algunas de ellas aderezadas con grandes dosis de fantasía: escenas heroicas, aparatosos accidentes, asombrosas peripecias... Era una brillante contadora de historias y sabía adaptar el relato según le conviniese.

Tras recorrer Francia, puso rumbo a Asia. Según los artículos publicados en los diarios de la época, a menudo alimentados por las declaraciones de la propia viajera, pudo haber visitado Egipto, Israel, India, China y Japón.

A su paso por esos lugares cazó tigres de Bengala, cruzó terrenos pantanosos, se vio atrapada en la primera guerra sino-japonesa, compartió primera línea de batalla con periodistas, recibió un disparo en un hombro, fue encerrada en una prisión japonesa y cruzó pedaleando la península coreana hasta Siberia.

Qué hay de cierto y qué hay de ficción en esas historias es algo difícil de averiguar. La exploradora se movía entre ambas esferas. Como ya había hecho en Francia, aderezó las historias relacionadas con la etapa asiática de su viaje para llamar la atención de la prensa y las adecuó a las preferencias de su público hasta tal punto que todavía hoy resulta imposible separar la invención de los hechos.

La tercera y última etapa de su itinerario comienza el 23 de marzo de 1895, cuando desembarca en California. A estas alturas, la prensa estadounidense había empezado a mostrarse recelosa y algunos periodistas se habían hecho eco de las incongruencias de su relato. Pero ella nunca rechazó la publicidad, ni siquiera la negativa. Mientras hablaran de su hazaña, poco le importunaban las críticas.

A mediados de septiembre, quince meses después de aquella celebración de despedida frente a la Casa del Estado de Massachusetts, la viajera regresó a Boston y se reunió con su familia. Había conseguido reunir 4.600 de los 5.000 dólares que mencionaban los términos de la apuesta gracias a los patrocinios, cobrando por impartir charlas o vendiendo fotos de ella. Los últimos cuatrocientos dólares que le faltaban para completar el reto los obtuvo al vender su bicicleta a la compañía Sterling, que la adquirió para usarla con fines publicitarios.

El periódico *Omaha World Herald* publicó el artículo «Ms. Londonderry ha ganado». Poco después, el 20 de octubre de 1895, ella misma escribió la crónica que apareció en la edición dominical del diario *New York World*, que llevó por título: «El viaje más extraordinario jamás emprendido por una mujer».

Su travesía alrededor del mundo constituye un importante capítulo en la historia del ciclismo. Aunque algunos de sus contemporáneos vertieron duras críticas contra ella, Annie Londonderry causó gran impacto allá donde fue, algo difícil de conseguir en una época plagada de historias de aventuras y expediciones.

En la década de 1890, Estados Unidos estaba sumido en una depresión y no fueron pocas las personas que se embarcaron en aventuras de todo tipo: viajes, expediciones, gestas deportivas... La figura del aventurero que trata de cumplir con una apuesta se convirtió en un lugar común de la época y sus peripecias eran seguidas en los medios de comunicación con la misma pasión que ahora reciben los *reality shows*.

En el saturado mercado de viajeros en busca de protagonismo, Annie Londonderry consiguió destacar por encima de otros. Apenas pasaba una semana sin que sus andanzas aparecieran en algún periódico, y lo consiguió gracias a que fue pionera en el arte de embellecer el relato conforme a las preferencias del público. «Aprendí qué era lo que la gente quería y les dí mucho de eso», aseguró.

Sobre la identidad de los hombres que iniciaron la apuesta que pudo desencadenar el viaje, nada se sabe. Con toda probabilidad fueron una invención más, un truco de marketing cuyo único objetivo era llamar la atención. Los 10.000 dólares de premio seguramente nunca estuvieron sobre la mesa. En cambio, lo que Annie Kopchovsky ganó con su bicicleta fue un billete hacia la libertad, la fama y la fortuna.

Lola Buendía (Valencia, 1983). Directora de comunicación y marketing y co-creadora de veloVLC, un proyecto independiente que pretende promover el ciclismo urbano y recreativo en la ciudad de Valencia. Además de usar la bicicleta como principal medio de transporte, Lola aspira a dar la vuelta al mundo en una bicicleta de cicloturismo que todavía no tiene, pero con la que sí sueña y piensa ir construyendo poco a poco. Su podcast «Historias de bicicletas» es toda una carta de amor a las bicis. Ojalá muy pronto pueda emular a Annie Londonderry, con o sin apuesta mediante.

— PEDALES pioneros —

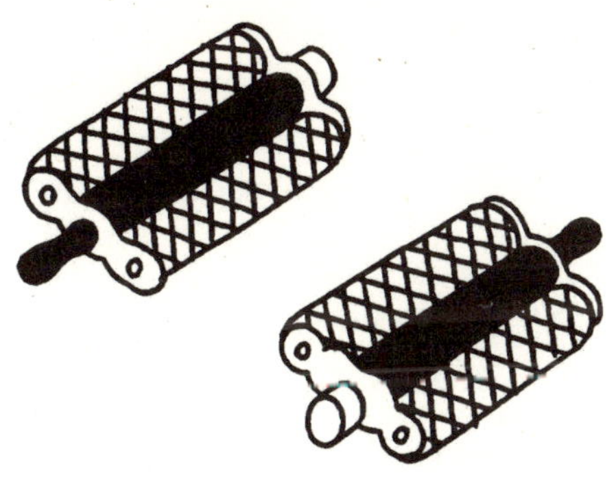

La bicicleta es tan buena compañía como la mayoría de los maridos y, cuando se vuelve vieja y destartalada, la mujer puede deshacerse de ella y conseguir una nueva sin escandalizar a toda la comunidad.

Ann Strong

¿Sabes cuál es la palabra que más gente relaciona con «libertad» en los experimentos tipo asociación de palabras?: «Bicicleta».

Anónimo

Entonces aparecieron unas cuantas chicas, el mismo grupo de chicas valientes que, en el caos de los años inmediatamente posteriores a la guerra, se había atrevido a andar en bicicleta, a pesar de los improperios de las viejas y de las piedras de los *guaglione*, incitados por el cura, y que habían obligado a Manacore a aceptar que usaran la bicicleta, a pesar de las obscenidades que les gritaban los hombres de la localidad, que comparaban el sillín de la bicicleta con otros objetos puntiagudos y las bicicletas en general con todo lo que se puede montar a horcajadas, a pesar de que otro maestro de escuela, que era rojo pero que decía que primero había que tomar el poder y luego cambiar las normas de conducta, que sostenía que la pretensión de las mujeres de montar en bicicleta, al igual que la reivindicación de Klara Zetkin por el amor libre, formaban parte de las demandas burguesas, condenadas por Lenin en una famosa carta. Las mismas chicas, tras conquistar la bicicleta, se atrevieron a ir la playa.

***La ley*, Roger Vailland**

En abril de 1895 se consideraba excéntrico a cualquiera que montara en bicicleta, mientras que a finales de junio la excentricidad recaía en quien no lo hacía.

Evelyn Everett-Green

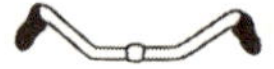

La bicicleta es una herramienta que motiva a las mujeres a ganar fuerza y a asumir mayores roles en la sociedad.

Elizabeth Cady Stanton

Los conductores de autobús no se privaban de sacudirme con el látigo, y los taxistas consideraban divertido chocarse por detrás. Una vez me tiraron de la falda en un barrio de Notting Hill.

Helena Swanwick

Pocos artículos utilizados por el hombre (o la mujer) han creado una revolución en las condiciones sociales.

***American Heritage* n.º 8, Fred Kelly**

Para los hombres, la bicicleta no es más que un juguete nuevo, pero para las mujeres es un corcel sobre el que cabalgan hacia un nuevo mundo.

***Munsey's Magazine* (1896)**

Solo quería devorar kilómetros en mi bicicleta. Es una nueva alegría de vivir que he descubierto y, en lugar de anhelar un coche, a partir de ahora mis deseos se limitarán a una bicicleta propia.

Simone de Beauvoir

Además, en un tándem, con sus dos asientos, nada habría que despertara sensaciones desagradables en su interior. Seguiría habiendo un lugar para «la dama».

***Our Sentimental Journey Through France and Italy*,**
Joseph y Elizabeth Robins Pennell

BICIS FANTÁSTICAS

Fantasean con echar raíces, comer fabada asturiana y dormir sobre una moqueta. Sus estornudos son como un timbrazo en plena noche. Si jugaran a juegos de mesa, se pedirían ser el dado. La única certeza que tenemos de su existencia es el elevado número de dinamos en los desguaces.

Todos los mares llenos de ostras

– Avram Davidson –

Cuando el hombre entró en la tienda de bicicletas F & O, Oscar lo saludó con un cordial:

—¡Hola, amigo!

Luego, al mirar más de cerca al cliente, un hombre de mediana edad con gafas y traje, Oscar frunció el ceño y se puso a chasquear sus gruesos dedos.

—Eh... yo le conozco —murmuró—, el señor... hum, tengo su nombre en la punta de la lengua. Maldita sea, ¿por qué no me sale?

Oscar era un tipo corpulento de pelo anaranjado.

—Y tanto que sí —repuso el hombre. Llevaba prendido un emblema con un león en la solapa—. ¿Recuerda que me vendió una bicicleta de chica para mi hija? Estuvimos hablando de la bicicleta de carreras roja francesa en la que su socio estaba trabajando...

Oscar dio un manotazo a la caja registradora y alzó la cabeza poniendo los ojos en blanco.

—¡El señor Whatney!

El señor Whatney sonrió de par en par.

—Pues claro. Caramba, ¿cómo se me pudo olvidar? Y después cruzamos la calle y nos tomamos un par de cervezas. Bien, ¿cómo le va, señor Whatney? Imagino que la bicicleta..., era un modelo inglés, si no me equivoco. Sí. Habrá sido de su agrado, o de lo contrario habría vuelto, ¿no?

El señor Whatney le aseguró que la bicicleta era estupenda, verdaderamente excelente, y añadió:

—Según tengo entendido, ha habido algunos cambios por aquí. Ahora está solo. Su socio...

Oscar bajó la mirada, adelantó el labio inferior y asintió.

—Se ha enterado, por lo que veo. Ahora estoy solo. Hace tres meses que estoy solo.

Aunque llevaba un tiempo tambaleándose, la sociedad se había disuelto hacía tres meses. A Ferd le interesaban los libros, los discos y las conversaciones profundas, mientras que a Oscar le gustaban la cerveza, jugar a los bolos y las mujeres. Cualquier mujer, a cualquier hora.

Como la tienda estaba situada cerca del parque, el negocio les iba estupendamente con la gente que iba allí a merendar y alquilaba bicicletas. Si una mujer era lo bastante mayor como para considerarla una y no lo bastante como para ser llamada vieja, o si se encontraba en un punto intermedio, y sola, Oscar se apresuraba a preguntarle:

—¿Qué tal la bicicleta? ¿Le va bien?

—Bueno..., yo diría que sí.

Y entonces, agarrando otra bicicleta, Oscar decía:

—Bueno, para estar seguro le acompañaré un ratito. Vuelvo enseguida, Ferd.

Ferd siempre asentía con tristeza. Sabía que Oscar tardaría en regresar. Una vez de vuelta, Oscar solía hacerle el mismo comentario:

—Espero que te haya ido tan bien en la tienda como a mí en el parque.

—No hay vez que no me dejes solo —contestaba Ferd malhumorado.

Y por lo general Oscar, irritado, le replicaba:

—De acuerdo, la próxima vez vas tú y me dejas a mí aquí. Para que luego digas que no te dejo divertirte. —Naturalmente, ya sabía de antemano que Ferd, el alto, delgado y de ojos desorbitados

Ferd, nunca iría—. Te sentaría bien —le decía Oscar dándole palmaditas en el pecho—. Te crecería el pelo en el pecho.

Ferd farfullaba que estaba servido de pelo en el pecho, que no necesitaba más. Cuando nadie podía verle, se miraba los antebrazos: estaban cubiertos de vello largo y oscuro, pese a tener los brazos blancos y sin pelo. Ya había sido así en el instituto, lo que había provocado las risas y burlas de algunos compañeros, que le llamaban «Ferd el bicho». Sabían que aquel nombre le molestaba, pero insistían en llamárselo. ¿Cómo era posible que la gente hiciera daño a propósito a alguien que jamás les había molestado? Era una pregunta que lo atormentaba desde el colegio. ¿Cómo era posible?

Pero no era lo único que le preocupaba. Había otras cosas. Constantemente.

«Los comunistas...», sacudía la cabeza mientras leía el periódico. Oscar solo parecía tener opiniones sucintas acerca de los comunistas. O de la pena capital.

—Es verdaderamente terrible que se pueda llegar a ejecutar a un hombre inocente —se quejaba Ferd.

A lo que Oscar, por toda respuesta, decía que mala suerte para el tipo.

—Dame esa llave de palanca —le pedía Oscar.

A Ferd incluso le preocupaban los pequeños problemas de los demás. Como aquella vez que entró en la tienda una pareja con un tándem y una cestita para bebé. Solo habían ido a hinchar las ruedas, gratis. Entonces la mujer quiso cambiar los pañales al niño cuando se le rompió uno de los imperdibles laterales.

—¿Por qué nunca tienes un imperdible a mano cuando lo necesitas? —comentó la mujer mientras rebuscaba en su bolso—. Nunca los llevas encima.

Tras hacer algún que otro comentario simpático, Ferd fue a ver si tenía alguno; y, aun estando seguro de que en la oficina debía de haber alguno, no consiguió encontrarlos. La pareja se marchó con un lateral del pañal anudado de cualquier manera.

Durante el almuerzo, Ferd comentó que era una pena lo de los imperdibles. Oscar hincó los dientes en su bocadillo, tiró, arrancó, masticó y al fin tragó. A Ferd le gustaba experimentar con sus bocadillos, y la combinación que más le gustaba era la que llevaba crema de queso, aceitunas, anchoas y aguacate, todo mezclado con un poco de mayonesa... Pero la comida de Oscar era siempre la misma: carne de lata.

—Eso de tener un niño debe de ser complicado —dijo Ferd entre bocado y bocado—. No solo a la hora de viajar, sino la propia crianza.

—¡Por Dios! —exclamó Oscar—. Hay tiendas por todas partes, casi en cada esquina hay una, y no hay que saber leer para reconocerlas.

—¿Tiendas? Ah, te refieres para comprar imperdibles.

—Así es. Imperdibles.

—Pero... ¿sabes?, eso pasa..., nunca hay imperdibles cuando se necesitan.

Oscar destapó su cerveza y dio un primer trago.

—Ajá. Pero, en cambio, siempre hay muchas perchas. Cada mes se tiran, y al mes siguiente el armario vuelve a estar lleno. Si quieres, cuando no tengas nada que hacer, dedícate a inventar un aparato que transforme las perchas de la ropa en imperdibles.

Ferd asintió distraído.

—Ya sabes que mi tiempo libre lo dedico a la bicicleta de carreras francesa...

Era una hermosa máquina, ligera, baja, rápida, roja y reluciente. Cuando uno montaba en ella se sentía tan ligero como un pájaro. Sin embargo, por muy buena que fuera, Ferd estaba convencido de que podía mejorarla. Siempre se empeñaba en enseñársela a todo el que entraba por la puerta, hasta que perdían el interés.

La naturaleza, o, mejor dicho, leer sobre ella, se había convertido en su más reciente afición. Un día, unos chicos que volvían del parque le enseñaron orgullosos unas latas en las que habían metido salamandras y sapos. Tras este incidente, dejó en gran medida de lado la bicicleta de carreras roja y comenzó a dedicar su tiempo libre a leer libros de historia natural.

—¡La mimetización! —le gritaba a Oscar—. ¡Es algo fantástico!

Oscar, que estaba absorto leyendo los resultados de los bolos en el periódico, le miró.

—La otra noche vi por televisión a Edie Adams haciendo su imitación de Marilyn Monroe. Muchacho, ¡qué número!

Ferd, enojado, agitó la cabeza.

—No me refiero a ese tipo de mimetismo. Hablo de cómo los insectos y los arácnidos se mimetizan adoptando la forma de hojas y ramitas para evitar que los pájaros u otros insectos y arácnidos se los coman.

Una mueca de incredulidad cruzó el grueso rostro de Oscar.

—¿Me estás diciendo que cambian de forma? ¿Pretendes que me lo crea?

—No pretendo nada. Lo que digo es cierto. Aunque a veces el mimetismo responde a fines agresivos... como en el caso de una tortuga africana que parece una roca y captura a los peces que llegan hasta ella. O en el de esa araña de Sumatra. De espaldas parece un excremento de pájaro. Así es como consigue cazar a las mariposas.

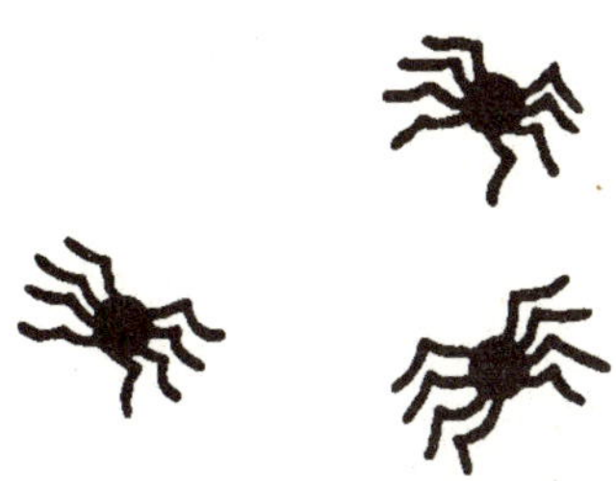

Oscar se rio con un ruido molesto, de incredulidad. El sonido cesó cuando volvió a centrar su atención en los resultados de los bolos. Sin dejar de leer, metió una mano en el bolsillo, la sacó, se rascó ausentemente la pelambrera anaranjada bajo la camisa y volvió a palparse el bolsillo trasero de su pantalón.

—¿Dónde está ese lápiz? —murmuró.

Se levantó, irrumpió en el despacho y rebuscó en los cajones. Soltó un alarido, y Ferd llegó corriendo a la pequeña habitación.

—¿Qué pasa? —preguntó.

Oscar le indicó un cajón.

—¿Te acuerdas de la vez que dijiste que aquí no había ningún imperdible? Pues mira..., ahí tienes un maldito cajón lleno.

Ferd lo miró sorprendido, se rascó la cabeza y con un hilillo de voz dijo que estaba seguro de haber mirado allí...

Se oyó una voz grave desde fuera del despacho:

—¿Hay alguien?

Oscar, dando inmediatamente la espalda al escritorio y a lo que contenía, contestó:

—Voy enseguida —dijo, y desapareció.

Ferd le siguió a paso lento.

La persona que había entrado en la tienda era una mujer joven, de aspecto más bien robusto, con musculosas pantorrillas y mucho pecho. Le estaba señalando el sillín de su bicicleta a Oscar, pero este la miraba más a ella que a otra cosa y se limitaba a decir: «Ajá».

—Como puede ver («ajá»), está demasiado echado hacia delante. Solo necesito una llave inglesa («ajá»). Qué despiste más tonto haberme olvidado de mis herramientas.

—Ajá —repitió automáticamente Oscar, y de repente soltó—: Se lo arreglaré en un periquete.

A pesar de que la joven insistía en que podía hacerlo ella misma, fue Oscar quien lo hizo, aunque no en un periquete. No quiso aceptar dinero. Prolongó la conversación tanto como le fue posible.

—Bueno, gracias —dijo la joven—. Ahora tengo que irme.

—¿Qué tal ahora la bicicleta? ¿Le va bien?

—Perfectamente, gracias...

—Le diré lo que haremos. Iré con usted un rato, para ver si...

El pecho de la joven subía y bajaba por las carcajadas.

—¡Oh, no podría seguir mi ritmo! ¡Mi bicicleta es de carreras!

En cuanto vio que la mirada de Oscar se dirigía hacia el rincón, Ferd supo lo que se proponía. Dio un paso hacia delante. Su grito de «¡no!», quedó ahogado por la voz de su socio diciendo:

—¡Bueno, supongo que esta otra podrá mantener ese ritmo!

La joven rio alegremente y dijo que eso ya se vería. Y salió. Oscar, ignorando la mano extendida de Ferd, se subió a la bicicleta francesa y desapareció. Ferd se quedó en la puerta, mirando cómo las dos figuras, inclinadas sobre los manillares, desaparecían calle abajo de camino al parque. Lentamente, volvió a entrar.

Había oscurecido cuando Oscar regresó, sudando pero sonriente. Sonreía de oreja a oreja.

—¡Menuda chica! —gritó. Agitó la cabeza, silbó, hizo gestos y sonidos como de escape de vapor—. ¡Muchacho, oh, muchacho, qué tarde!

—Dame la bicicleta —le ordenó Ferd.

Oscar dijo que sí, que seguro. Se la devolvió y fue a lavarse. Ferd observó la máquina. El esmalte rojo estaba cubierto de polvo; estaba salpicada de barro, tierra y trozos de hierba seca. Parecía sucia..., degradada. Cuando él montaba en ella se sentía tan ligero como un pájaro...

Oscar regresó, mojado y sonriente. Lanzó un grito de consternación y se abalanzó a toda prisa.

—Apártate —dijo Ferd, blandiendo el cuchillo.

Rasgó los neumáticos, el sillín y la funda, una y otra vez.

—¿Te has vuelto loco? —gritó Oscar—. ¿Has perdido la cabeza? ¡Ferd, no lo hagas, no, Ferd...!

Ferd cortó los radios, los dobló, los retorció. Cogió el martillo más pesado y golpeó el cuadro hasta dejarlo irreconocible. Y luego siguió golpeándolo hasta que no pudo más.

—No solo estás loco —le dijo Oscar con amargura—, sino asquerosamente celoso. ¡Puedes irte al infierno!

Y se marchó, pisando muy fuerte.

Ferd, sintiéndose mareado y agarrotado, cerró la tienda y se marchó lentamente a casa. No tenía ganas de leer, apagó la luz y se dejó caer sobre la cama, donde pasó horas escuchando los sonidos susurrantes de la noche, con la mente plagada de pensamientos resentidos y enrevesados.

Después de aquel incidente, pasaron muchos días sin hablarse, salvo por exigencias del trabajo. Los restos de la bicicleta de carreras francesa yacían detrás de la tienda. Durante cerca de dos semanas ninguno quiso ir allí, no querían verlos.

Una mañana, Ferd llegó y su socio lo saludó sacudiendo la cabeza, lleno de asombro, incluso antes de empezar a hablar:

—¿Cómo lo hiciste? ¿Cómo lo hiciste, Ferd? ¡Dios mío, qué preciosidad! Tengo que reconocerlo... Se acabaron los rencores, ¿te parece, Ferd?

Ferd le estrechó la mano.

—Vale, vale. Pero ¿de qué estás hablando?

Oscar le condujo a la parte trasera de la tienda. Allí estaba la bicicleta de carreras roja, en una pieza, sin una sola marca ni rasguño, con el mismo esmalte reluciente de siempre. Ferd la miró boquiabierto. Se agachó para examinarla. Era su máquina. Tenía cada cambio y cada mejora que le había hecho.

Se irguió despacio.

—Regeneración...

—¿Cómo? ¿Qué dices? —le preguntó Oscar—. Oye, chaval, estás muy pálido. ¿Qué has hecho? ¿Quedarte toda la noche trabajando sin dormir? Entra y siéntate. Pero sigo sin saber cómo lo has conseguido.

Una vez dentro, Ferd se sentó. Se humedeció los labios y dijo:

—Oscar, escúchame...

—¿Ajá?

—Oscar, sabes lo que es la regeneración, ¿verdad? Escucha: en algunos tipos de lagartos, cuando los agarras por la cola, esta se rompe y les crece una nueva. Si un cangrejo pierde una pinza, regenera otra. Algunos tipos de gusanos, y las hidras y las estrellas de mar, si los cortas en pedazos, a cada uno de ellos le crecen las partes que le faltan. Las salamandras pueden regenerar manos perdidas, y a las ranas les crecen otra vez las patas.

—En serio, Ferd. Quiero decir... La naturaleza es muy interesante y todo eso. Pero volvamos a la bicicleta... ¿Cómo conseguiste repararla tan bien?

—Ni la toqué. Se ha regenerado. Como un tritón. O una langosta.

Oscar pensó en ello. Bajó la cabeza y miró a Ferd de reojo.

—Bueno, Ferd... Mira... ¿Cómo es que no todas las bicicletas rotas hacen eso?

—Esta no es una bicicleta corriente. Quiero decir que no es una verdadera bicicleta. —Advirtió la forma en que le miraba Oscar y le gritó—: ¡Bueno, pues es cierto!

El grito transformó la actitud de Oscar, de asombro pasó a incredulidad. Se puso de pie.

—Supongamos por un momento que todo eso que dices de los bichos y las lagartijas o lo que demonios hables sea cierto. Pero ellos están vivos. Una bicicleta, no.

Bajó la vista, triunfante.

Ferd movió la pierna de un lado a otro, y la miró.

—Un cristal tampoco está vivo, pero un cristal roto puede regenerarse, si se dan las condiciones adecuadas. Oscar, ve a ver si los imperdibles siguen en el escritorio, por favor.

Lo oyó murmurar mientras abría los cajones del escritorio, rebuscando en ellos. Oscar los cerró de golpe y regresó.

—No —dijo—. Han desaparecido todos. Como dijo aquella señora, o como dijiste tú, nunca hay imperdibles cuando uno los necesita. Desapare... ¿Ferd? ¿Qué es lo que...?

De repente, Ferd abrió de un tirón la puerta del armario y retrocedió al tiempo que un tropel de perchas caía al suelo.

—Y como tú dices —comentó Ferd con la boca torcida—, por otra parte, siempre hay muchas perchas. Antes no estaban ahí.

Oscar se encogió de hombros.

—No sé adónde quieres ir a parar. Cualquiera pudo entrar, llevarse los imperdibles y dejar las perchas. Yo pude hacerlo, pero no lo hice. Tú también pudiste. Quizás... —entrecerró los ojos—. Quizá viniste dormido, sonámbulo, y lo hiciste. Será mejor que vayas a ver a un médico. Caray, pareces que te estés pudriendo.

Ferd volvió a sentarse, sujetándose la cabeza entre las manos.

—Me siento podrido. Estoy asustado, Oscar. ¿Asustado de qué? —Suspiró profundamente—. Te lo diré. Como te explicaba antes, hay seres que viven en lugares silvestres y se mimetizan como si fueran otras cosas. Ramas, hojas..., sapos que parecen rocas. Bueno, supongamos entonces que hay... cosas... que viven en lugares en los que vive el hombre. Ciudades, casas. Esas cosas podrían imitar... Bueno, otras cosas que se encuentran en los hogares humanos.

—¡Pero tú te estás oyendo!

—Quizá se trate de una forma de vida distinta. Quizá se nutren de los elementos que hay en el aire. ¿Sabes lo que son los imperdibles..., esos otros modelos de ellos? Oscar, esos imperdibles son las crisálidas, que después eclosionan y se convierten en larvas. Que tienen la forma de perchas. Hasta tienen su mismo tacto, pero no lo son. Oscar, no lo son. En realidad no lo son. No lo son...

Comenzó a llorar con la cabeza entre las manos. Oscar lo miró y sacudió la cabeza.

Al cabo de un minuto, Ferd consiguió dominarse un poco. Sorbió por la nariz.

—Todas esas bicicletas que encuentra la policía, y que guarda esperando que aparezcan sus dueños, y que luego nosotros les compramos con descuento porque nadie las ha reclamado, porque no tienen dueño, y lo mismo ocurre con las que siempre tratan de vendernos los chavales, diciendo que se las han encontrado, y es cierto, porque no han salido de ninguna fábrica. Crecieron. Crecen. Las aplastas, las tiras, y se regeneran.

Oscar se volvió hacia alguien que no estaba allí y movió la cabeza.

—Uffff, muchacho —dijo. Y luego, girándose hacia Ferd—: ¿Quieres decir que un día son un imperdible y, al día siguiente, una percha?

Ferd le contestó:

—Un día hay un capullo; al siguiente, una polilla. Un día hay un huevo; al siguiente, un pollo. Pero con esas... cosas, no sucede en pleno día, cuando puede verse, sino durante la noche, Oscar. Durante la noche puedes oír cómo sucede. Todos estos ruiditos que se oyen por la noche, Oscar...

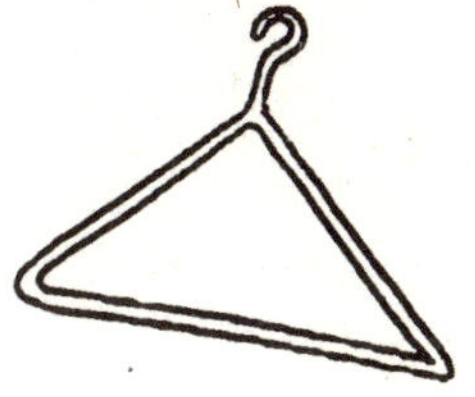

—Entonces, ¿cómo es que no estamos hasta la cintura de bicicletas? —dijo Oscar—. Si tuviera una por cada percha...

Pero Ferd también había pensado en ello. Si cada hueva de bacalao, explicó, o cada hueva de ostra creciese hasta madurar, un hombre podría cruzar el océano pisando los bacalaos o las ostras que lo cubrirían. Pero morían tantas, y tantas eran devoradas por los depredadores, que la naturaleza tenía que producir un máximo a fin de lograr que un mínimo alcanzase la madurez. Y la siguiente pregunta de Oscar fue: entonces, ¿quién, esto, se come las, esto, perchas?

Los ojos de Ferd enfocaron a través de la pared, de los edificios, del parque y de más edificios, hasta llegar al horizonte.

—Tienes que entenderlo como un todo. No estoy hablando de imperdibles ni de perchas reales. A esos otros los llamo falsos amigos. En el instituto, en clase de francés teníamos que estar atentos a las palabras francesas que se parecían a otras inglesas, pero que en realidad eran diferentes. Se llaman *faux amis*. Falsos amigos. Pseudoimperdibles, pseudoperchas... ¿Quién se los come? No estoy seguro. ¿Tal vez las pseudoaspiradoras?

Con un fuerte gruñido, su socio se golpeó los muslos con las manos.

—Ferd, Ferd, por el amor de Dios —dijo—. ¿Sabes cuál es tu problema? Que hablas de ostras, pero olvidas para qué sirven. Olvidas que hay dos tipos de personas en el mundo. Cierra los libros, los libros sobre bichos y los de francés. Sal por ahí, mézclate con la gente, haz amigos. Bebe cerveza. ¿Sabes qué haremos? La próxima vez que Norma, que es esa chica de la bicicleta de carreras, la próxima vez que venga, tú coges la bicicleta roja y te vas al bosque con ella. No me importa. Y tampoco creo que a ella le importe. Al menos, no demasiado.

Pero Ferd dijo que no.

—No quiero volver a tocar esa bicicleta de carreras en mi vida. Le tengo miedo.

Al oír esto, Oscar lo obligó a levantarse y, entre protestas, lo arrastró hasta la parte de atrás de la tienda y lo obligó a subirse a la máquina francesa.

—Es la única forma de que dejes de tenerle miedo.

Con la cara pálida, Ferd se puso en marcha, tembloroso. Y al cabo de un momento estaba en el suelo, rodando y pataleando, chillando.

Oscar le sacó de debajo de la bicicleta.

—¡Me ha tirado al suelo! —aulló Ferd—. ¡Ha intentado matarme! ¡Mira... sangre!

Su socio le dijo que había sido un bache lo que le había tirado... y su propio miedo. ¿Y la sangre? Un radio roto le había arañado la mejilla. Insistió en que Ferd volviera a montarse y conquistara así su miedo.

Pero para entonces Ferd estaba histérico. Gritó que nadie estaba a salvo, que era preciso advertir a la humanidad. Oscar tardó un buen rato en calmarlo y en lograr llevarlo a casa y meterlo en la cama.

Evidentemente, al señor Whatney no le explicó todo esto. Se limitó a decirle que su socio se había hartado del negocio de las bicicletas.

—No sirve de nada preocuparse y tratar de cambiar el mundo —señaló—. Siempre he dicho que hay que tomarse las cosas como son. Si uno no puede derrotarlas, tiene que unirse a ellas.

El señor Whatney dijo que esa era precisamente su propia filosofía, y le preguntó cómo iban las cosas.

—Bueno..., no demasiado mal. ¿Sabe?, estoy prometido. Se llama Norma. Está loca por las bicicletas. A fin de cuentas, las cosas no van nada mal. Es cierto que tengo más trabajo, pero ahora puedo hacer las cosas a mi manera, así que...

El señor Whatney asintió. Paseó su mirada por la tienda.

—Veo que todavía se fabrican bicicletas para chica —dijo—. Aunque, teniendo en cuenta que cada vez se ven más chicas con pantalones, no sé por qué se molestan.

Oscar le contestó:

—Bueno, no sé qué decirle. A mí me gusta así. ¿No ha pensado nunca que las bicicletas son como la gente? Quiero decir que, de todas las máquinas del mundo, las bicicletas son las únicas en las que hay machos y hembras.

El señor Whatney soltó una risilla y dijo que tenía razón, y que jamás había reparado en ello. Entonces, Oscar le preguntó si deseaba alguna cosa en especial..., no porque no apreciara su visita en cualquier momento.

—Bueno, quería ver lo que tiene por aquí. Se acerca el cumpleaños de mi hijo y...

Oscar asintió con aire conocedor.

—Aquí tiene una bicicleta —dijo— que no es posible conseguir en ningún otro lugar. Es la especialidad de la casa. Es una combinación de las mejores características de la bicicleta de carreras francesa y la bicicleta estándar norteamericana. Solo que se fabrica aquí mismo, y viene en tres modelos: infantil, juvenil y regular. ¿No le parece bonita?

El señor Whatney señaló que justamente podía ser lo que andaba buscando.

—Por cierto —preguntó—, ¿qué pasó con aquella bicicleta de carreras, la roja, que andaba por allí?

El rostro de Oscar se retorció en una mueca. Luego adoptó una expresión suave e inocente y se inclinó hacia su cliente dándole un codazo.

—Ah, ¿esa? ¿La vieja francesa? ¡Pues la uso de semental!

Y se echaron a reír, después se contaron algunas anécdotas y finalizaron la transacción, se tomaron unas cuantas cervezas, y continuaron riendo. Comentaron que era una pena lo del pobre Ferd, el pobre Ferd, que había sido encontrado en su propio armario, con una percha firmemente enroscada alrededor de su cuello.

Avram Davidson (Nueva York, 1923 - Washington, 1993). Escritor estadounidense de ciencia ficción, aunque muchas de sus historias no encajan en un único nicho de género. Decía Isaac Asimov que «Avram es mayormente una barba, una buena barba negra, que extiende su mayestática longitud a lo largo de su impresionante y rotunda figura». En la 16.ª Convención Mundial de Ciencia Ficción celebrada en Los Ángeles en 1958 se alzó con el Premio Hugo al mejor relato corto por *Todos los mares llenos de ostras,* en el que el propietario de una tienda de bicicletas especula con la biología reproductiva de la bicicleta, a la que considera una especie foránea cuyas primeras fases son el imperdible y la percha. Hay quien lo considera un relato de terror, en el sentido de que Davidson presenta pequeños seres bondadosos desconocidos que, cual Diminutos, viven entre nosotros, escondidos a plena luz, imitando objetos cotidianos y dispuestos a matar para proteger su secreto.

El tercer policía

– Flann O'Brien –

—¿Conoce usted la Teoría Atómica o ha oído hablar alguna vez de ella? —me preguntó.

—No —contesté.

Se acercó a mi oído para hablarme confidencialmente.

—¿Le sorprendería si le dijera que se está trabajando en la Teoría Atómica en esta misma parroquia? —me preguntó en un tono misterioso.

—En efecto, me sorprendería.

—Está provocando una destrucción incalculable —continuó—; la mitad de la población la sufre, es peor que la viruela.

Me pareció que sería mejor decir algo.

—¿No sería aconsejable que se encargara de eso el Departamento de Higiene o el Magisterio Nacional? ¿O piensa usted que es un asunto más apropiado para cada cabeza de familia?

—Depende por completo del Consejo del Condado —dijo el Sargento.

Siguió caminando, con gesto intranquilo y preocupado, como si lo que estuviera inspeccionando en su cabeza fuera desagradable y sumamente intrincado.

—La Teoría Atómica —dije sin vergüenza— es algo que nunca he tenido demasiado claro.

—Michael Gilhaney —dijo el Sargento— es un claro ejemplo de persona que no está en sus cabales debido a los principios de la Teoría Atómica. ¿Le asombraría saber que es prácticamente mitad hombre mitad bicicleta?

—Me sorprendería incondicionalmente —dije.

—Michael Gilhaney tiene unos sesenta años de edad y, si él es él todavía, se ha pasado más de treinta y cinco años montado en su bicicleta por rocosas ensenadas, subiendo y bajando colinas, y viajando por hondas cunetas cuando las inclemencias del invierno hacen desaparecer las carreteras. Siempre está de camino a un destino u otro, a cualquier hora del día, o volviendo de ese destino a cualquier otra hora. Si no fuera porque le roban la bicicleta cada lunes, seguramente estaría ahora mismo más allá de a mitad de camino.

—¿A mitad de camino de dónde?

—A mitad de camino de convertirse en bicicleta —dijo el Sargento.

—Su discurso —dije— es sin duda una filigrana de sabiduría, ya que no entiendo ni una sola palabra.

—¿Nunca cursó estudios atómicos cuando era joven? —me preguntó el Sargento, mirándome con gran curiosidad y asombro.

—No —respondí.

—Eso es una tara muy seria —dijo—, pero de cualquier modo le haré una explicación del asunto. Todas las cosas están compuestas por pequeñas partículas de su propia materia, y estas partículas vuelan por ahí formando círculos concéntricos, arcos, segmentos y otras innumerables figuras geométricas demasiado numerosas como para ser mencionadas colectivamente; nunca descansan o permanecen quietas sino que giran y dan vueltas y se precipitan allá y más allá y luego vuelven, sin parar. Estas diminutas señoritas son conocidas por el nombre de átomos. ¿Me sigue usted inteligentemente?

—Sí.

—Son tan vivaces como veinte duendecillos al son del baile de San Vito sobre una tumba.

Una imagen muy hermosa, murmuró Joe.

—Ahora fíjese en una oveja —dijo el Sargento—. ¿Qué es una oveja? Solo millones de pequeños trocitos de ovejidad arremolinándose y trazando enmarañadas circunvoluciones dentro de una oveja. ¿Qué otra cosa es si no eso?

—Eso marearía al animalillo con toda seguridad —observé—, especialmente si las circunvoluciones tienen lugar también dentro de su cabeza.

El Sargento me dirigió una mirada que, con toda certeza, él mismo calificaría de *non-possum* y de *noli-me-tangere.*

—Esa observación es lo que bien podríamos llamar una patraña —dijo de mal talante— porque también los tejidos nerviosos y la misma cabeza de la oveja giran como todo lo demás, y usted no puede detener una cosa sin detener la otra y eso es... como simplificar una división cuando se tiene un cinco a un lado y otro cinco al otro.

—Para serle sincero, no había pensado en eso —le dije.

—El teorema atómico es algo muy complejo y se puede calcular por medio del álgebra, pero de una forma muy gradual, ya que se puede uno pasar toda una noche para demostrar una pequeñísima parte del teorema con reglas, cosenos y otros instrumentos similares, para por fin acabar no creyéndose nada de lo que ha probado. Si esto ocurriera, hay que ir regresando hasta llegar a un punto en que volviera uno a creer en sus propias demostraciones, tal y como las delinean en el *Algebra Hall and Knight*, y entonces, a partir de ese punto exacto, seguir de nuevo hasta que se llegara a creer todo apropiadamente y no tener ni una sola parte creída a medias, ni ninguna duda doliéndole a uno en la cabeza como cuando se pierden los gemelos de la camisa en la cama.

—Muy cierto —dije.

—Consecutiva y consecuentemente —prosiguió— uno puede inferir con certeza que su misma persona está formada por átomos, y también el bolsillo de su camisa, los faldones de su camisa, así como el palillo con que se extraen restos de comida de entre los dientes. ¿Sabe usted, por ejemplo, qué ocurre al golpear una barra de hierro con un buen martillo de minero o con cualquier otro instrumento contundente?

—¿Qué?

—Cuando comienzan los golpetazos, los átomos son lanzados con virulencia a la parte interna de la barra y allí se comprimen y concentran como huevos debajo de una gallina clueca. Al cabo de un rato, con el transcurso del tiempo, se liberan y nadan por fin de vuelta hacia donde estaban. Pero si se sigue golpeando con bastante fuerza y durante el tiempo necesario, no tienen oportunidad de hacer esto y ¿qué pasa entonces?

—Esa es una pregunta difícil.

—Pregúntele a un herrero y le responderá que si se persevera con fuertes golpetazos, la barra desaparecerá gradualmente. Algunos de sus átomos pasarán al martillo, y la otra mitad irán a parar a la mesa, al yunque o al objeto determinado que esté justo debajo de la barra.

—Eso es algo que todo el mundo sabe —convine.

—El resultado bruto y neto de todo esto es que la gente que pasa la mayor parte de su vida montando en bicicleta por las pedregosas ensenadas de esta parroquia, llega a tener sus personalidades mezcladas con las de sus bicicletas. Se sorprendería del número de gente por estos andurriales que son mitad persona y mitad bicicleta a causa del intercambio de átomos.

Solté un grito sofocado de asombro que hizo un ruido en el aire similar al pinchazo de una rueda.

—Y le dejaría pasmado el número de bicicletas que son mitad humanas, casi medio personas, y que casi forman parte de la humanidad.

* * *

Lo miré de perfil. Andaba a grandes zancadas, con el rostro enrojecido, dando muestras de su enojo contra el Consejo del Condado.

—¿Está usted seguro sobre la humanidad de las bicicletas? —le pregunté—. ¿Es la Teoría Atómica tan peligrosa como dice?

—Es más o menos dos o tres veces más peligrosa de lo que podría llegar a ser —replicó sombríamente—. Por la mañana temprano, a menudo pienso que es cuatro veces más peligrosa, y lo que es más, si pasara usted aquí unos cuantos días y diera rienda suelta a la observación y a la inspección, usted mismo vería cuán cierta es la seguridad de esta certeza.

—Gilhaney no parecía una bicicleta —dije—. No tenía rueda trasera y no creo que tuviera tampoco rueda delantera aunque no le presté demasiada atención a esa parte.

El Sargento me miró con algo de conmiseración.

—No se puede esperar que le salga un manillar del cuello, pero yo le he visto hacer cosas más indescriptibles que eso. ¿No se ha dado usted cuenta del extraño comportamiento de las bicicletas por estos lares?

—No llevo mucho tiempo en la zona.

Afortunadamente, dijo Joe.

—Si a usted le parece divertido que le sorprendan continuamente, observe las bicicletas —dijo—. Cuando un hombre deja transcurrir los acontecimientos hasta el punto de ser un poco más de mitad bicicleta, ya hay poco que hacer, porque el hombre en cuestión pasará gran parte de su tiempo recostado sobre un solo codo sobre las paredes, o apoyado sobre un pie en los bordillos. Por supuesto que hay otras cuestiones relacionadas con señoritas y bicicletas de señoritas que le mencionaré por separado en alguna otra ocasión. Pero una bicicleta contaminada de hombre es un fenómeno de gran atractivo e intensidad y, además, algo muy peligroso.

En este punto, alguien se nos acercó sobre su bicicleta a toda prisa, con los faldones de la chaqueta ondeando tras él, bajando cómodamente una cuesta sin pedalear, y nos adelantó en el descenso de la colina. Lo miré con el ojo de seis águilas juntas, intentando descubrir qué parte llevaba montada a la otra y si verdaderamente era un hombre con una bicicleta sobre los hombros. Sin embargo, no me pareció ver nada que fuera memorable o digno de mención. El Sargento consultaba su cuaderno de notas.

—Ese era O'Feersa —dijo al fin—. Su índice es solo del veintitrés por ciento.

—¿Es un veintitrés por ciento bicicleta?

—Sí.

—¿Quiere eso decir que su bicicleta es un veintitrés por ciento O'Feersa?

—Así es.

—¿Cuánto es Gilhaney?

—Cuarenta y ocho por ciento.

—Entonces el porcentaje de O'Feersa es muy inferior.

—Eso se debe al afortunado hecho de que son tres hermanos en casa, demasiado pobres para tener una bicicleta cada uno. Algunas personas no saben la suerte que tienen de ser más pobres que el prójimo. Hace seis años uno de los hermanos O'Feersa ganó un premio de diez libras en Inglaterra. Cuando me enteré de la noticia supe que había que tomar medidas para evitar que hubiera dos nuevas bicicletas en la familia, porque comprenderá usted que solo puedo robar un número limitado de bicicletas a la semana. No quería tener tres O'Feersas en mis manos. Por suerte, conocía bien al cartero. ¡El cartero! ¡Por la sufriente y sagrada gloria de todos los cuencos de caucho rebosantes de marrones gachas!

El recuerdo del cartero pareció darle al Sargento un pretexto de diversión inusitada y un motivo para gesticular exageradamente con sus manos enrojecidas.

—¿El cartero? —dije.

—Setenta y uno por ciento —dijo con sosiego.

—¡Por la gran Escocia!

—Un recorrido de treinta y ocho millas al día durante cuarenta años, con lluvia, granizo o nieve. Hay muy pocas esperanzas de lograr reducir su índice por debajo del cincuenta por ciento.

* * *

—¿Y de qué manera se comportan esas bicicletas humanas?

—¿Esas bicicletas humanas?

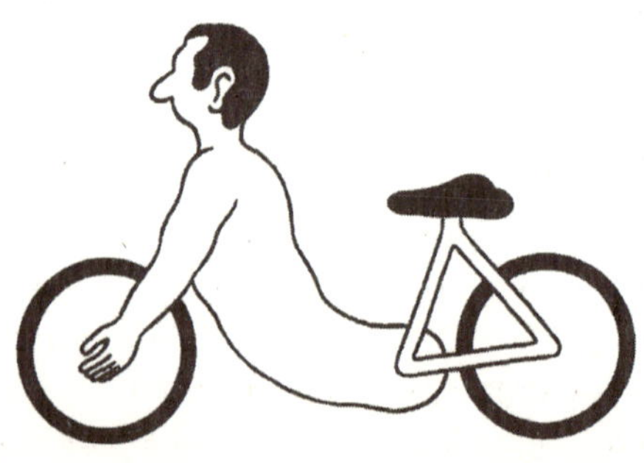

—Me refiero a esas bicicletas, humanas o cualquiera que sea el nombre apropiado..., esas que llevan dos ruedas y un manillar.

—El comportamiento de una bicicleta que presenta un elevado contenido de humanidad —dijo— es muy astuto y absolutamente notable. Nunca se las verá moviéndose por sí mismas, pero se las puede encontrar de improviso en los sitios más insospechados. ¿Ha visto alguna vez una bicicleta apoyada en el aparador de la cocina mientras afuera cae un aguacero?

—Alguna he visto.

—¿No muy lejos de la chimenea?

—Sí.

—¿Lo bastante cerca de la familia como para escuchar la conversación?

—Sí.

—¿A no más de mil millas de donde se guardan los alimentos?

—En eso jamás me fijé. ¿No me estará diciendo que esas bicicletas comen alimentos?

—Nadie jamás las ha visto hacerlo, nadie las ha sorprendido jamás con un trozo de carne en la boca. Todo lo que se sabe es que la comida desaparece.

—¿¡Qué!?

—No es la primera vez que he observado migas en las ruedas delanteras de algunos de estos caballeros.

—Todo esto es demasiado para mí —dije.

—Nadie repara en ello —replicó el Sargento—. Mick cree que fue Pat quien la trajo, y Pat piensa que fue Mick el artífice. Muy poca gente sospecha lo que está ocurriendo en esta parroquia. Hay otras cosas de las que preferiría no hablar demasiado. Una vez tuvimos una nueva profesora con una bicicleta también nueva. No llevaba mucho tiempo aquí cuando Gilhaney se fue al campo solo, montado en la bicicleta hembra de ella. ¿Puede usted apreciar la inmoralidad de esto?

—Por supuesto.

—Pero ocurrió algo peor. Fuera cual fuese el procedimiento de la bicicleta de Gilhaney, finalmente se quedó apoyada en un sitio por el que la joven profesora solía pasar a toda velocidad sobre su bicicleta. La bicicleta de ella no estaba allí, pero sí que estaba la de

Gilhaney, apoyada convenientemente, tratando de aparentar ser muy pequeña, cómoda y atractiva. ¿Es preciso que le informe de cuál fue el resultado o lo que sucedió?

Desde luego no es preciso, se apresuró a decir Joe. *Jamás había oído hablar de nada tan vergonzoso e indecente. Por supuesto que la profesora no tenía culpa, pues ella ni pudo gozar ni se enteró de nada.*

—No, no es preciso —dije.

—Bien, ahí tiene. Gilhaney pasa un día entero con la bicicleta de la dama y contrariamente viceversa, y es evidente que esta dama en particular tenía un número alto..., treinta y cinco o cuarenta, diría yo, a pesar de lo nueva que era la bicicleta. He peinado muchas canas intentando controlar a la gente de esta parroquia. Si dejamos que las cosas vayan demasiado lejos, será el fin. Tendríamos bicicletas queriendo votar y obtendrían escaños en el Consejo del Condado, y dejarían las carreteras peor de lo que están para su propia motivación ulterior. Pero, en cambio, y por otro lado, una buena bicicleta es una gran compañera, tienen un encanto insuperable.

—¿Cómo sabe usted si un hombre tiene mucho de bicicleta en sus venas?

—Si su índice está por encima del cincuenta por ciento, se puede saber inequívocamente por la manera de andar del sujeto. Siempre caminará con celeridad, nunca se sentará, se reclinará sobre la pared apoyado en un codo y se quedará así toda la noche en la cocina en vez de irse a la cama. Si camina demasiado despacio o se para en mitad de la carretera, se caerá al suelo y otra persona tendrá que enderezarlo y ponerlo de nuevo en movimiento. Este es el desgraciado estado al que ha llegado el cartero pedaleando, y no creo que logre jamás salir pedaleando de él.

—No creo que vuelva a montar en bicicleta —dije.

—Montar de vez en cuando es bueno, fortalece y añade hierro a los huesos. Pero ir demasiado lejos, demasiado a menudo y demasiado rápido no es bueno en absoluto. El continuo arrastrar de los pies sobre el camino provoca que cierta cantidad del mismo se incorpore a tus pies. Se dice que cuando un hombre muere vuelve a ser arcilla, pero andar demasiado provoca que uno sea de arcilla mucho antes (o entierra pequeñas partes de uno a lo largo del camino) y le lleva a uno a encontrarse con la muerte a medio camino.

No resulta fácil decidir cuál es la mejor manera de trasladarse de un sitio a otro.

Cuando acabó de hablar, me encontré a mí mismo caminando con ligereza y de puntillas, livianamente, con el fin de prolongar mi vida. Mi cabeza estaba repleta de miedo y de aprensión miscelánea.

Flann O'Brien, uno de los seudónimos de Brian O'Nolan (Strabane, 1911 - Dublín, 1966). Escritor y periodista irlandés y figura de peso en la literatura modernista y postmodernista. Dicen que su novela *El tercer policía* es la clave para entender qué narices pasaba en la serie *Perdidos*. En las tres semanas siguientes a la emisión del episodio en el que se ve a Desmond leyendo este libro en la Escotilla se vendieron más ejemplares que en los seis años anteriores.

Túneles

— Olga Ábalos —

Tras algunos años esforzándome, había conseguido tener una misma rutina cada domingo por la mañana. A las siete de la mañana conseguía levantarme, miraba por la ventana y me vestía con mis lycras de ciclista acorde con mi intuición meteorológica, me tomaba un café, llenaba los bolsillos del maillot de barritas energéticas y trocitos de fruta que había preparado el día anterior y en pocos minutos me subía en mi vieja bici de carretera de la década de los noventa para pedalear.

Intentaba variar de recorrido cada semana por aquello de salir de la zona de confort, ver nuevos paisajes y sorprender a mi propio cuerpo. Se trataba de romper la rutina dentro de mi ritual dominical. Tan solo me autoimponía una condición: que cada ruta incluyera, si era posible, un túnel. Eso me obligaba a hacer una investigación exhaustiva de todas las carreteras locales, preguntar a mis compañeros ciclistas y hasta espiar las rutas de otros aficionados en las redes sociales. No era nada fácil encontrarlos, porque la mayoría de los túneles están en las grandes autopistas, pero, aun así, siempre terminaba encontrando alguno. Algunas veces tenía que desplazarme lejos y coger el coche, pero no me importaba.

Me gustan los túneles porque luego sales de ellos. Además, tienen algo mágico y casi paranormal: ese momento en el que, cuando entras a una cierta velocidad, te quedas como ciega y no ves nada, como si se hubiera apagado la luz del mundo de golpe. Deben pasar unos segundos para que tus pupilas se adapten de nuevo a la oscuridad. Son unos instantes en los que no sabes si tus ojos están abiertos o cerrados y pierdes toda referencia. Pero sigues pedaleando. Luego, cuando vuelves a ver, aparece ante ti ese punto de luz que indica la salida hacia el otro lado y pedaleas todo lo rápido que puedes hasta ahí. En los túneles más largos, este efecto es más intenso, aunque en los cortos también funciona si son lo suficientemente estrechos para que la luz exterior no penetre, como los antiguos pasos de vías de tren. No lo voy a negar, tiene un efecto balsámico, como de alivio. Superas el túnel como si fuera tu propia resurrección, con la adrenalina por las nubes y creyendo experimentar algo épico.

La fascinación por ese placer *tunelín* (qué palabra) me ha llevado a documentarme sobre ellos, sobre los procesos de construcción y mantenimiento, y a imaginarme su propia vida, siempre a expensas de la voluntad del hombre y de la montaña que lo alberga. Un túnel no elige existir, pobre, sino que es fruto del capricho humano. A veces, me recreaba inventando episodios de estilo napoleónico protagonizados por un ingeniero de puentes y caminos del que nunca sabremos su nombre dando indicaciones sobre un mapa con líneas de colores:

—Para ir del punto A al B hay que hacer esta carretera y pasarla por aquí.

—Pero ahí en medio hay una montaña, señor.

—Haremos un túnel.

Quizás esos ingenieros, a su vez, se imaginaban que podrían ser como Carlo Donegani, el gran «escultor» de los Alpes italianos del siglo XVIII. Obras suyas son la carretera que sube al Stelvio, un puerto clásico del Giro d'Italia y la Strada del Sengio, la carretera que sube hasta el Passo Spluga, obra de 1823, menos conocida pero igualmente vertiginosa y que la gran carrera italiana descubrió en su edición de 2021. La carretera entra y sale de las rocas integrándose como parte del paisaje, como quien introduce los cordones en los agujeros de los zapatos, y dibujando una ruta nueva que serpenteaba hasta la cima y conectaba el valle del Po italiano con Suiza. Donegani redibujó el camino y descartó la antigua vía de origen medieval, en constante conflicto con la montaña. Fue una tarea gigantesca que se completó en tan solo tres años con la participación de 220 albañiles, 60 mineros, 22 carpinteros y un número desconocido de picapedreros.

También solía imaginarme el momento de la muerte del túnel, cuando algún otro ingeniero decidía que era el momento de tapiarlo o cuando la montaña, cansada de tener que convivir con un agujero en su estómago, provocaba desprendimientos de tierra y piedras que lo inutilizan para siempre.

Así, el sábado por la noche preparé concienzudamente mi ropa de ciclista, teniendo en cuenta diferentes opciones en función del tiempo. Y me fui a la cama pensando en la ruta dominical, en las decenas de kilómetros que me esperaban por delante. Estaba algo nerviosa porque era una ruta nueva y pasaría por un agujero nuevo que había sido un antiguo túnel ferroviario.

Aquella mañana de domingo, tras un sueño intranquilo, me desperté algo cansada. Quizá fue mi estado de nerviosismo de la noche anterior. Empecé a pedalear sobre las ocho de la mañana, rumbo al norte, donde están las montañas, pero ligeramente hacia el oeste, dispuesta a completar mi ruta de cada domingo. Pedaleaba con ritmo algo cansino y autómata. Mis piernas parecían vacías de energía, pero aun así era capaz de moverlas. Me sentía algo dispersa mentalmente y solo era capaz de concentrarme en la línea blanca de la carretera que marca el principio del arcén. Superé los primeros cincuenta kilómetros casi sin percatarme de que estaba a punto de pasar por el objetivo del día, el Túnel de la Asela, de 173 metros de longitud, en una zona casi salvaje entre Asturias y Galicia. De golpe, se produjo el *black out* ocular. Esta vez, mis pupilas tardaron más de lo habitual en acostumbrarse a la oscuridad y tuve que aminorar la marcha. Además, vi que no era recto, sino que dibujaba una curva interior, lo que no permitía que llegara la luz del otro lado. Avanzaba poco a poco, apoyándome con una mano en uno de los laterales del túnel para guiarme y la otra en el manillar de la bici. La pared estaba húmeda, como si acariciara la piel de una babosa gigantesca que yacía a lo largo del túnel. Me empecé a poner algo nerviosa porque hacía demasiados segundos que no tenía ninguna referencia visual y mi sentido de la imaginación empezó a descontrolarse. Jadeaba y, por unos instantes, empecé a odiar los túneles, porque quizá ya no podría salir de ellos y, además, temía molestar a la babosa gigante con mis gemidos. Mi instinto ciclista me guiaba para mantenerme en equilibrio sobre la bicicleta fueran cuales fueran las circunstancias. Pocos metros más tarde, superé la curva y, muy a lo lejos, percibí un punto de luz. Era el otro lado, por fin. Pedaleé lo más rápido que pude hacia él, notando la respiración de la babosa gigante y sintiéndome muy vulnerable, y llegué hasta la salida. No recuerdo cuánto tiempo estuve allí dentro, pero me pareció una eternidad.

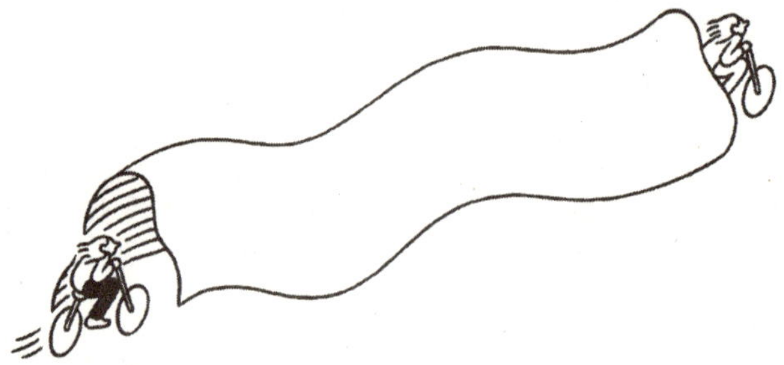

Tenía las pulsaciones disparadas y lo único que quería hacer era huir por si la criatura que habitaba aquel túnel se despertaba y me identificaba como la culpable de haber interrumpido su descanso. Continué con la mirada fija en el suelo y sin mirar atrás durante un par de kilómetros hasta que creí haber recuperado el aliento y haberme alejado lo suficiente del monstruo. Levanté la vista y me dirigí hacia lo que parecía una señal de tráfico con unas indicaciones. «Chiuso.» Cerrado. Estaba tan alterada que el hecho de que estuviera en italiano me resultó anécdotico. Así que seguí pedaleando según la ruta que marcaba mi ordenador a bordo.

El recorrido era bastante llano, por lo que pedaleaba con confianza y casi sin pensar, a pesar de mi cansancio. Sin embargo, al tomar una curva a la izquierda la carretera se empinó de manera vertiginosa. Tuve que subir piñones de golpe con la bici casi parada para poder afrontar la rampa y no caerme. Esto no estaba en el mapa, pensé. Mi cuentakilómetros marcaba casi dos mil metros de altitud. Me pareció algo extraño, pero no podía detenerme. Los ciclistas no se detienen. Apreté los dientes y empujé los pedales con todo lo que tenía. Miré a lo lejos y observé cómo la carretera se desplegaba como una serpiente hacia la cima de una montaña no prevista en mi ruta. El paisaje había cambiado por completo. Casi no había árboles y las laderas estaban formadas por rocas escarpadas, arbustos y hierbas. Soplaba un viento algo gélido. Me recordaba a las fotos de los Dolomitas italianos que había visto mil veces.

Seguí escalando, dando lo mejor de mi yo ciclista e intentando mantener la dignidad sobre la bicicleta, y, tras superar tres curvas cerradas, vi que otra señal avanzaba la presencia de otro túnel. Poco después, otra: «Attenzione. Galleria non iluminata». Aquello tampoco estaba previsto, pero no tenía más opción que seguir adelante. Volver atrás significaba reencontarme con la babosa, así que entré en el agujero negro. El aire se volvió aún más frío y cargado. El ambiente era húmedo y se me puso la piel de gallina, como si estuviera dentro de una nevera. No oía nada, solo mi respiración. Pedaleaba totalmente a ciegas y con cierta dificultad porque la carretera seguía su camino hacia las alturas y parecía que no había un solo metro llano. Me sentía como engullida por la montaña. Empezaba a inquietarme de verdad, pero mi instinto de supervivencia era el que me guiaba. No podía pararme, ni tampoco quería desviarme para tocar la pared por si acaso me topaba con otro animal durmiente.

Mientras pedaleaba de forma autómata empecé a pensar en todos los túneles que he recorrido en bicicleta y los que todavía no, como los cinco agujeros del Passo San Boldo, en la provincia de Treviso, conocida como la «Carretera de los cien días», y que une los valles de Belluna y Mareno, porque los túneles, como las carreteras, sirven para conectar realidades, para que las caras de una misma montaña se unan y se descubran. En este caso, el objetivo respondía a una pura estrategia militar. Fue mandado construir por el ejército austrohúngaro durante la Primera Guerra Mundial para suplir de artillería pesada y material a sus soldados en el frente de Piave en su lucha contra los italianos. Por eso la carretera no podía empinarse más del doce por ciento. Para construirla en tiempo récord —esos cien días— se requirieron 1.400 trabajadores, muchos de ellos prisioneros de guerra, y gente mayor, mujeres y niños del lugar obligados a trabajar. Terminaron el 1 de junio de 1918. Ironías de la vida, Italia ganó la batalla y se apropiaron de la zona y de una de las construcciones de ingeniería alpina más bellas que se conocen, a pesar de haber sido construida por esclavos modernos. El Giro d'Italia pasó por allí en la edición de 2019, con victoria del colombiano Esteban Chaves. ¡Qué día! Lo recuerdo perfectamente porque lo vi por la tele. Los *tifosi* abarrotaban aquella pequeña carretera ganada a la montaña y sustentada por enormes muros de piedra. No creo que los ciclistas profesionales piensen en la utilidad de los túneles mientras pedalean hacia la meta, ni que Chaves se acordara de los que abrieron los agujeros en las rocas, aunque seguro que se acordó de la familia del que los diseñó porque no dejan de ser un obstáculo en el camino hacia su objetivo.

Pero yo seguía en mi túnel. Respiraba cada vez con más dificultad y mi impaciencia por salir de allí no ayudaba a que pulmones y piernas se coordinaran como debieran. Pero no podía pararme. Finalmente, a lo lejos, mis ojos percibieron la boca de salida, la luz. Cuando llegué hasta allí, entonces sí que me paré, exhausta, y el paisaje se abrió ante mis ojos bajo una luz casi violenta. Era una sensación mística que había sentido anteriormente muchas veces, pero nunca con tanta intensidad. Por primera vez me percaté de que la oscuridad me había parecido terrorífica, como cuando me daba miedo cruzar el pasillo de casa para ir al baño desde mi habitación cuando era pequeña. Lo cruzaba a toda velocidad para evitar que los monstruos que habitaban en las sombras de aquella casa me acecharan. Hacía años que no recordaba aquello. En aquel momento me di cuenta de que los monstruos nunca llegaron a alcanzarme, así que no pude saber qué me hubieran hecho ni qué habría sido de mí. Pero conviví con su presencia mucho tiempo. Luego, cuando me independicé a los veintipocos, creo que alguno de ellos se vino conmigo, porque algunas noches lo oía gruñir por la casa cuando mis compañeros de aquel piso de estudiantes ya dormían. Por fortuna, aquella casa no tenía persianas y nunca fue lo suficientemente oscuro para el monstruo, que acabó por desistir y se fue. Quién sabe, quizá me gustan los túneles porque me recuerdan que siempre soy más rápida que las criaturas que habitan en ellos.

Me quedé un buen rato ensimismada en mis recuerdos y navegando por el alivio, la sensación de vulnerabilidad y la satisfacción de haber superado los dos últimos túneles, babosa incluida, y, qué diablos, todos los túneles y pasillos oscuros a lo largo de mi vida. Y todas las carreteras recorridas, todos los puertos y todas las caídas, que habían sido unas cuantas. De golpe, oí una voz: «Stai bene?». Delante de mí había un tipo vestido de ciclista con un maillot horrible con colores fluorescentes y muchos logos de comercios locales. ¿Por qué hablaba en italiano? Le dije: «Bene, bene» y nos sonreímos mutuamente. «¿Dónde estoy?», le pregunté. «Sei nel Gavia», y me dijo «ciao» antes de introducirse y desaparecer en la oscuridad del túnel, como un minero que se sumerge en las profundidades.

Fue entonces cuando recordé una frase del ciclista Gilberto Simoni cuando ganó su primer Monte Zoncolán, en el Giro de 2003 por la cara oeste de Ovaro: «Cuando sales a la luz, es una sensación espiritual». Lo dijo tras superar los cuatro túneles claustrofóbicos de la Strada Provinciale 123 que hay justo antes de llegar a la cima. De golpe, me entraron unas ganas locas de ir al Monte Zoncolán y experimentar sus rampas de hasta el veintidós por ciento, aunque tenga que hacerlas andando porque mi bici de los noventa no tiene tantos piñones como las modernas y mis piernas ya no son tan fuertes. Dicen que en los últimos kilómetros hay señales con las fotos de grandes ciclistas italianos, como Bartali o el mismo Simoni. Y que justo antes del primer túnel hay un letrero que reza: «Il vero sportivo chi ama veramente il ciclismo si comporta correctamente e civilmente», y que en la carretera hay todavía miles de pintadas en el suelo con nombres de corredores, y que uno se siente que está librando una batalla épica por una carretera que también cumple otra función: la de hacerse amiga de la montaña a pesar de invadirla y humanizarla. Pero estaba en el Passo Gavia, en la provincia de Brescia, y el Zoncolán está en Udine, en la otra punta de Italia, y tenía que volver a casa a una hora prudente. Veo que pasa otro ciclista en dirección contraria con otro maillot horrible: «Scusi, signor, come si arriva allo Zoncolan?». Me indica con el brazo que siga esa misma carretera, «dritto, dritto». «Está muy lejos, ¿verdad?», le pregunto. «No. Simplemente dovrai attraversare un altro tunnel», me dijo antes de dejarse engullir por la montaña con una sonrisa.

Olga Ábalos (Terrassa, 1978) es periodista cultural. Con una trayectoria de veinticinco años como *freelance,* ha colaborado tanto en medios especializados como en prensa generalista ejerciendo sus dos pasiones, la crítica musical y el ciclismo. Desde hace ocho años combina la dirección de la revista de cultura ciclista *VOLATA* con la docencia en la Universidad de Barcelona, trabajos de producción en festivales de música como Sónar y el asesoramiento a proyectos culturales. Uno de sus sueños es cubrir el Tour de Francia.

Un yanki en la corte del rey Arturo

– Mark Twain –

Faltaba poco para las cuatro de la tarde. La escena transcurría fuera de las murallas de Londres. El día era fresco, agradable, magnífico, con un sol radiante; uno de esos días que dan ganas de vivir, no de morir. La muchedumbre era prodigiosa y se extendía hasta donde alcanzaba la vista. Y sin embargo, nosotros quince pobres diablos no contábamos con un solo amigo entre aquella multitud. Se mire por donde se mire, era un pensamiento penoso. Estábamos allí sentados, en lo alto del cadalso, siendo el blanco del odio y de las burlas de todos aquellos enemigos. Nos habían convertido en un espectáculo de feria. Habían construido una especie de gran tribuna para nobles y burgueses, y hasta el último de ellos había acudido, junto con sus damas. Reconocimos a muchos de ellos.

La muchedumbre recibió una breve e inesperada dosis de diversión de manos del propio rey. En cuanto nos vimos liberados de las cadenas, se puso de pie de un salto y allí mismo, ataviado con sus fantásticos harapos y el rostro amoratado hasta quedar irreconocible, se proclamó a sí mismo como Arturo, rey de Inglaterra, y amenazó con terribles castigos a los traidores que se atrevieran a tocar un solo cabello de su sagrada cabeza. Quedó sobresaltado y muy sorprendido al oír las rugientes carcajadas que provocaban sus venganzas. Se sintió herido en su dignidad y se encerró en el silencio, a pesar de que la multitud le rogaba que siguiese hablando, y se esforzaba en provocarlo a base de burlas, abucheos y gritos de:

—¡Dejad que hable! ¡Que hable el rey! ¡Vuestros humildes súbditos tienen hambre y sed de palabras sabias por boca de su señor, de Su Serena y Sagrada Alteza Harapienta!

Pero de nada sirvió. Arturo permaneció mudo, envuelto en su majestuosidad, impasible bajo aquella lluvia de desprecios e insultos. Su grandeza, a su manera, estaba fuera de toda duda. Sin pensar en lo que estaba haciendo, me despojé del vendaje blanco y lo até a mi brazo derecho. La plebe, al advertirlo, la emprendió conmigo:

—Sin duda este marinero es su ministro... ¡Fijaos en la costosa insignia de su oficio!

Yo dejé que despotricaran hasta que se cansaron, y entonces les dije:

—En efecto, soy su ministro. El patrón. Y mañana os llegarán noticias mías desde Camelot...

No pude seguir. Sus jubilosas risotadas ahogaron mis palabras. Y de pronto se hizo el silencio. Los alguaciles de Londres, ataviados con las togas oficiales y seguidos de sus subordinados, empezaron a removerse en sus asientos, dando a entender que el espectáculo estaba por comenzar. En el silencio que siguió, declamaron nuestros crímenes, leyeron la sentencia de muerte que se nos imponía y, a continuación, todos se descubrieron mientras un sacerdote pronunciaba una oración.

Entonces vendaron los ojos a un esclavo. El verdugo descolgó la cuerda. A nuestros pies se extendía una carretera llana, a un lado de la cual estábamos nosotros y, al otro, bramaba una multitud sentada en bancos; era una buena carretera que la guardia mantenía despejada. ¡Cuánto me hubiera gustado ver avanzar por ella a mis quinientos caballeros galopando a nuestro encuentro! Pero no, esa posibilidad estaba del todo descartada. Recorrí con la mirada la franja del camino que se volvía cada vez más estrecha hasta que se perdía en el horizonte. Nada. Ni un solo jinete, ni ninguna señal de que fuera a aparecer alguno.

Hubo una sacudida y el esclavo quedó colgando en el aire; colgando y retorciéndose espantosamente, pues le habían desatado.

Soltaron una segunda cuerda y no tardó en mecerse un nuevo esclavo.

Al cabo de un minuto, un tercer esclavo se debatía en el aire. Era algo terrible de presenciar. Volví la cabeza por un instante y, cuando quise volver a girarme, ¡el rey había desaparecido! ¡Le estaban vendando los ojos! Me quedé paralizado. No podía moverme, sentía que me ahogaba, era incapaz de pronunciar palabra. Una vez terminaron de vendar sus ojos, lo condujeron hasta debajo de la soga. Me embargó una horrible sensación de impotencia que no lograba sacudirme. Pero cuando vi que le colocaban la soga alrededor del cuello, algo se disparó en mi interior y de un salto me lancé a rescatarlo. Al hacerlo eché un nuevo vistazo a mi alrededor... ¡Por san Jorge! ¡Cincuenta caballeros, con su armadura y su espada en el cinto, montados en bicicleta!

Era el mayor espectáculo jamás contemplado. Señor, ¡cómo ondeaban los penachos y cómo brillaba y centelleaba el sol en el interminable desfile de ruedas enmarañadas!

Agité el brazo derecho cuando pude distinguir a Lanzarote, que había reconocido mi harapo. Arranqué entonces la soga y la venda y grité:

—¡Poneos de rodillas, bellacos, y salud a vuestro rey! ¡Quien no lo haga cenará esta noche en el infierno!

Siempre recurro a este estilo pomposo cuando llega el momento culminante. Fue un honor ver a Lanzarote y a los muchachos abalanzarse sobre el cadalso y arrojar a los alguaciles y demás personajes por la borda. Y fue magnífico ver arrodillarse a aquella asombrada multitud suplicando el perdón del rey al que hacía tan solo un momento habían colmado de insultos y mofas. Y mientras Arturo se apartaba a un lado para recibir aquel homenaje en harapos, pensé para mis adentros que, al fin y al cabo, hay algo curiosamente grandioso en los andares y en el porte de un rey.

Sentía una enorme satisfacción. Toda aquella situación había sido, en todos los aspectos, uno de los golpes más vistosos que había instigado nunca.

Aquí viene Clarence, ¡en persona! Me guiña un ojo y me dice el muy moderno:

—Menuda sorpresa, ¿eh? Sabía que os gustaría. Los muchachos llevan mucho tiempo entrenándose en secreto; y estaban ansiosos de que se presentase una oportunidad para lucirse.

Mark Twain (Misuri, 1835 - Connecticut, 1910). Escritor, humorista y periodista estadounidense. De él es la cita que más ha animado a los incautos a probar las dos ruedas: «Consigue una bicicleta. No te arrepentirás... si vives para contarlo». Y es que el autor y la bicicleta nacieron casi al mismo tiempo, y solo a él se le podría haber ocurrido montar a Lanzarote y a sus caballeros en sendas bicicletas para salvarle la papeleta al rey Arturo de Camelot.

El cometa

— Bruno Schulz —

Era la época de la electricidad y la mecánica, y enjambres de inventos llovían sobre el mundo gracias a los recursos del genio humano. En los hogares de clase media, las cajas de cigarrillos aparecían equipadas con un encendedor eléctrico: presionabas un interruptor y un manojo de chispas encendían una mecha empapada en bencina. Los inventos dieron rienda a esperanzas exageradas. Una cajita musical con la forma de una pagoda china comienza, al prenderla, a tocar un pequeño rondó mientras gira como un tiovivo. Las campanas tintinean en intervalos, las puertas aletean para mostrar el barril giratorio tocando un tresillo de tabaquera. En cada casa se han instalado timbres eléctricos. La vida doméstica yacía bajo el signo del galvanismo. Un carrete de cable aislado se transformó en el símbolo de los tiempos. Jóvenes dandis demostraban en los salones los inventos de Galvani, y eran recompensados con miradas radiantes de las señoras. Un conductor eléctrico abría el camino al corazón de las mujeres. Después de que un experimento tuviera éxito, los héroes del día repartían besos a su alrededor, en medio del aplauso de los salones.

No fue mucho antes de que la ciudad se llenara de velocípedos de muchas formas y tamaños. Un panorama basado en la filosofía se volvió obligatorio. Quien fuera admitido en una creencia en el progreso debía deducir la conclusión lógica y manejar un velocípedo. Los primeros en hacerlo fueron, por supuesto, los aprendices de los abogados, la vanguardia de las nuevas ideas, con sus bigotes encerados y sus sombreros de hongo, la esperanza y la flor de la juventud. Empujando a través de la turba ruidosa, avanzaban entre el tráfico en enormes bicicletas y triciclos que fanfarroneaban con sus radios de cable. Colocando sus manos en los anchos manubrios, maniobraban desde sus asientos el enorme aro de la rueda y atravesaban la multitud divertida en una línea ondulada. Algunos de ellos sucumbían a un entusiasmo apostólico. Elevándose sobre sus pedales en movimiento, como sobre estribos, se dirigían a la turba desde lo alto, pronosticando una era feliz para la humanidad: la salvación mediante la bicicleta... Y conducían entre los aplausos del público, reverenciando en todas las direcciones.

Y aún había algo penosamente vergonzoso en estos viajes espléndidos y triunfantes, algo doloroso y desagradable que incluso en el clímax de su éxito amenazaba con desintegrarlos en la parodia. Deben de haberlo sentido ellos mismos cuando, colgando como arañas entre la maquinaria delicada, horquillando sobre sus pedales como grandes ranas en pleno brinco, realizaban movimientos como los de un pato sobre las anchas ruedas en movimiento. Solo un paso los separaba del ridículo y ellos lo tomaban con desesperación, apoyándose contra el manubrio y redoblando la velocidad de su carrera, en una maraña de gimnásticas violentas. ¿Puede uno maravillarse? El Hombre entrando bajo pretensiones falsas en la esfera de las facilidades increíbles, adquiridas a un precio demasiado barato, bajo el costo, casi por nada, y la desproporción entre el desembolso y la ganancia, el fraude obvio sobre la naturaleza, el pago excesivo por un truco de genio, tenía necesariamente que ser compensado por la autoparodia. Los ciclistas conducían entre exabruptos elementales de risa —vencedores miserables, mártires de su genio— tan grande era la súplica cómica de estas maravillas de la tecnología.

* * *

Cierto día mi hermano, de regreso desde la escuela, trajo la improbable y aún verdadera noticia de un inminente fin del mundo. Le pedimos que lo repitiera, pensando haber oído erróneamente. Pero no. De esto se trataba este pedazo de noticia completamente desconcertante: incompleta, como era, sobre un punto aleatorio en el tiempo y el espacio, sin cerrar sus cuentas, sin haber alcanzado ningún objetivo, a mitad de sentencia, sin un punto o signo de exclamación, sin un juicio final o Ira de Dios —en una atmósfera de comprensión, lealmente, por mutuo acuerdo y observando reglas establecidas por ambas partes— el mundo iba a ser golpeado en la cabeza, simple e irrevocablemente. No, no iba a ser un final escatológico, trágico, como el anunciado hacía mucho tiempo por los profetas, ni el último acto de la *Divina Comedia.* No. Iba a ser un fin de mundo con el truco de un ciclista, de un prestidigitador, una espléndida jerigonza y un falso experimento —acompañado por los aplausos de todos los espíritus del progreso—. No había casi nadie a quien la idea no lo llamara. Los asustados, los que protestaban, fueron inmediatamente echados a un lado. ¿Cómo no comprendían que esta era una simplemente increíble oportunidad, el más progresista, librepensador fin de mundo imaginable, en línea con el espíritu de los tiempos, un fin honorable, un crédito para la Sabiduría Suprema? La gente lo discutía entusiasmada, dibujaban cuadros *ad oculos* en páginas arrancadas de cuadernos de bolsillo, proveían pruebas irrefutables, golpeando a sus oponentes y a los escépticos fuera del ring. En revistas ilustradas, cuadros de página entera comenzaron a aparecer, dibujos de la catástrofe anunciada sobre una efectiva puesta en escena. Estas usualmente representaban ciudades populosas golpeadas por el terror bajo un cielo nocturno resplandeciente de luces y fenómenos astronómicos. Uno ya veía la acción impactante del cometa distante, cuya cabeza parabólica permanecía en el cielo en un vuelo inmóvil, aún apuntando hacia la Tierra, acercándose a una velocidad de muchas millas por segundo. Como en una farsa circense, gorros y sombreros se elevaban en el aire, los paraguas se abrían por sí mismos, y parches calvos se revelaban bajo las pelucas al vuelo —y sobre todo aquello se esparcía un enorme cielo negro, titilando con la alerta simultánea de todas las estrellas.

Algo festivo había entrado en nuestras vidas, un impaciente entusiasmo. Cierta importancia permeó nuestros gestos e hinchó nuestros pechos con suspiros cómicos. El globo terrestre bullía por la noche con el rugido solemne del éxtasis unánime de miles. Las noches eran negras y vastas. La nebulosa de estrellas alrededor de la Tierra se hizo más densa. En los oscuros espacios interplanetarios estas estrellas aparecieron en diferentes posiciones, esparciendo el polvo de los meteoros de abismo en abismo. Perdidos en el infinito, casi nos habíamos olvidado del globo terrestre bajo nuestros pies; estábamos desorientados, perdimos nuestras coordenadas; colgábamos con la cabeza hacia abajo como en las antípodas sobre el zenit dado vuelta y vagábamos entre los montículos estrellados, moviendo un dedo mojado a través de los mapas del cielo, de estrella en estrella. Así deambulábamos en una única fila, extendida y desordenada, desparramándonos en todas direcciones por los peldaños de las infinitas escaleras de la noche —migrantes desde un planeta abandonado, saqueando el inmenso termitero de las estrellas—. Las últimas barreras cayeron, los ciclistas viajaban por el espacio estelar, alzándose en sus vehículos, perpetuados en un vuelo inmóvil en el vacío interplanetario. Así, dando círculos en una pista interminable, ellos marcaban los senderos de una cosmografía insomne, mientras que en la realidad, negra como el hollín, sucumbían a un letargo planetario, como si hubiesen puesto sus cabezas sobre una fogata, el objetivo final de todos estos vuelos enceguecidos.

Después de días cortos, incoherentes, parcialmente gastados en dormir, las noches se abrieron como una patria enorme y populosa. Las muchedumbres llenaron las calles, se volcaron a las plazas públicas, cabeza contra cabeza, como si hubiesen removido la tapa de un barril de caviar y este fluyera como una corriente de perdigones brillantes, un río oscuro bajo la noche de un negro denso, ruidoso de estrellas. Las escaleras se quebraban bajo el peso de miles, en todas las ventanas de los pisos superiores se aparecían pequeñas figuras, personas-fósforos saltando por sobre las barras en un fervor impregnado por la luna y columnas —unos montados sobre los hombros de otros— fluyendo en descenso desde las ventanas hacia las plataformas de las plazas iluminadas por la lumbre de los barriles de alquitrán en llamas. Debo suplicar perdón si al describir estas escenas de enormes multitudes y tumulto general, tiendo a exagerar, posando yo mismo, inconscientemente, en ciertos viejos grabados en el gran libro de los desastres y las catástrofes de la especie humana. Pero ellos todos construyen una preimagen y la exageración megalómana, el *pathos* enorme de estas escenas probaba que le hemos quitado el fondo al barril eterno de las memorias, al barril último del mito, y hemos irrumpido en una noche prehumana de elementos indomados, de rememoración incoherente, y no hemos sido capaces de contener la inundación ascendente. ¡Ah, aquellas noches llenas de estrellas titilando como escamas de peces! ¡Ah, aquellos bancos de bocas tragando incesantemente en pequeñas bocanadas, en tragos hambrientos, las corrientes vírgenes, hinchadas, de las noches empapadas por la lluvia! ¿En qué redes fatales, por qué trabas miserables se detuvieron aquellas generaciones multiplicadas?

¡Oh, los cielos de aquellos días, cielos de meteoros y señales luminosas, cubiertos por los cálculos de los astrónomos, copiados mil veces, numerados, marcados con las filigranas del álgebra! Con los rostros azules por la gloria de esas noches, vagábamos a través del espacio pulsando por las explosiones de soles distantes, en un brillo sideral —hormigas humanas, esparciéndose sobre un ancho montículo en los bancos arenosos de la Vía Láctea derramada sobre todo el cielo— un río humano eclipsado por los ciclistas sobre sus máquinas arácnidas. ¡Oh, la arena estelar de la noche, marcada por las evoluciones, espirales y saltos de aquellos hábiles viajantes; oh, cicloides y epicicloides ejecutados con inspiración a lo largo de las diagonales del cielo, entre radios de cables perdidos, aros cambiados con indiferencia, para alcanzar el brillante objetivo denudado, con nada excepto la pura idea del ciclismo! Desde estos días hubo una nueva constelación, un decimotercer grupo de estrellas incluido para siempre en el zodíaco y resplandeció desde entonces en el firmamento de nuestras noches: EL CICLISTA.

Bruno Schulz (Galitzia, actual Ucrania, entonces Polonia bajo el dominio del Imperio austrohúngaro, 1892 - 1942). Escritor, pintor, ilustrador, artista gráfico y una de las principales figuras de la vanguardia polaca de entreguerras. Sus colecciones de relatos breves exploran el realismo mágico alrededor de los *shtetl* polacos de antes de la guerra. En «El cometa», el personaje del padre se enfrenta al progreso y la modernidad, representados en parte por la bicicleta, pero fracasa en su huida fuera del tiempo. ¿Acaso la imagen final de los ciclistas que ascienden al cielo nocturno pudo inspirar esa otra imagen mítica de unos chavales en bicicleta con «un ser del espacio exterior en la cestita» de la bici de un tal Elliot?

La carrera de las diez mil millas

— Alfred Jarry —

Acostados horizontalmente sobre la bicicleta de cinco plazas; un modelo común de carrera de 1920, sin manillas y con neumáticos de quince milímetros, desarrollo de cincuenta y siete metros y treinta y cuatro centímetros, con las cabezas a menos altura que el sillín y cubiertas por mascarillas destinadas a protegernos del viento y el polvo, llevábamos también las diez piernas atadas, las derechas y las izquierdas, mediante unas varillas de aluminio. Emprendimos el camino en la interminable carretera acondicionada a lo largo de diez mil millas, paralelamente a la vía del tren rápido; arrancamos remolcados por un automóvil en forma de obús, a ciento veinte kilómetros por hora.

En este orden estábamos atados a la máquina sin posibilidad de bajar: yo, Ted Oxborrow, en la parte trasera; delante de mí, Jewey Jacobs, Georges Webb, Sammy White —un negro— y el piloto de nuestro equipo, Bill Gilbey, a quien burlonamente llamábamos Corporal Gilbey porque era el responsable de cuatro hombres. No he mencionado a un enano, Bob Rumble, que se tambaleaba en un remolque atado a la parte posterior y cuyo contrapeso servía para disminuir o aumentar la adherencia de nuestra rueda trasera.

A intervalos regulares, Corporal Gilbey nos pasaba por encima del hombro los cubitos incoloros, vidriosos y agrios del *Perpetual-Motion-Food*: nuestro único alimento durante casi cinco días. Los tomaba, de cinco en cinco, de una tableta preparada detrás de la máquina de entrenamiento. Más abajo brillaba el cuadrante blanco del indicador de velocidad; debajo del cuadrante, un tambor suspendido y giratorio destinado a amortiguar los eventuales golpes de la rueda delantera de nuestra bicicleta de cinco plazas.

Al caer la primera noche y sin que la gente de la locomotora se diera cuenta, dicho tambor se embragó con las ruedas del automóvil que nos remolcaba, de manera que girara en sentido inverso a estas. Corporal Gilbey nos hizo avanzar hasta que nuestra rueda delantera se apoyase en el tambor, cuya rotación, como un engranaje, nos arrastró sin esfuerzo y fraudulentamente durante las primeras horas nocturnas.

Resguardados en el interior de la máquina, no nos llegaba ni un soplo de aire; a la derecha, la locomotora, como una buena y enorme bestia, ocupaba siempre el mismo punto del «campo» visual, sin avanzar ni retroceder. La única parte que daba la impresión de estar en movimiento era el flanco, que temblaba —parecía que oscilaba la biela— y en cuanto a la parte delantera, se podían llegar a contar los radios del deflector de obstáculos, que se asemejaban a las rejas de una prisión o a las esclusas de una presa de molino. El conjunto de todo esto evocaba un paisaje fluvial muy tranquilo —el curso silencioso de la carretera pulida era el río— y los gorgoteos regulares de la gran bestia emulaban el sonido de una cascada.

Entreví varias veces, a través de los vidrios del primer vagón, la larga barba blanca del señor Elson oscilando de arriba abajo, como si su persona se balanceara descuidadamente sobre una mecedora.

Los grandes ojos curiosos de la señorita Elson aparecieron también un instante en la primera puerta del segundo vagón, la única que pude percibir a riesgo de una tortícolis.

La pequeña silueta atareada del señor Gough y su bigote rubio no se movían de la plataforma de la locomotora. Mientras que William Elson seguía la carrera desde el mismo lugar con el deseo de ver vencido al tren, el señor Gough, al haber apostado una buena suma, quería desplegar todos los recursos de su habilidad de conductor.

Sammy White canturreaba, al ritmo de nuestro pedaleo, la cancioncita infantil:

Twinkle, twinkle, little star...

Y, en la noche desierta, la voz de falsete de Bob Rumble, que era débil de cerebro, chillaba por detrás.

—¡Algo nos está siguiendo!

Sin embargo, ninguna cosa viva o mecánica hubiera podido seguirnos a semejantes velocidades; de hecho, la gente del tren podía vigilar la carretera uniforme y vacía detrás de Bob Rumble. Es verdad que era imposible vislumbrar los pocos metros de balasto detrás de los vagones: solo tenían aberturas laterales; y nosotros no podíamos mirar hacia atrás. ¡Pero era inverosímil que alguien pudiera ir a esa velocidad en aquel rugoso balasto! El enano quería expresar sin duda lo orgulloso que estaba de que lleváramos en el remolque a su pueril persona.

Cuando llegó el alba del segundo día, un zumbido estridente y metálico, una vibración muy intensa en la que nos sentimos sumergidos, hizo que casi me saliese sangre por los oídos. Noté que el último automóvil en forma de obús había sido «soltado» y reemplazado por una máquina voladora en forma de trompeta. Giraba sobre sí misma, parecía atornillarse en el aire a ras de suelo ante nosotros, y un viento furioso nos succionaba hacia su embudo. El hilo de seda del indicador de velocidad dibujaba un eje vertical y azul contra la mejilla del Corporal Gilbey, y pude leer sobre el cuadrante de marfil, como estaba previsto para esa hora, la velocidad en kilómetros por hora a la que nos desplazábamos: 250.

El tren había conservado su posición, siempre con la misma aparente inmovilidad, prodigiosamente controlable a través de todos los sentidos, incluso por el tacto de mi mano derecha; pero el ruido de cascada se volvió agudísimo, y a un milímetro de la caldera incandescente de la locomotora, por efecto de la velocidad, reinaba un frío mortal.

El señor W. Elson era invisible. Mi mirada atravesó su vagón sin dificultad; de una ventana a la otra. Al intentar fijarme en el interior del vagón en el que se encontraba la señorita Elson, algo interceptó mi mirada. Para mi gran sorpresa vi que la primera ventana del largo compartimento de caoba, la única a mi alcance, estaba obstruida *en el exterior* por una acolchada tapicería escarlata. Daba la impresión de que hubieran crecido durante la noche hongos de color rojo sangre sobre la ventana...

Ahora, en pleno día, no podía dudar de lo que veía: todo lo que distinguía del vagón desaparecía bajo rosas rojas, enormes, abiertas, frescas como si se acabaran de cortar. Su perfume se expandía por el aire tranquilo, al abrigo del cortaviento.

Cuando la joven bajó la ventanilla, una parte de la cortina de rosas se rasgó, pero las flores no cayeron de golpe: durante unos segundos viajaron en el espacio a la misma velocidad que una máquina; la más grande fue aspirada por la súbita corriente de aire hasta el interior del vagón.

Me pareció que la señorita Elson daba un gran grito y se llevaba la mano al pecho; no la volví a ver durante el resto del día. Las rosas se deshojaban poco a poco por la trepidación, volaban de una en una o en grupos de tres o cuatro, y en la madera barnizada del coche cama apareció inmaculado, reflejado con mayor nitidez que un espejo, el grosero perfil de Bob Rumble.

Al día siguiente se repitió la floración encarnada. Me preguntaba si me estaba volviendo loco; el rostro nervioso de la señorita Elson ya no se separaba de la ventanilla.

Pero un incidente más grave acaparó mi atención.

Durante la mañana del tercer día se produjo un suceso terrible, sobre todo porque podría habernos hecho perder la carrera. Jewey Jacobs, que se sentaba delante de mí con las rodillas a una yarda de las mías, unidas por las varillas de aluminio; Jewey Jacobs que pedaleaba con un vigor fantástico desde el comienzo de la carrera —a pesar de que daba unas sacudidas que pretendían aumentar el ritmo programado por nuestro plan de marcha inicial, por lo que yo había tenido que contrapedalear varias veces—; Jewey Jacobs

parecía de pronto haber encontrado un travieso deleite en tensar la corva, haciendo que las rodillas me golpeasen contra la barbilla, lo cual exigía un arduo trabajo a mis piernas.

Ni Corporal Gilbey ni, detrás de él, Sammy White, ni Georges Webb podían darse la vuelta sin las ligaduras y las mascarillas para ver lo que le pasaba a Jewey Jacobs; yo pude inclinarme un poco para verle la pierna derecha con los dedos todavía enganchados al *toe-clip* de cuero, que subía y bajaba con isocronismo; pero el tobillo parecía entumecido y ya no hacía el *ankle-play*. Además —detalle tal vez demasiado técnico— no había reparado en un olor particular, que hasta entonces había achacado a su malla de punto negra, en la que, como el resto de nosotros, hacía sus necesidades sobre un lecho de tierra de batán. Sin embargo, una súbita idea me estremeció y entonces miré el pesado tobillo de mármol ligado a mi pierna a una yarda de distancia, y respiré el hedor *cadavérico* de una descomposición incomprensiblemente acelerada.

A media yarda a mi derecha, me sorprendió otro tipo de cambio: en lugar de la mitad del ténder, vi a mi altura la segunda puerta del primer vagón.

—¡Estamos gripando! —gritó en ese instante Georges Webb.

—¡Gripamos! —repitieron Sammy White y Georges Webb; y como el estupor moral consigue detener brazos y piernas mejor que la fatiga física, la última puerta del segundo vagón apareció a la altura de mi hombro, la última puerta florida del segundo y último vagón; las voces de Arthur Gough y de los maquinistas lanzaron hurras.

—Jewey Jacobs ha muerto —grité con todas mis fuerzas.

El tercer y segundo hombre del *team* bramaron en sus mascarillas, hasta Bill Gilbey:

—¡Jewey Jacobs ha muerto!

El sonido remolineó en la corriente de aire hasta el fondo de las paredes de la máquina voladora en forma de trompeta, que repitió tres veces —porque era lo suficientemente grande para que hubiese dos ecos en su longitud— y proyectó desde el cielo, sobre la fabulosa carretera que teníamos detrás, como una convocatoria al Juicio Final:

—¡Jewey Jacobs ha muerto! ¡Muerto! ¡Muerto!

—¡Ah! ¿Está muerto? Me importa una m... —dijo Corporal Gilbey—. Atención: *¡Entrenad a Jacobs!*

Fue una tarea muy molesta, y espero no volver a enfrentarme a una situación así en ninguna otra carrera. El hombre, recalcitrante, contrapedaleaba, *se gripaba*. Es extraordinario cómo este término, que se aplica a los movimientos de las máquinas, se adecuaba totalmente al cadáver. Y, ante mis ojos, ¡seguía haciendo lo que tenía que hacer en la tierra de batán! Diez veces tuvimos la tentación de desatornillar las tuercas que unían los cinco pares de piernas solidarias, incluidas las del muerto. Pero estaba encerrado, encadenado, emplomado, sellado y apostillado a su sillín, y además... era un peso... *muerto*, no me cuesta encontrar la palabra, y para vencer en esa carrera no necesitábamos pesos muertos.

Corporal Gilbey era un hombre pragmático, como William Elson y Arthur Gough eran *gentlemen* pragmáticos, y Corporal Gilbey ordenó lo que ellos mismos hubieran ordenado. Jewey Jacobs se había comprometido a correr en el cuarto lugar en la honorable y gran carrera del *Perpetual-Motion-Food*; había firmado una prenda de veinticinco mil dólares pagaderos en carreras futuras. Muerto, no correría más y no podría pagar su multa. Tenía que correr, vivo o muerto. Se duerme bien sobre una máquina, y también se muere bien sobre una máquina, sin mayor inconveniente. ¡Sobre todo en esta carrera que se llamaba del *movimiento perpetuo*!

William Elson nos explicó más tarde que la rigidez cadavérica —que él llamaba *rigor mortis*, creo— no significa absolutamente nada y cede al primer esfuerzo que la rompe. En cuanto a la putrefacción súbita, él mismo confesó que no sabía a qué atribuirla... Tal vez, dijo, a la abundancia excepcional de la secreción de las toxinas musculares.

Y ahí estaba nuestro Jewey Jacobs pedaleando, primero con mala voluntad, sin que se pudiese ver si hacía muecas, siempre con la nariz dentro de la mascarilla. Lo alentábamos con injurias amistosas, como las que dirigían nuestros abuelos a Terront en su primer París-Brest: «¡Venga, cerdo!». Poco a poco retomó el gusto por la carrera y sus piernas comenzaron a sincronizarse con las nuestras, volvió a hacer uso del *ankle-play*, hasta que se puso a pedalear sin ton ni son.

—Un tripulante nos regulará —dijo el Corporal—. Creo que puede perder la cabeza en cualquier momento.

Efectivamente, no solo reguló nuestro ritmo, sino que se embaló, y el esprint de Jacobs muerto fue un esprint que ni los vivos podrían concebir. Así, el último vagón, invisible durante esta labor de maestros de escuela para difuntos, comenzó a agrandarse y agrandarse hasta retomar su lugar habitual, que jamás debió abandonar, detrás de mí; a una media yarda a la derecha de mi hombro derecho estaba el centro del ténder. Por supuesto, esto no pasó sin que nosotros lanzásemos unos hurras que retumbaron en nuestras mascarillas:

—¡Hip, hip, hip, hurra por Jewey Jacobs!

Y la trompeta voladora lanzó al cielo:

—¡Hip, hip, hip, hurra por Jewey Jacobs!

Había perdido de vista la locomotora y sus dos vagones mientras le enseñaba a vivir al muerto; cuando pudo arreglárselas solo, vi crecer la parte trasera del último vagón como si el tren se acercase a nosotros para saber cómo íbamos. Sin duda una alucinación, el reflejo deformado de la bicicleta de cinco plazas en la caoba del gran coche cama, más nítido que un espejo, mostraba una especie de humano jorobado —o cargando con un peso enorme que pedaleaba detrás del tren. Movía las piernas exactamente a la misma velocidad que nosotros.

Al instante, la visión desapareció cubierta por el ángulo trasero del vagón que habíamos adelantado. Me pareció muy cómico oír el chillido, como hacía un rato, del absurdo Bob Rumble que, enloquecido, saltaba de un lado a otro en su asiento de mimbre, como un mono en una jaula:

—¡Hay algo que pedalea, que nos está siguiendo!

Educar a Jewey Jacobs nos había costado un día entero: era la mañana del cuarto día, tres minutos, siete segundos y dos centésimas después de las nueve; y el indicador de velocidad había llegado a un punto límite: no se había construido para velocidades superiores a trescientos kilómetros por hora.

La máquina voladora nos proporcionaba un buen servicio y, sin saber si íbamos a una velocidad mayor a la registrada anteriormente, estoy seguro de que, gracias a ella, no redujimos la velocidad; la aguja se mantenía en el punto extremo del cuadrante. El tren se mantenía

a la misma altura, sin variaciones; pero no debió prever velocidades como estas en el momento de reaprovisionarse, ya que los pasajeros —que no eran más que el señor Elson y su hija— se desplazaron por el pasillo hasta la plataforma de la locomotora, junto al maquinista, llevando con ellos sus vituallas y bebidas. La chica, que tenía un aspecto maravillosamente activo, llevaba un neceser de baño. Todos —cinco o seis en total— se dedicaron a despedazar los vagones y a tirar en la caldera todo lo que fuera inflamable.

La velocidad aumentó, aunque me fue imposible apreciar en qué proporción; el zumbido de la trompeta voladora subió algunos semitonos y me pareció que la resistencia bajo los pedales cesaba totalmente. Era absurdo: mi esfuerzo era mayor. ¿Acaso el asombroso Jewey Jacobs todavía iba a progresar más?

Noté bajo mis pies no ya el asfalto uniforme de la carretera, sino... muy lejos... ¡el techo de la locomotora! El humo del carbón y del petróleo cegaba nuestras mascarillas. La máquina voladora parecía arrastrarse a nuestros pies.

—Vuelo de buitre —nos explicó Corporal Gilbey en una palabra entre dos ataques de tos. Cuidado con la caída.

Sabíamos, y Arthur Gough lo explicaría mejor que yo, que un cuerpo móvil y rodante animado por una velocidad suficiente se eleva y planea, anulando la adherencia al suelo a causa de la velocidad. Luego vuelve a caer si no está provisto de órganos propios para impulsarlo sin un punto de apoyo sólido.

Nuestra bicicleta de cinco plazas, al caer, vibró como un diapasón.

—*All right* —dijo de pronto el Corporal. Se había entregado a una gesticulación muy curiosa, con la nariz metida en la rueda delantera. Todo volvía a rodar como antes.

—Pinchazo rueda delantera —dijo Bill, con una voz tranquilizadora.

A la derecha no quedaba rastro de los vagones sino de enormes pilas de maderas y bidones de gasolina apilados sobre el ténder; los vagones se habían desenganchado y permanecían en la parte trasera: a pesar de que habían seguido un tiempo por la inercia, habían perdido velocidad a causa de la vibración. Ahora sí que era posible seguir el movimiento de sus ruedas. La locomotora seguía a la misma altura.

—Re-vuelo de buitre —dijo Bill Gilbey—. Gran riesgo de caída. Pinchazo rueda trasera. *All right*.

Sorprendido, levanté la cabeza por encima de la mascarilla horizontal y miré hacia arriba: la máquina voladora había desaparecido y se alejaba sin duda por detrás, junto a los vagones abandonados. Sin embargo, todo iba bien, como decía el Corporal; el indicador de velocidad marcaba siempre, junto a su mejilla, temblando, una marcha con aceleración uniforme, que superaba desde hacía un buen rato los trescientos kilómetros por hora.

La curva se divisaba en el horizonte.

Era una gran torre a cielo abierto, con forma de cono truncado, de doscientos metros de diámetro en la base y cien de altura. La aseguraban contrafuertes macizos de piedra y hierro. La carretera y la vía del tren se precipitaban en una especie de puerta; y, dentro, durante una fracción de minuto, inclinados hacia un lado y mantenidos por nuestra inercia, nos arremolinamos en las paredes, que además de ser verticales se desplomaban recordando la parte interior de un tejado. Parecíamos moscas corriendo por un techo.

La locomotora estaba suspendida por debajo de nosotros, al costado, como la balda de una estantería. Un zumbido colmaba el cono truncado.

Durante esa fracción de minuto, todos oímos, en medio de esa torre aislada en la estepa del Transiberiano cuyo interior vacío acabábamos de recorrer, una voz fuerte, redoblada por el eco y que parecía haber entrado inmediatamente después de la locomotora. Una voz que mascullaba, maldecía y blasfemaba.

Escuché claramente esta frase descabellada, proferida en buen inglés —sin duda para que no nos la perdiéramos—:

—¡Cara cerdo, me estás cortando el hombro!

Después un choque sordo.

Salíamos de la curva, a través de esa misma especie de puerta que habíamos encontrado libre unos segundos antes, cuando un barril, de la capacidad que los ingleses llaman *hogshead* —es decir: «cara cerdo», con la capacidad de cincuenta y cuatro galones, perforada por una larga abertura rectangular y con dos correas en el centro parecidas a los tirantes de la mochila de un soldado, como si un hombre la hubiese traído a la espalda—, se balanceaba como cualquier objeto redondo que acaba de ser arrojado al suelo con brutalidad, como la cuna de un bebé.

El deflector de la locomotora arrojó el barril a modo de balón de fútbol. Sobre la vía de la carretera salpicó un poco de agua y gavillas de rosas, algunas de las cuales giraron durante un rato, adhiriéndose con sus espinas a los neumáticos ya pinchados de nuestras ruedas.

Caía la noche del cuarto día. Aunque hubiéramos tardado tres días en alcanzar la curva, debíamos, si se mantenía nuestra velocidad actual, estar a menos de veinticuatro horas de la llegada de las Diez Mil Millas.

Como empezaba a oscurecer, eché una última ojeada al cuadrante indicador que no volvería a consultar hasta el alba; bajo mis ojos, el hilo de seda que giraba y vibraba sobre la garganta bloqueada del engranaje en su punto extremo ardió con un haz de luz azul; después, oscureció.

Acto seguido nos lapidó una lluvia de aerolitos, golpes duros y suaves a la vez, agudos, aterciopelados, sangrantes, aullantes y lúgubres; arrollados por nuestra velocidad como quien atrapa moscas. Nuestra bicicleta dio una gran sacudida y chocó contra la locomotora, que parecía inmóvil; quedaron pegadas durante algunos metros sin que nuestras maquinales piernas interrumpieran su movimiento.

—Nada —dijo el Corporal—. Pájaros.

Ya no estábamos protegidos por el cortavientos de las máquinas de entrenamiento. Y era extraordinario que este incidente no se hubiese producido mucho antes, al soltar el embudo volador.

En este instante, aun sin la orden del Corporal, el enano Bob Rumble subió hasta mí por la varilla de su remolque para apoyar todo su peso en la rueda trasera y aumentar la adherencia. Esta maniobra me demostró que la velocidad seguía aumentando.

Oí crujir sus dientes y comprendí que Bob Rumble solo se había acercado a nosotros para huir de lo que él llamaba «algo que nos está siguiendo».

A mis espaldas, un poco a la izquierda, prendió una lámpara de carburo que, extrañamente, proyectó frente a nosotros, un poco a la derecha —la locomotora estaba ahora a la izquierda—, la sombra quíntuple del *team* sobre la carretera blanca.

En la alegre claridad, el enano ya no se quejaba. Nosotros entrenábamos CON NUESTRA SOMBRA.

No tenía ni idea de cuál era nuestra velocidad. Trataba de distinguir algún fragmento de las estúpidas canciones que tarareaba Sammy White para dar ritmo a sus pedaleos. Poco antes de que ardiera el hilo del indicador, tarareaba el refrán, parecido al ruido del granizo, de su esprint final, tan escuchado en el curso de esos récords de mil y de medio millar lanzados en las pistas de cometas de Massachusetts:

Poor papa paid Peter's potatoes!

A partir de ahí había que inventar, pero sus piernas iban demasiado rápido para su cerebro.

La mente humana, o al menos la de Sammy White, no es tan rápida como se dice, y no me la imagino haciendo una «exhibición» en la primera carretera que encuentre.

Realmente solo hay un récord que ni Sammy White, campeón del mundo, ni yo ni nuestro equipo de cinco podríamos batir así como así: el récord de la luz, y sin embargo vi como alguien lo batía: cuando se prendió la lámpara a nuestra espalda, iluminando la carretera, desde atrás hacia delante de nuestra sombra, que estaba formada por cinco sombras agrupadas al instante y difuminadas cincuenta metros más adelante. Parecía un solo corredor, visto de espaldas, que nos seguía —nuestras pedaladas simultáneas completaban esa ilusión que después supe que no era tal. Cuando nuestra sombra se proyectó hacia delante, la aguda sensación que tuvimos fue la de que un adversario silencioso e irresistible, que nos espiaba desde hacía días, acababa de arrancar a nuestra derecha al mismo tiempo que nuestra sombra, oculto en ella, manteniendo su ventaja de cincuenta metros. Nuestro empeño fue tan fuerte que las bielas empezaron a girar con el impulso que tendría un perro rabioso persiguiendo su cola si no tuviera nada mejor que morder.

Sin embargo, la locomotora, quemando sus vagones, se mantenía siempre a la misma altura, dando esa sensación de profunda calma al lado de un géiser... Parecía que la señorita Elson fuese el único ser animado del tren. Con una curiosidad sobrexcitada y poco explicable seguía las grotescas contorsiones de nuestra sombra en la lejanía. William Elson, Arthur Gough y los maquinistas no se movían.

Nosotros, en fila bajo el hilo de luz pálida de la lámpara, íbamos aplastados bajo las mascarillas sin apenas sentir las caricias del enorme huracán desatado por nuestra velocidad. Revivíamos, creo y a juzgar por mis sentimientos personales, las tardes de infancia bajo la luz de la lámpara, sobre la mesa de los deberes. Parecíamos reconstruir una de las visiones de aquellas tardes: una gran esfinge *atropos* que entra por la ventana, sin asustarse —cosa extraña de la lámpara, va a buscar con pasión guerrera su propia sombra proyectada en el techo y se golpea contra ella repetidas veces, con todos los arietes de su cuerpo velludo: toc, toc, toc...

Obnubilado por esos pensamientos o sueños, no me di cuenta de que, por las sacudidas de nuestro impulso, la lámpara se había apagado. Sin embargo, como la carretera era muy blanca y la noche muy clara, ¡vi claramente que la misma silueta estrafalaria nos llevaba cincuenta metros de delantera!

Esa sombra no podía estar formada por la luz de la locomotora: el petróleo de las linternas se estaba utilizando desde hacía un rato para calentar la oscuridad de la caldera.

Si no existen los fantasmas... ¿qué era aquella *sombra*?

Corporal Gilbey tampoco se había enterado de que la lámpara estaba apagada, si no le hubiese dado un buen sermón a Bob Rumble, quien, tan jovial y práctico como siempre, nos alentaba con sus bromas:

—¡Vamos, muchachos, vamos a alcanzarle! No aguantará mucho. Ganamos terreno. Le falta aceite, no es una sombra, ¡es una máquina de asar!

En el profundo silencio de la noche todavía fuimos más rápido.

De pronto... oí..., creí oír el piar de un pájaro, con un timbre singularmente metálico.

No me equivocaba: había un ruido, en algún lugar más adelante, un ruido de chatarra...

Seguro de cuál era su origen, quise gritar, llamar al Corporal, pero estaba demasiado aterrado por mi descubrimiento.

¡La sombra chirriaba como una vieja veleta!

No podía dudar del único acontecimiento verdaderamente extraordinario de la carrera: la aparición del CICLISTO.

¡No podía creer que un hombre o un diablo nos hubiera seguido —y adelantado— durante las Diez Mil Millas!

¡Sobre todo considerando el comportamiento del personaje! Esto es lo que debió de ocurrir: el Ciclisto que, claramente, se había dejado alcanzar y se mantenía a la izquierda, casi delante de la locomotora, surgiendo en el momento en que la sombra desapareció y confundiéndose durante un segundo con ella, atravesó la carretera frente a nuestra bicicleta con una impresionante torpeza, pero con una suerte providencial para él y para nosotros. Y se vino a topar con su máquina apocalíptica contra el primer raíl... Zigzagueaba tanto que parecía que solo practicaba el ciclismo desde hacía tres horas, o poco más.

Alfred Jarry (Laval, 1873 - París, 1907). Escritor simbolista francés que acuñó el término *patafísica* o «estudio de las soluciones imaginarias y las leyes que regulan las excepciones». Según Jarry, la regla es la excepción de la excepción, por eso es lógico que acudiera al funeral de su amigo Mallarmé vestido de ciclista y que comenzara el día consumiendo dos litros de vino blanco seguidos de tres absentas entre las diez de la mañana y el mediodía, convencido, como Ciclisto, de que la energía humana es ilimitada.

— PEDALES voladores —

Mientras andaba en bicicleta, su mente alcanzaba cierta pasividad, y las ideas brotaban, permanecían un tiempo, estallaban y se desvanecían.

***El pintor de letreros*, R. K. Narayan**

La bicicleta es el medio de transporte más civilizado que el hombre conoce. Las demás formas de transporte se vuelven cada día más pesadillescas. Solo la bicicleta sigue siendo pura de corazón.

***The Red and the Green*, Iris Murdoch**

El ciclista montado es una persona diferente.

***Bicio*, Paul Fournel**

Pensemos en el ciclista al pasar, el especialista supremo, que transfigura el acto de desplazarse de un lugar a otro que es en sí mismo la especialidad suprema del cuerpo sensible. Él es el término locomotor de la evolución de las babosas y de las cosas que se arrastran. De haber conocido este fenómeno, Gulliver se habría apartado de los houyhnhnms y Platón se habría replanteado la posibilidad de encarnar una idea. Aquí termina toda la metafísica racionalista (a medida que pedalea, un movimiento recíproco convertido constantemente en giratorio). La combinación es inmune a Freud y no habría tenido ninguna utilidad evidente para Shakespeare. Este cuerpo glorificado es el más alto logro cartesiano, el producto de la inteligencia pura, que lo ha precedido en el tiempo y ahora lo domina en su función. No se genera ni (con una diligencia razonable) se corrompe. Aquí alcanza Euclides la movilidad: círculo, triángulo, rombo, los patrones claros y definidos del conocimiento cartesiano.

Hugh Kenner

El verdadero ciclista no existe plenamente sino cuando se le restituye la mitad perdida de su ser inicial, es decir, cuando se confunde con su bicicleta en un solo cuerpo.

***Elogio de la bicicleta*, Marc Augé**

Cualquiera pensaría que el Señor ha desatado una plaga de bicicletas sobre Holanda por algún pecado nacional.

Guía de Ámsterdam y Holanda

Jo tinc una «bici»
pintada de nou.
Quan vull s'està quieta
i quan vull es mou.

«La bicicleta», Joana Raspall

Un caballo siempre ensillado que no come nada.

Anónimo

Aunque parezca broma, un cuento es como andar en bicicleta, mientras se mantiene la velocidad, el equilibrio es muy fácil, pero si se empieza a perder velocidad, ahí te caes y un cuento que pierde velocidad al final, pues es un golpe para el autor y para el lector.

Julio Cortázar

Después de la experiencia que tanto me costó obtener y de la contemplación exhaustiva de hace unos días, he llegado a la siguiente conclusión: el sillín y los pedales de una bicicleta no están ahí de un modo vago para guardar las apariencias. El sillín está ahí para que uno ponga su trasero encima, y los pedales están para apoyar los pies en ellos, pisarlos y hacerlos girar. El manillar es el instrumento más peligroso porque, una vez que uno se agarra a él, hace maravillas deslumbrantes.

***Diario de la bicicleta*, Natsume Sōseki**

BICIS URBANAS

Tienen los mejores nombres, un montón de primos y sus mejores amigos andan y parpadean. Siempre quieren tener la razón en una pelea, se suben a la acera de dos en dos, aunque no deban, y lo único que les desconcierta es imaginarse haciendo ala delta.

Lo que se mueve

— Emily Chappell —

No solo me bastaba con ser bicimensajera: ahora ya estaba a la altura. Aunque sabía que había pocas probabilidades de que llegara a ser tan rápida como los intrusos estivales en sus bicicletas de carretera, o tan elegante como algunos de los veteranos, que flotaban entre el tráfico y sobre los obstáculos como si sus ruedas ni siquiera tocaran la calzada, me había familiarizado con el tráfico. Conocía sus múltiples estados de ánimo, cómo avanzaba a paso de tortuga o cómo se detenía en ciertos momentos del día y fluía felizmente en otros; cómo leer de qué humor estaba un conductor y cuáles eran sus intenciones a partir de pistas mínimas como el ruido del motor, el ángulo de su cabeza contra el asiento y otros innumerables pequeños signos que mi mente consciente nunca ha comprendido del todo, por lo que gran parte de las veces me quedaba muy asombrada, sentía como si predijera el futuro. De hecho, lo que más me sorprendía era lo poco que parecía pensar cuando estaba en la carretera. Cuanto más denso era el tráfico, más fácil era que mi mente se sumiera en un estado de concentración absoluta, y me acordaba del ceño fruncido que se marcaba en el rostro de Lukasz —y es probable que también en el mío— mientras sorteaba marañas de tráfico tan complejas que carecía de energía o atención para nada más, y mucho menos para una sonrisa.

Ni que decir tiene que circular en mitad de un tráfico intenso es un proceso desafiante, y es que hay mucho en juego: cualquier error, por pequeño que sea, propio o de un conductor o peatón que estén cerca, podría resultar en una catástrofe, aunque esto rara vez es lo primero que piensas. A pesar del contexto de vida o muerte en el que opera una bicimensajera, las maniobras estándar de su trabajo (cruzar el tráfico de cinco carriles rápidos en Park Lane; acelerar a través de un hueco del tamaño del manillar entre dos autobuses en marcha en Oxford Street) se vuelven tan cómodas, habituales y automáticas como las de cualquier otra ocupación. Igual que aprender a utilizar una hoja de cálculo, a manejar una caja registradora o a introducir tu contraseña en el sistema al comienzo de la jornada, los trucos y hábitos de moverse entre el tráfico empiezan siendo algo en lo que tienes que concentrarte y recordarte a ti misma, pero rápidamente se convierten en una segunda naturaleza, en algo que haces sin pensarlo siquiera. (¿Cuántos de nosotros hemos olvidado nuestra contraseña y simplemente confiamos en que los dedos aprieten la combinación correcta de teclas?)

Es curioso —aunque con frecuencia atribuyo a mis años de bicimensajera el haberme enseñado a pensar (y a observar, y a interactuar con el mundo) como nunca antes lo había hecho— cómo, sin embargo, buena parte de la satisfacción del trabajo procede de la irrelevancia del pensamiento; la alegría de ver que tu cuerpo desarrolla su propia inteligencia; la satisfacción de subordinar la razón al instinto.

Circular en mitad de un tráfico intenso requiere impresionantes hazañas de matemática interna que mi cerebro consciente jamás aspiraría a lograr. Trazas una curva a tu derecha rodeando a ese taxi, teniendo en cuenta los aproximadamente cincuenta centímetros que te habrás desplazado en relación a la furgoneta blanca que habrá a su lado una vez lo hayas alcanzado, y a continuación esa curva da paso a otra hacia la izquierda, a lo largo de la parte delantera del taxi y por detrás del camión que hace un segundo estaba en un carril completamente diferente. La curva hacia la izquierda ya está grabada en tus músculos, totalmente trazada, antes incluso de empezar la curva hacia la derecha, así como la manera exacta en la que una se fundirá con suavidad en la otra. Pero el tráfico es una fuerza dinámica compleja (en absoluto caótica, más bien se trata de un orden compuesto de tantas partes discretas y diferenciadas que nunca, ni siquiera por un instante, puede ser captado ni comprendido). La alegría de circular formando parte de él estriba por un lado en la sensación de relajarse en los patrones que tan bien conoces y, por otro, en la hipervigilancia y la intensa concentración que se necesitan para anticipar cualquier posible alteración. Un vehículo puede frenar de repente a causa de un obstáculo más adelante que lo ha obligado a detenerse y que tú, detrás de él, eres incapaz de ver. Un intermitente puede empezar a parpadear o el semáforo que tienes enfrente puede cambiar y el tráfico puede comenzar a fluir más deprisa. Un peatón —o, peor, dos o tres— pueden decidir lanzarse entre dos autobuses que avanzan muy despacio. Podría haber un bache que habías olvidado o que no estaba ahí la última vez que pasaste por ese lugar. Así, mi cuerpo recoge innumerables contingencias en la trayectoria que ha trazado entre los vehículos, y con cada nuevo parpadeo arma un nuevo reconocimiento, asimilando la carretera, la acera y el contenido de ambas, calculando todos los posibles movimientos de cada elemento del tráfico y su interacción con todos los demás, tratando de eliminar toda sorpresa y anticipar cualquier impedimento. La mayor parte del tiempo mi consciencia tiene muy poca idea de lo que ocurre, y no podría seguir el ritmo ni aunque lo intentara.

A veces —a menudo— me sorprendo a mí misma. Una vez me descubrí frenando inexplicablemente al pasar junto a un autobús en Picadilly y un segundo después una peatona cruzó por delante de mí (si yo hubiera ido a toda velocidad la mujer probablemente hubiera chocado conmigo y me habría tirado al suelo). No era consciente de ella, pero sin duda alguna parte de mi mente la había registrado avanzando por la acera a medida que me aproximaba al autobús y, de alguna manera supo, o sospechó, que no se iba a detener al llegar a la calzada.

Esto se extiende a la forma en la que maniobro con la bici y en cómo me desplazo entre los distintos códigos postales. La acción es lo primero; el pensamiento viene después. No planifico mis movimientos, sino que me limito a observarlos —y a analizarlos, y a maravillarme ante ellos— una vez los he ejecutado. Como pasé la mayor parte de mi adolescencia y los primeros años de mi veintena sentada en un escritorio, tanto el proceso de moverse físicamente como aprender a hacerlo todavía me resulta una novedad.

Emily Chappell (Bath, 1982). Autora y ciclista de larga distancia inglesa. Se formó trabajando como bicimensajera en Londres antes de partir en 2011 para recorrer Asia en bicicleta. Pero, además de pasar horas y horas a la intemperie llevando paquetes de un lado a otro, Emily es una excelente narradora y decidió plasmar esta experiencia sobre el papel: «Para mí, la emoción de ir en bicicleta tiene que ver, en parte, con el sentimiento de pertenencia a mi ciudad, pero también con una sensación de descubrimiento perpetuo, porque por muy bien que creas conocer una ciudad como Londres, siempre habrá algunas calles que se te escapen».

---

5 ½ Charlotte Mews

— Anna Livia —

—Base a Lizzy. Base a Lizzy. Cambio.

En medio de New Oxford Street. Maldita radio. Ahora mismo es imposible parar. Tiene que arrimarse al bordillo, justo cuando había alcanzado el carril de la derecha.

—Base a Lizzy. Base a Lizzy. *Interferencia*. Lizzy, Lizzy, Lizzy. Si me oyes, cariño, danos un par de recibidos. Cambio.

Pie izquierdo en la acera. Brazo derecho rodeando el paquete.

—Lizzy a base. Lizzy a base. Cambio.

—Lizzy, ¿has recogido en Tiger?

—Recibido. Paquete a bordo. Cambio.

—¿PAB? Perfecto. Recogida: Terracotta. Entrega: Charlotte Mews.

—Recogida: recibido. *Interferencia, interferencia.* ¿Mews?

—Efectúa recogida, luego RAB.* Cambio.

—Oído. Cambio y corto.

¡Maldita sea, joder! Lizzy no quería RAB. Aún no. En alguna otra parte debía de haber más curro. Su hoja de ruta diaria contabilizaba un total de trece entregas. Para que fuese rentable se necesitaba un mínimo de quince. Kit, la controladora, se la estaba devolviendo. Lizzy estaba convencida de ello. El día anterior, el total de Lizzy había ascendido a veintiséis entregas, sin cancelaciones, sin retornos, sin esperas. Los hombres hacían una media de veinte, aunque los que llevaban más tiempo confiaban en llegar a treinta. Así era como Fast Buck hacía dinero. Las entregas múltiples se las quedaban los que llevaban más tiempo y el resto se

* Regreso a base.

repartía entre los que iban con busca: pocas veces más de quince al día. Lo justo para que fuese rentable. Algún que otro golpe de suerte de tanto en tanto para que no abandonaras. Mantener el cuerpo en la calle. En realidad, solo era otra forma de usarlo. Por supuesto que no debías saber que llevaban la cuenta de lo que te daban. Debías aceptar que no eras lo bastante rápida, que no estabas lo suficientemente familiarizada con las calles. Luego estaba el problema del busca. Solo sabías que alguien en alguna parte quería una entrega. Pero para encontrarla tenías que bajarte, buscar una cabina telefónica operativa, esperar en la fila de turno y llamar a la base. Con las radios solo había que acercarse al bordillo y llamar. Pero un juego completo costaba doscientas libras, por eso solo se les asignaban a los que superaban las veinte entregas. Genial.

El día anterior Lizzy había pedaleado desbocada durante diez horas bajo una lluvia torrencial. Cuando una pasa mojada el tiempo suficiente, las zapatillas de goma se le quedan hechas papilla, tiene demasiado frío en los dedos para apretar los frenos y los dedos de los pies se acalambran constantemente en los pedales de clip. El agua ya no cae del cielo, sino que se filtra hacia arriba desde el suelo traicionero. Lizzy se había saltado semáforos en rojo, por no hablar de los ámbar; había tomado atajos subiéndose a la acera; un taxista le había golpeado el careto por ignorar el sentido único de la calle Wardour. No había parado en todo el día, literalmente. Se había comido una chocolatina Mars en el Red Star de Paddington, pero no había tenido tiempo para más. Quería romper la barrera de los veinte al día y conseguir una radio. Llegar hasta los treinta como los veteranos. Demostrar que podía hacerlo.

La mayoría de los que llevaban busca eran mujeres. Fast Buck ofrecía igualdad de oportunidades. Además, había empresas que preferían un paquete bonito. Empezaban con tres pequeñas cajas de diapositivas y te preguntaban amablemente: «¿Podrás apañártelas? Esperábamos a alguien... más fuerte». A continuación te cargaban con tantos vídeos que creías que la bolsa del *Times* acabaría cediendo, y entonces te arrojaban su último catálogo. «Ya que estás podrías llevar también esto. Así no pagamos dos veces.» Les gustaba imaginarte lastrada con vídeos asquerosos, subiendo con dificultad estrechos tramos de escaleras, entregándoselos a su cliente con rostro sudoroso y jadeante, emparedado entre *Lujuria lésbica* y *Frenesí carnicero.* Las entregas cinematográficas eran las peores. Cuando candabas la bici, veías a las mujeres con provocativos *shorts* y la piel de gallina bailando en los portales como si simplemente estuvieran pasando por allí y, al oír la música, se hubieran puesto a bailar bebop. Mientras esperabas junto al telefonillo, las podías oír dirigiéndose a los hombres.

—¿Qué tal un poco de diversión, cielo? ¿Quieres pasar un buen rato? ¿Qué te gusta? Las negras, ¿verdad? ¿Te gustan negras? Tenemos negras, tenemos blancas, tenemos de todos los tipos. Tenemos todo lo que tú quieras.

Las del busca casi nunca lo mencionaban, pero debía de pasarles a todas. Todas tenían que hacer entregas en el Soho. Lizzy sonrió a la mujer que bailaba. Una sonrisa espantosa, pues sabía que allí acabaría también ella si fracasaba en lo de las quince al día; de allí era de donde venían muchas de las del busca. De menearse en una puerta. Aunque las entregas en terrenos vírgenes te conferían la ambigua respetabilidad de las afueras, cuando te arrastrabas asfixiada por las empinadas escaleras de la calle Windmill pasabas a formar parte de todo aquello. Era ese tipo de lugar.

Y te hacía ir más lento. «¡Qué suerte tiene tu sillín!», «¡Prueba esto entre los muslos!», «¿Te acostarías conmigo?», «¡Menuda barra bien firme tienes entre las piernas!». Lizzy los ignoraba, pero le hacían ir más lento. No podía arrancar a toda velocidad con hombres al lado mofándose de cómo se la follarían. Pero era rápida. Cuando Kit dejaba los teléfonos y anunciaba entusiasmada: «Atención todos. Entrega en siete minutos. BJ, ¿puedes?», Lizzy estaba segura de que ella podría haberlo hecho. De todas formas, ganaba a muchos de los hombres en llano y, además, era londinense y su bici era de carreras. Incluso el más rápido tardaba diez minutos en arreglar un pinchazo. Lizzy había sustituido sus ruedas por tubulares, así que cuando tenía un pinchazo simplemente arrancaba el tubular viejo y ajustaba uno nuevo sobre la llanta. Máximo dos minutos. Se pasaba las noches remendando ruedas, pero hacía que el trabajo fuese más lucrativo.

Las demás buscas eran más femeninas que Lizzy. No se esforzaban. Sonreían cuando los que llevaban más tiempo les preguntaban: «¿Cuántas has hecho hoy? ¿Has llegado a los dos dígitos?». Por cada diez minutos de espera recibías una libra adicional. Circulaba el chiste de que el sueldo de los buscas estaba formado exclusivamente por tiempo de espera. Por eso no cobrarlo era una cuestión de honor. Lizzy había tenido que esperar durante más de media hora en un inmenso sofá de cuero marrón en un despacho con chimenea en una calle que salía del parque de St. James a que un tío firmara su propio cheque. Había perdido dos entregas solo por tener que estar ahí sentada. «Márcalo, márcalo —le había dicho entre dientes la secretaria mientras Lizzy fruncía el ceño—. Vuestros muchachos añaden como mínimo una libra por cada entrega que hacen.» Lizzy le contó su descubrimiento al resto de buscas, pero no estaban dispuestas a quedar mal. Las mujeres seguían bailando en las puertas del Soho. Lizzy no entendía cómo iban a quedar mal. También era cuestión de honor ganar tanto dinero como fuera posible. Desde entonces, Lizzy añadía por sistema una libra por cada entrega.

Y ahora se había ganado una radio. Aunque los problemas no habían desaparecido. Los hombres se colaban y se quitaban el trabajo unos a otros, fingían haber escuchado su nombre. Y lo que era aún más grave: a menos que hoy hiciera por lo menos veinte entregas, Lizzy podría perder la radio. Llevaba trece. Le faltaban otras siete.

Entró disparada en la calle Percy y entregó el Tiger sin poner el candado a las ruedas. Debería haberlo hecho, pero no tenía tiempo. Lo más probable era que la lluvia los desanimara. Sillín mojado. Trasero húmedo. A por la recogida en Terracotta y... ¿Dónde era la entrega? No lograba acordarse. Mente en blanco. Pánico. Tendría que llamar por radio a la base. Todos lo oirían, Kit se reiría y con su voz ronca de *whisky* diría: «Esto… ¿me puede decir, por favor, a dónde voy, señorita?».

Cuando Lizzy llamó para pedir trabajo, supuso que Kit era un hombre. Después, que era una bollera. Con esa voz tan grave. Debía de querer tenerla así.

—Así que quieres trabajar para Fast Buck. ¿Hace cuánto que vas en bici?

—Desde que tengo cuatro años.

—Eso es mucho tiempo. ¿Conoces bien Londres? ¿El paralelogramo del Soho?

—Lo suficiente como para saber que no lo es.

—Con que no es paralelo, ¿eh? ¿Cómo te llamas?

—Anne Smith.

—Ese ya lo tengo. Vas a necesitar un nombre para la radio.

Kit no tenía intención de darle una radio. Tan solo un nombre nuevo. La idea de «Lizzy», «Lizzy Longacre» fue de ella. Y teniendo en cuenta que era para alguien que se pasaba diez horas al día subida a una bicicleta, no dejaba de tener su toque sarcástico.

Kit era muy buena controladora. Seis teléfonos a la vez, veinte bicimensajeros y nunca la cagaba.

—Y si lo hago, lo admito. Eso es lo primero. Envías al siguiente mensajero con una buena botella de *whisky* y te disculpas como una miserable. Como si algo así fuera absolutamente inaudito en los anales de la empresa.

Lizzy se preguntaba por qué le ofrecía Kit aquellos consejos. Estaba segurísima de que nunca iba a ascender a controladora. No a menos que se casara, que adquiriera una posición de confianza como esa. Pero al principio estaba claro que Kit trataba a Lizzy de manera especial. Le pasaba la mano por el pelo corto y de punta para que las cerdas le rozaran las palmas suavemente; la llamaba erizo; le decía que era hiperactiva y que eso era bueno.

—Dicen que yo lo soy. Es la única forma de ser cuando tienes que sacar adelante un trabajo. Y yo tengo seis.

A Lizzy le gustaba Kit. Si ella trabajaba diez horas, Kit trabajaba catorce. Se quedaba allí llevando las cuentas, facturando a los clientes, verificando las hojas de ruta diarias, hasta mucho después de que los mensajeros se hubieran marchado. Se encargaba personalmente de revisar las radios, recargaba las baterías, reemplazaba los juegos defectuosos. Y conocía las calles de sentido único de Londres como la palma de su mano. «Dean baja y Wardour sube», le recordaba a Lizzy cuando esta se ofrecía a prenderles fuego. «¿Acaso no tienes orgullo?» Nunca se equivocaba de dirección y siempre sabía qué piso era. Si Lizzy y ella se habían peleado, no había sido porque Kit llevara la cuenta del trabajo que repartía.

Anna Livia (Dublín, 1955 - California, 2007). Escritora, traductora y académica conocida por su obra feminista lesbiana y lingüística *queer*. Fue codirectora de *Feminist Press* (1982-1989) y editora de *Onlywomen Press* (1983-1990) y *Lesbian Review of Books* (1994-2002). La exbicimensajera Emily Chappell afirma que sus textos son transparentemente autobiográficos y que no se le caen los anillos al hablar de la precariedad de la vivienda ni de la monotonía de vivir al día con empleos precarios escogidos por pura desesperación. Y es que, por muy glamuroso o exótico que pudiera parecer hace unos años, hoy en día todos hemos visto en qué consiste ser bicimensajero.

El hombre que amaba las bicicletas

— Daniel Behrman —

Nada puede esconderse de la bicicleta en una ciudad. A mí me llevó a los patios de París, incluso al que está al lado de mi propia casa; pasaron veinte años antes de que descubriera las esculturas de Ossip Zadkine que atendía su viuda en el jardín de su vivienda. La bicicleta me llevó a los distritos remotos de París, donde nunca ocurre nada importante, donde la especie humana sobrevivirá unos años más hasta que el hormigón invada sus santuarios.

He llegado a considerar las calles de París como los océanos que delimitan un continente. Si uno viaja a lo largo de sus costas, conocerá el litoral. Para conocer el continente, hay que surcar los ríos hasta sus refugios más recónditos. Lo mismo ocurre con los patios. A través de los portales se entra en otra ciudad de casas señoriales y verdor, calles empedradas y barracas desgastadas; uno, dos, tres patios detrás de la calle, el tercer nivel de consciencia. Allí, en el alma de la ciudad, hay escultores y tapiceros, cerrajeros e impresores, artes y oficios que necesitan equipos voluminosos y mucho espacio. Hay fuentes y jardines, huertos de hortalizas y *châteaux*. Hay calles antiguas aisladas por la fachada de un nuevo edificio en la avenida, pero que se adentran en las entrañas de la manzana, donde puede uno darse la vuelta y ver que la antigua calle cruza la nueva avenida y sigue atravesando los edificios más modernos del otro lado. Me gusta pensar que los patios de París son su subconsciente, donde todo se deposita, donde todo se preserva hasta que el nuevo parisino llega con sus excavadoras y sus ladrillos huecos para alojar a los hombres huecos de Eliot en cooperativas de gallineros para humanos en serie, destruyendo todas las capas de consciencia, lobotomizando la ciudad, separándola de su memoria.

En los patios encontré la ciudad sobre la que Elliot Paul escribió en *The Last Time I Saw Paris*, pero no donde él la encontró. Su Rue de la Huchette ya no existe tal y como él la vio. Los edificios siguen ahí, pero podrían estar en Disneylandia (Florida), en Mystic (Connecticut), en Williamsburg (Virginia). La personalidad ha sido sustituida por personajes, los ricos que se visten de pobres con ropas caras, representando una obra que resulta, aún más si cabe, un teatro viviente porque ni siquiera ellos mismos saben que son actores. La Rue de la Huchette ha soportado las penurias que transforman los pueblitos urbanos de todo el mundo en Greenwich Village. Sería más honesto derribarlos y reemplazarlos con vidrio y hormigón armado en lugar de dejar esta escenografía recién pintada como un trampantojo para conferirle un aspecto deprimente, con su espectáculo de olorvisión de grasa rancia friéndose en restaurantes baratos donde la comida es espantosa porque es barata, castigando así a todos los nuevos parisinos, turistas en su propio país, que se atreven a pecar picoteando en sus sacrificios. Los aventureros de los confines de Auteuil y Westchester se codean en los antros de la Rue de la Huchette, aportándose sabor local unos a otros.

Prefiero los patios que la última vez que vi París no habían cambiado un ápice desde la penúltima. Estos son los recovecos en los que se refugia la humanidad, donde sobrevive una forma de vida en torno a un árbol, las macetas en una ventana, la hiedra cayendo por la pared. Cada habitante del patio cree tener un pedazo de campo para sí mismo en medio de la ciudad infestada. Cada uno piensa que su situación es única porque, evidentemente, rara vez sale. No lo necesita, dispone de un festín completo para sus ojos y su alma. Como los hojalateros errantes que antiguamente llevaban las noticias de una granja solitaria a otra, me desplazo de patio en patio en mi bicicleta. Vigilo la frente de piedra de la ciudad en busca de una nueva arruga amable que delate otro principado escondido.

París es como el queso Gruyère, más agujeros que materia sólida, casi una ciudad Potemkin que finge ser una metrópolis en su exterior pero que en realidad vive como una red de átomos interconectados, como en esos grandes modelos moleculares que se usan para enseñar química. Cuando empecé a rondar por los patios, pedaleaba en busca de un portal, entraba cuando alguno parecía prometedor, veía unos árboles al otro lado de un muro, daba la vuelta a la manzana intentando llegar hasta ellos, subía un tramo de escaleras para obtener una vista de pájaro, le explicaba mascullando a algún conserje que debía de haberme equivocado de dirección, desafiaba a un perro que se enfurecía en cuanto podía ladrar desde su propia puerta, olvidaba dónde estaba.

Al principio, solo conocía algunos patios. Yo era como sus habitantes, cada patio me parecía único. Uno estaba detrás del ayuntamiento, cerca de Les Halles. Era una callejuela empedrada flanqueada por dos edificios medievales que se arqueaban sobre ella formando un pasaje engalanado con tuberías de gas y cables eléctricos. Al final de la calle, la luz del día mostraba el sitio donde vivía un amigo mío, un viejo establo reconvertido en un dúplex. Los techos eran bajos, pero la casa era bastante habitable si uno iba a cuatro patas. Le habían dicho que los patios exteriores habían sido en su día la Corte de los Milagros, donde los mendigos cojos caminaban y los ciegos veían en *El jorobado de Notre Dame*, es decir, este lugar es por lo menos tan antiguo como Victor Hugo. Así comenzó mi milagro de los Patios.

El siguiente que encontré comenzaba con otra calle empedrada no muy lejos de la Rue Mouffetard, la Mouff', la calle de los tenderetes, de árabes que venden limones uno a uno, de puestos de fruta decorados como un altar en día festivo frente a la iglesia de san Medardo. La Mouff' se está muriendo, asfixiada lentamente por la necrosis que se filtra desde la Place de la Contrescarpe, donde los restaurantes grasientos y vulgares y los pubs importados como calcomanías de la vieja Inglaterra están tomando la zona. Un zapatero armenio que vende de todo, desde alpargatas a zuecos, me explicó cómo funcionaba. Un negocio de mala muerte pasa a ser una tienda de antigüedades, una galería de arte, un bar, y todos ellos se activan únicamente a última hora de la tarde y por la noche. Así, durante el día, la calle pierde gente. Las tiendas que intentan vender algo útil se encuentran en la cuerda floja, aisladas del mar de humanidad en el que una vez prosperaron como peces.

Entré en el portal no muy lejos de la Rue Mouffetard. Parecía prometedor, un portón doble de madera, con una piedra colocada allí para comodidad de los que se apean de un caballo, imagino, y los adoquines rugosos que en estos patios nunca se han cambiado porque nunca se desgastan. Más allá de las puertas de los edificios, las calles ocultas de París están asfaltadas igual que cuando Ben Franklin caminaba por la ciudad con esa fresca curiosidad suya que todo lo abarcaba. Las zonas antiguas de París no me resultan ajenas; aquí hay más de mi pasado como americano que en muchas ciudades estadounidenses en las que ninguna época coletea más allá de su final, donde cada década tiene aparentemente un botón de autodestrucción automático, programado para explotar como una mina de acción retardada... Sus artefactos, sus huellas en la tierra se desechan, se destruyen como diez años de páginas del calendario. Recorro la ciudad de París una y otra vez sobre ruedas, deteniéndome, curioseando; cada vez que pedaleo por ella es como un nuevo golpe de cincel en un grabado en madera. Siempre hay espacio para otra línea, otra imagen en miniatura en el gran mural de una ciudad que voy armando en mi mente.

Accedí al carril que sale de la Rue du Cardinal Lemoine y lleva a la Place de la Contrescarpe. Al otro lado de la puerta, una hilera de edificios de dos pisos. Una ilusión de calle interior, un botín nada irrisorio para el cazador de patios. Un platanero muy alto al final de la calle. Me aventuré hasta él. Siempre hay que ir hasta el final del patio, puede que no termine ahí. Puede que a la derecha haya un hueco, una vuelta a la esquina, y a otra esquina, incluso más de una calma en la tormenta de una ciudad. Este patio no terminaba donde el platanero, ni serpenteaba. Se abría a un espacio frondoso de césped y arbustos de lilas delimitado por dos viejas casas señoriales, gloriosas, en las que la piedra se desmoronaba, la pintura se desconchaba y las persianas estaban torcidas.

El lugar, según rezaba un cartel, era una *pension de famille*. Entré varias veces, y podía oler el hedor de las porciones medidas y de las viejas vidas en decadencia; también ellas se medían hasta la última gota. Nunca veía a nadie hasta que, un día, una mujer taciturna me contó que iban a derribar el edificio para construir unos estudios (un estudio parisino, al igual que uno neoyorquino, es una habitación grande que se ha transformado en una habitación pequeña con baño y cocina para obtener un buen alquiler).

Daniel Behrman (1923 - Maine, 1990). Divulgador científico, editor para la UNESCO y periodista enamorado de las bicicletas. Fue un pionero en el estudio del transporte público y de las emisiones de los vehículos de motor. Su libro *The Man Who Loved Bicycles; The Memoirs Of An Autophobe* recoge una verdad como un templo: «Quien acepta un atasco, acepta cualquier cosa».

Chi va piano

— Marta D. Riezu —

Solo hay un lugar en el mundo donde la bicicleta compite con un transporte tan expresivo como ella: Venecia. Allí manda la góndola.

Ambos ingenios no se quedan en lo útil. Sus inventores fijaron la belleza de la civilización en sus formas, con un estilo europeo pacífico y audaz. Avanzan sin hacer ruido, sin dejar huella, y mantienen intacta su dignidad en reposo. Bicicleta y góndola encarnan el esplendor de una afinada sociedad en marcha.

Quizá para evitar los celos de la góndola, en el centro histórico de Venecia la bicicleta está prohibida. Hay que llegar hasta los barrios colindantes —los más heterodoxos y vivos— para empezar a ver alguna aparcada aquí y allá, esperando, paciente.

Imagino una travesura en la que, solo por unas horas, ambas intercambian vidas. A la góndola le crecen unas ruedas pequeñas que permiten su deambular por el asfalto de las calles. El viento en la cara y la emoción de por fin tocar tierra. La bicicleta flotante navega por los canales, un velero metálico que atraviesa la noche mientras el agua lame las paredes de piedra.

Ningún veneciano —si puede evitarlo— se mueve en góndola, porque la ve una caricatura. Es una pena, porque esas embarcaciones lacadas en negro ala de cuervo echan de menos a sus elegantes vecinos, que las observan de reojo cargando turistas aquí y allá. En cambio, todos los residentes tienen en el garaje, junto a las botas de agua para la marea alta, una bicicleta dispuesta. Otro argumento que inclina la balanza de los locales a favor del velocípedo: en una góndola le puede tocar a uno al lado un pesado que le hable de horrores como la bolsa, la enfermedad o la política. Incluso un gondolero que cuente chistes malos. Una bicicleta, en cambio, empieza y acaba en sí misma. En ella solo tenemos que aguantarnos a nosotros, que no es poco. Pedalear es una forma simple de contarse a uno mismo cosas complicadas.

La góndola, como Venecia, está en extinción. La bicicleta lo sabe, y la mira compasiva. Ella sí sobrevivirá. Como el libro, el lápiz o la silla, como todo lo que no se puede mejorar.

Cada paseo sobre dos ruedas es azar y novedad, corporalidad, sentidos en marcha. No hay cascarón protector, solo una deriva poética natural, un deslizarse con gracia. Únicamente al caminar disfrutamos el presente como en la bicicleta. En Venecia y en el mundo, basta con la suerte de estar aquí.

Marta D. Riezu (Terrassa, 1979) es periodista, vive en Barcelona y, tras un cursillo acelerado y caótico, pedaleó por primera vez de forma autónoma a los veintinueve años en una calle desierta que daba directa al mar (frenó a tiempo). Trabaja en televisión, ha publicado dos libros y se lleva bien con los silenciosos, los amables, los breves y los señores con peluquín.

La velocidad à *vélo*

— Valeria Luiselli —

Paso peatonal

Los apologistas del paseo han enaltecido el acto de caminar al punto de convertirlo en una actividad con tintes literarios. Desde los peripatéticos hasta los *flâneurs* modernos, se ha concebido la caminata como poética del pensamiento, preámbulo a la escritura, espacio de consulta con las musas. Es verdad que en otros tiempos el mayor riesgo que uno corría al salir a caminar era, acaso, como relataba Rousseau en una de sus *Meditaciones*, ser arrollado por un perro. Pero lo cierto es que ahora, en la poco caminable y apenas literaria ciudad de México, el peatón no puede salir a la calle con el mismo buen ánimo que declaraba Robert Walser al inicio de su paseo.

El peatón defeño ha de marchar al ritmo de la ciudad y demostrar la misma intención unívoca de los demás transeúntes. Cualquier modulación de su paso lo convierte en un blanco de sospechas. El que camina demasiado lento podría estar tramando un crimen o estar perdido. El que corre sin uniforme deportivo podría estar huyendo de la justicia, o bien, tener alguna urgencia escandalosa y digna de atención. Salvo aquellos que aún sacan a pasear a sus perros, los niños que regresan de la escuela, los muy viejos y los vendedores ambulantes, nadie en esta ciudad tiene derecho a la velocidad del paseo.

Guarde su distancia

La bicicleta está a medio camino entre el automóvil y el zapato; su ligereza permite a quien va en ella rebasar las miradas peatonales y ser rebasado por las miradas a motor. Así, el ciclista es dueño de una libertad extraordinaria: la invisibilidad. La naturaleza híbrida de su vehículo lo coloca al margen de toda vigilancia.

El único enemigo declarado del ciclista es el perro, animal obscenamente programado para perseguir cualquier objeto que se mueva más rápido que él. Y claro, también son peligrosas las bestias que conducen automóviles. Aun así, el ciclista es suficientemente invisible como para lograr lo que el peatón no puede: pasear en soledad y abandonarse al curso de sus meditaciones.

Cada bicicleta se ajusta, además, a las necesidades de su dueño. Existen bicicletas para todos los temperamentos: las hay melancólicas, emprendedoras, ejecutivas, salvajes, nostálgicas, prácticas, ágiles y parsimoniosas. Más que los perros a sus dueños, las bicicletas se asemejan a su ciclista. En ellas, el hombre se siente realizado, representado, resuelto.

Como señala Julio Torri, autoproclamado admirador del ciclismo urbano, ni el avión ni el automóvil guardan proporción con el hombre, pues su velocidad es mayor a la que este necesita. No sucede lo mismo con la bicicleta. El que maneja una elige la rapidez que mejor se adecue al ritmo de su cuerpo, y eso no depende más que de los límites naturales del propio ciclista.

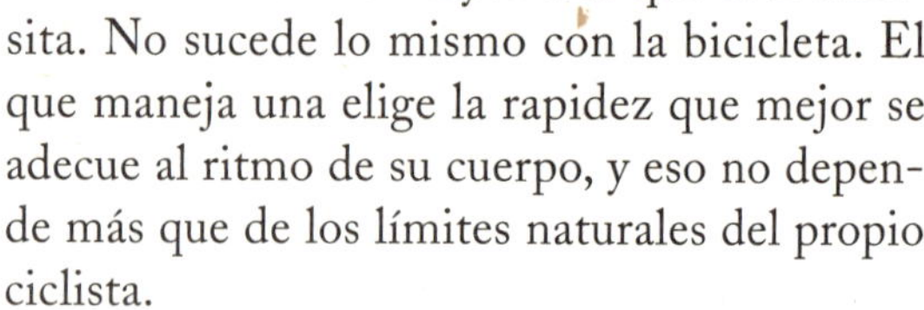

La bicicleta no solo es noble con el ritmo del cuerpo: también es generosa con el pensamiento. Si uno es propenso a divagar, es perfecta la compañía sinuosa del manubrio; cuando las ideas tienden a deslizarse en línea recta, las dos ruedas de la bicicleta pueden custodiarlas; si un pensamiento aflige al ciclista y traba el natural discurrir de su razón, basta con buscar una pendiente bien inclinada y dejar que la gravedad y el viento produzcan su alquimia redentora.

Es cierto que la bicicleta se puede utilizar para lograr un fin distinto del mero paseo: existen deportistas, afiladores, repartidores y ciclotaxistas. Pero también es verdad que andar en bicicleta es de las pocas actividades callejeras que aún se pueden concebir como un fin en sí mismo. Habría que llamar *bicicletista* al que se distingue de los demás por concebirlo así. El que ha encontrado en el ciclismo una ocupación desinteresada de resultados últimos, sabe que es dueño de una rara libertad, solo equiparable con la de la imaginación.

Alto

Si en el pasado la caminata fue emblema del pensador, y si en algunas ciudades todavía se puede caminar pensando, poca relevancia tiene para el habitante de la ciudad de México.

El peatón defeño lleva la ciudad a cuestas y está tan sumergido en la vorágine urbana que no puede contemplar más que lo que tiene inmediatamente frente a él. Por otro lado, los que usan el transporte público están restringidos a sesenta centímetros cuadrados de intimidad y a pocos metros más de horizonte visual. Tampoco se salva el automovilista, que se transporta envasado al vacío, y no escucha ni huele ni mira ni está realmente en la ciudad: el alma se le va embotando en cada semáforo, su mirada es esclava de los anuncios espectaculares, y las leyes misteriosas y anárquicas del tráfico imponen la pauta a sus facultades imaginativas.

Escribía Salvador Novo que «la renuncia a embonar paso a paso nuestros ritmos internos —circulación, respiración— en los pausados ritmos universales que nos rodean, arrullan, mecen, uncen, sobreviene cuando a bordo de un automóvil nos lanzamos con velocidad insensata a simplemente anular distancias, mudar de sitio, tragar leguas». El *bicicletista*, a diferencia del que va en automóvil, logra esa velocidad arrulladora y despreocupada del paseo, que libera el pensamiento y lo deja andar *a piacere*. Deslizándose sobre dos ruedas encuentra el paseante la distancia justa para observar la ciudad de México y ser a la vez cómplice y testigo de ella.

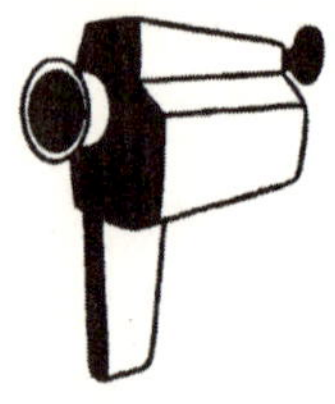

La velocidad de la bicicleta permite una forma particular de ver. La diferencia entre volar en avión, caminar y andar en bicicleta es la misma que hay entre mirar a través del telescopio, el microscopio y la cámara de cine. El que va suspendido a medio metro del piso puede ver las cosas como a través de la cámara cinematográfica: tiene la posibilidad de demorarse en los detalles y la libertad de pasar por alto lo innecesario.

En la ciudad de México, solo alguien montado en una bicicleta puede declararse dueño de un ánimo romántico-extravagante al pasear.

Valeria Luiselli (Ciudad de México, 1983). Escritora y ensayista mexicana que escribe como si montara en bicicleta. Si en el mundo hay dos tipos de personas, ella pertenece al segundo grupo, el de los que consideran al *bicicletista* como una solución al conflicto urbano entre el peatonismo y el automovilismo («La bicicleta está a medio camino entre el automóvil y el zapato»). ¿Y cuál es el primer grupo? El de los que piensan que la bicicleta es, precisamente, el conflicto. Porque esta gente existe.

Elogio de la bicicleta

— Marc Augé —

LA URBANIZACIÓN DEL MUNDO: EN BUSCA DE LA CIUDAD PERDIDA

¿Y la utopía? Transformar la ciudad, ¿es un sueño concebible? Y la bicicleta, ¿tiene un papel protagonista en esa revolución? Porque evidentemente estamos hablando de una revolución, en el sentido literal, cuando hablamos de transformar la ciudad. ¿Qué es hoy la ciudad?

* * *

La gran ciudad se define en nuestro tiempo por su capacidad para volcarse hacia el exterior. Por un lado, primero quiere seducir a los turistas extranjeros. Por el otro, el urbanismo está gobernado por la necesidad de facilitar el acceso a los aeropuertos, a las estaciones terminales y a los grandes ejes viales. La facilidad de acceso y de salida es el imperativo número uno, como si el equilibrio de la ciudad reposara en sus contrapesos exteriores. La ciudad se descentra como se descentran las viviendas y los hogares con la televisión y el ordenador y como se descentrarán los individuos cuando los móviles sean además ordenadores y televisores. Lo urbano se extiende por todas partes, pero hemos perdido la ciudad y al mismo tiempo nos perdemos de vista a nosotros mismos. Ante este panorama, es posible que a la bicicleta le corresponda un papel determinante: ayudar a los seres humanos a recobrar la conciencia de sí mismos y de los lugares que habitan invirtiendo, en lo que corresponde a cada uno, el movimiento que proyecta a las ciudades fuera de sí mismas. Necesitamos la bicicleta para ensimismarnos en nosotros mismos y volver a centrarnos en los lugares que vivimos.

Así, lo que está en juego cuando hablamos de recurrir a la bicicleta no es algo menor. Se trata de saber si, frente al auge de un urbanismo galopante que amenaza con reducir la ciudad antigua a una concha vacía, con transformarla en decorado para los turistas o en museo al aire libre, es posible restituirle algo de su dimensión simbólica y de su vocación inicial de favorecer los encuentros imprevistos. Se trata, sencillamente, de devolver sus cartas de nobleza al azar, de comenzar a romper las barreras físicas, sociales o mentales que anquilosan la ciudad y de devolver el sentido a la bella palabra «movilidad».

* * *

A quienes se arriesgan a utilizar la bicicleta por primera vez en la ciudad se les ofrece una experiencia inédita que les permite revaluar las distancias y hacer acercamientos que les están vedados en el transporte público, sujeto a itinerarios fijos. En bicicleta hay más cambios y más correspondencia. Uno se desliza subrepticiamente por otra geografía, eminente y literalmente *poética*, puesto que ofrece la posibilidad del contacto inmediato entre lugares que habitualmente uno solo frecuentaba por separado y, además, porque así se presenta como una fuente de metáforas espaciales, de acercamientos inesperados y de atajos que no dejan de suscitar, a fuerza de pantorrillas, la curiosidad reavivada de los nuevos paseantes. En unas pocas pedaladas, uno puede pasar de Montpar-

nasse a la Torre Eiffel, atravesar el Sena, detenerse sobre un puente para abrazar largamente con la mirada la Île de la Cité o la frondosidad de las Tullerías, lanzarse al norte, perderse en las estrechas callejuelas del París romántico, volver a hundirse en la Bastilla y el Marais, dirigirse hacia el bosque de Vincennes, que no está tan lejos, o regresar a Montparnasse, para cerrar el circuito. Esa es la nueva libertad, la nueva libertad de inspiración, que ofrece el uso de la bicicleta. La bici es una escritura, con frecuencia una escritura libre y hasta salvaje, una experiencia de escritura automática, de surrealismo en acto o, por el contrario, una meditación más construida, más elaborada y sistemática, casi experimental, a través de los lugares previamente seleccionados por el gusto refinado de los eruditos.

Marc Augé (Poitiers, 1935). Antropólogo francés, creador del concepto de «no-lugar», es decir, espacios de transitoriedad que carecen de cualquier sentido del lugar, de la historia y de la identidad, como una habitación de hotel o un aeropuerto. Todo lo contrario a las bicis, pues estas nos permiten descubrirnos a nosotros mismos, nuestra localidad y también a los demás. Al igual que muchas otras personas antes que él, Augé ha imaginado una utopía, y en ella la bicicleta desempeña un papel fundamental: es capaz de transformar las ciudades en «tierras de aventuras o, cuando menos, de viajes». Los fragmentos aquí escogidos pertenecen a *Elogio de la bicicleta*, 2009, Editorial Gedisa.

Las bicicletas son para el verano

— Fernando Fernán Gómez —

(MARÍA *se marcha a la cocina. Al mismo tiempo habla con cierta timidez, que se le pasa pronto*, LUIS.)

LUIS: Oye, papá...

DON LUIS: ¿Qué?

LUIS: Lo de la bicicleta.

DON LUIS: ¿Qué pasa con la bicicleta?

LUIS: Que a mí... lo de la bicicleta... me parece injusto.

DON LUIS: ¿Ah, sí?

DOÑA DOLORES: Pero ¿qué dices, Luisito?

MANOLITA: ¡Anda, que al niño le ha hecho la boca un fraile!

LUIS: (*Se vuelve, enfadado, hacia su hermana.*) ¡Déjame hablar!

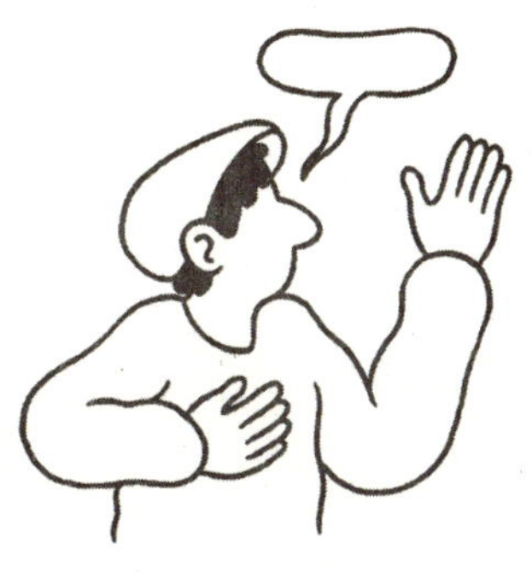

(*Sin replicar* MANOLITA *sale del comedor.*)

DON LUIS: Habla.

LUIS: Yo la bicicleta la quiero para el verano.

DON LUIS: Pues el año que viene también tiene verano.

LUIS: Sí, ya... Tú siempre tienes una respuesta. Pero como todos los chicos de mi panda tienen bicicleta, yo no puedo ir con mi panda.

DON LUIS: Yo no sé cuál será tu panda. Pero los padres de las pandas que yo veo en esta calle no creo que tengan mucho dinero para bicicletas.

LUIS: No son tan caras. Y con los plazos que yo te he conseguido...

DOÑA DOLORES: ¿Qué hablas tú de plazos?

LUIS: Claro. Como papá tiene empleo fijo, se la dan a plazos. No es como Aguilar, que como su padre está eventual la tendría que pagar al contado. Además... (*Habla ahora a su padre*) tú me dijiste que no era por el dinero. Es porque me han suspendido en Física.

DON LUIS: Desde luego. Eso ya estaba hablado. Cuando apruebes, tienes bicicleta. Es el acuerdo al que llegamos, ¿no?

LUIS: Sí, pero yo no me había dado cuenta de lo del verano. Las bicicletas son para el verano.

DON LUIS: Y los aprobados son para la primavera.

LUIS: Pero estos exámenes han sido políticos.

DON LUIS: ¿Ah, sí?

LUIS: Claro; todo el mundo lo sabe.

DON LUIS: (*Cogiendo el periódico, que sigue sobre la mesa.*) Aquí no viene.

LUIS: (*Molesto; como reprendiendo a su padre.*) Ya estás con tus cosas. Pero es verdad que han suspendido a muchos por cosas políticas.

DON LUIS: ¿En Bachillerato?

LUIS: Sí, en Bachillerato.

DON LUIS: ¿Y qué tiene que ver la Física con la política?

LUIS: Todo es política, papá.

DON LUIS: Sí, es verdad. Eso dicen.

LUIS: Tú sabes que mi colegio es muy de derechas.

DON LUIS: Bueno... Es un colegio normal... No es de curas...

LUIS: Ya; pero es de derechas. Don Aurelio, el director, es de Gil Robles.

DON LUIS: Pues ha hecho un pan como unas hostias.

LUIS: Claro. Como en febrero, con las elecciones, ha cambiado todo, a nuestro colegio le han mandado a examinarse a un instituto nuevo en el que todos los catedráticos son de izquierdas, en vez de mandarle como siempre al Cardenal Cisneros, donde don Aurelio untaba a los catedráticos..., y, claro, se han cebado.

DON LUIS: ¿Y por qué no me lo habías dicho?

LUIS: No sé... Porque hablamos poco... Pero es verdad. Con los de curas y con los de derechas, se han cebado. A Bermúdez, el primero de sexto, se le han cargado en Ética y Derecho por decir que el divorcio era inmoral... Y él no tenía la culpa: lo dice el libro.

DON LUIS: ¿Es un libro antiguo?

LUIS: Sí, del año pasado. Las elecciones han sido cuando ya los libros estaban hechos.

DON LUIS: ¿Y la Física?

LUIS: No, esa no la han cambiado. Pero, ya te digo, se han cebado, se han cebado.

DOÑA DOLORES: ¿No son disculpas, Luisito? ¿Tú qué sabes de política?

DON LUIS: No, no, yo le creo... Y si es así, me parece que ha habido una injusticia. (*Se vuelve de nuevo hacia su hijo.*) ¿Qué has pensado tú que podemos hacer?

LUIS: Pues digo yo que lo mismo es que si apruebo me compras la bicicleta, que si me compras la bicicleta, apruebo.

DON LUIS: La Lógica sí la has aprobado, ¿verdad?

LUIS: Sí, claro, ya lo sabes.

(*Ha vuelto a entrar* MANOLITA. *Se ha cambiado de ropa. Ahora en vez de la de calle lleva una más usada, de andar por casa.*)

LUIS: Y yo me comprometo, ¿eh? Me comprometo a aprobar en septiembre si me compras la bicicleta.

DON LUIS: Tendrá que cambiar el Gobierno.

LUIS: No, en septiembre te aprueban. El Gobierno lo que quiere es fastidiar.

DON LUIS: (*De eso está cconvencidísimo.*) ¡Sí, eso ya! Entonces, tú lo que quieres es que hagamos un nuevo acuerdo.

LUIS: Sí.

DON LUIS: No me parece mal. Yo te compro la bicicleta, y tú te comprometes a aprobar.

LUIS: ¿Cuándo me la compras?

DON LUIS: Pues... no sé...

LUIS: ¿Mañana por la mañana?

DOÑA DOLORES: ¿Qué dices?

MANOLITA: ¡Huy, qué prisas!

DON LUIS: Pero, hijo... Yo trabajo a las mismas horas que están abiertas las tiendas. Habrá que esperar a ver si en las próximas elecciones cambian los horarios...

LUIS: (*Presa de una rabieta tremenda, interrumpe a su padre.*) ¿Ves? ¡Ya estás con tus cosas! (*Y se marcha del comedo.*)

DOÑA DOLORES: (*Va hacia la puerta y habla desde allí.*) ¡Luisito! ¿Por qué contestas así a tu padre?

VOZ DE LUISITO: ¡Si no me he enfadado, mamá! ¡Es que es ya la una y media! ¡Se me ha hecho tarde!

DOÑA DOLORES: (*Desde la puerta.*) Pero ¿adónde vas a estas horas? ¡Estamos a punto de comer!

DON LUIS: Deja al chico. Está nervioso.

MANOLITA: Está en la edad del pavo.

VOZ DE LUIS: ¡Tengo que darle unos apuntes de Física a Pablo! ¡Vuelvo en seguida!

MANOLITA: (*Comenta, descreída, en voz alta.*) ¿Qué apuntes serán esos?

(*Suena un portazo.*)

Fernando Fernán Gómez (Lima, 1921 - Madrid, 2007). Académico de la RAE —entre muchas otras actividades—, donde ocupaba el sillón B, de «bicicleta», por supuesto. Su obra *Las bicicletas son para el verano* marcó un hito en la historia del teatro por su magistral plasmación de los efectos de la guerra civil en la vida cotidiana de sus habitantes. Cuando Charito invita a Luisito a ir de excursión en bicicleta con ella y otros amigos, el chico no puede ir porque no tiene bicicleta. Quedan en verse después de las vacaciones, pero era el verano de 1939.

Pam, pam y pam

— Meryem El Mehdati —

Señor agente, el que esté libre de pecado que tire la primera piedra. Me declaro culpable, no hace falta que me espose, no, por favor, tengo las muñecas delicadas, dejará marca. Me declaro culpable, no voy a negar las cosas, juro que voy a contarle toda la verdad y nada más que la verdad. En serio, se lo juro. Agente, ¿sabe usted lo que puede llegar a sentir una persona cuando pierde la paciencia? Furia, ira, rabia, mal genio terrible. A veces, agente, a veces yo miraba a Lucas desde el sofá mientras le daba el pecho a Lucía y pensaba, me decía, pero ¿cómo he terminado yo con un imbécil como este, agente? Si yo era guapísima. Si tenía un culo que partía piñones. Es verdad, por favor, no, no, las esposas no, me declaro culpable, culpable de haber perdido los papeles, culpable de no poder más, culpable de haber sentido ira, rabia, furia, mal genio terrible, de haber cogido la puta bici y haberla tirado por el balcón, pero necesito que usted me entienda. Quiero llamar a mi abogado, ¡no me toque! Quiero llamar a mi abogado, sé que tengo derecho a uno. Yo agarré la bici. Quiero una llamada, que sé que tengo derecho a llamar. Yo la tiré por el balcón, pam, fuera de mi vista. No vea usted cómo pesaba la bici de los cojones, tres mil y pico euros de bici, los agarré y los mandé a volar. No me arrepiento. No se puede usted imaginar cómo tengo yo la cabeza. El cuerpo me pide tierra. Yo miro a Lucas y me quiero morir. ¿Es eso amor? Ahora tiene arruguitas en las esquinas de los ojos, nos hemos hecho mayores. Me dan ganas de acariciar esas arruguitas con las puntas de los dedos y luego sacarle los ojos mientras se retuerce de dolor. ¿Y mi llamada? ¿Puedo llevarme el móvil? Que llega a casa y está muy cansado, dice. Y yo le doy de comer a la niña y él está muy cansado, y yo hago la colada y está muy cansado, y yo me voy a trabajar por la mañana y sigue muy cansado. ¿Yo no me canso nunca? No lo he matado con mis propias manos de milagro, señor agente, mire que yo lo amo. Lo amo y en ocasiones lo veo estirarse en el balcón mientras prepara la puta bici para irse con sus amigos y siento un golpe en el pecho, un golpe en el pecho que no termina de irse nunca. Pero lo mataría. Así que, sí, yo agarré la bici y la tiré. Tiene tiempo para la bici pero no para su familia, pues hago que la bici desaparezca, pam. Quiero que venga ya mi abogado, señor agente, que yo no soy tonta. Yo conozco mis derechos.

Meryem El Mehdati (Rabat, 1991) preferiría no tener que trabajar para mantenerse, pero lo hace porque no le queda más remedio. En 2022 Blackie Books editó su primera novela, *Supersaurio.* Desde entonces ha colaborado en revistas como *Igluu Magazine, Radical* o la newsletter de *SModa.* También ha participado en *El Gran Libro de Satán* (Blackie Books, 2021) y escribe una columna semanal para el diario *La Provincia* de Las Palmas. Le encanta esconderse tras el monitor de su ordenador, fingir su propia muerte cuando se le pide hacer algo por lo que no le van a pagar y, cómo no, cobrar la nómina el día que toca. Aprendió a ir en bici de niña, pero ya no recuerda cómo se hacía.

Pez en bicicleta

— Tronco —

Cuando esta mañana me dirigía
A la floristería de San Bernardo
A comprar flores para María
Por su trigésimo primer cumpleaños

Te he confundido con un tipo porque os parecíais
Pero yo estaba medio dormida
Giraba Pez en bicicleta
Y te juro que de espaldas era clavadito a ti
Como una calca de ti

Y no le he pedido matrimonio ni un hijo o diez
Porque eso te lo pediré a ti
Si no te cansas de mí

Cuando llegue el momento, tenga pasta y un sustento
Te lo diré a ti
Si no te cansas de mí

Dudé seriamente de su identidad
Y casi me lanzo a correr por detrás
Como si estuviera el placaje justificado
Altamente detener la bici y parar el tráfico

Te he confundido con un tipo porque os parecíais
Pero yo estaba medio dormida
Giraba Pez en bicicleta
Y te juro que de espaldas era clavadito a ti
Como una calca de ti

Y no le he pedido matrimonio ni un hijo o diez
Porque eso te lo pediré a ti
Si no te cansas de mí

Cuando llegue el momento, tenga pasta y un sustento
Te lo diré a ti
Si no te cansas de mí

Yo te daba una sorpresa, preguntaba a dónde vas
A imprimir unos asuntos, yo a comprar flores
Pasa un buen día, luego te llamo
Sucédete bien, hasta luego guapo

Te he confundido con un tipo porque os parecíais
Pero yo estaba medio dormida
Giraba Pez en bicicleta
Y te juro que por detrás era parecido a ti
Como un doble de ti

Y yo no me puse de rodillas ni le conté mis movidas
Porque ese no eras tú
Ni desprendía tu luz

Y yo no compré un anillo
Ni le hablé de chiquillos
Porque ese no eras tú
Ni desprendía tu luz

Tronco son Conxita Herrero (Barcelona, 1993) y Fermí Herrero (Barcelona, 1999). Dos hermanos de El Prat de Llobregat a los que les gusta cantar canciones. Durante el confinamiento hicieron más llevaderas las tardes de los domingos con sus conciertos desde su cuenta de Instagram [troncopeic], llegando a enamorar incluso a la mismísima Luz Casal. Además de ilustrar *El Gran Libro de las Bicicletas*, Conxita una vez escribió un poema sobre una:

Es la bici más bonita de mi pueblo
Y como ella no existirá ninguna
Lo saben los chinos, los puertorriqueños
Se conoce en todo el delta, en sus lagunas

Rapidísima, veloz y superchula
Esta bici mola en el universo
Sus colores se ven desde el firmamento
Tiene marchas, tiene ruedas, ¡tiene frenos!

Unos faros que se encienden al momento
Que iluminan día y noche los trayectos
Llegan desde aquí las luces hasta el pueblo
Tiene dueña, es la bici del momento

Si me ves pasar montada en esa bici
Significa que el día ha sido bueno
Pero ¿cómo no voy a ir yo tan contenta?
Es la bici más bonita de mi pueblo

La historia de cómo recuperé mi bici

CRÓNICA DE UNA ACCIÓN AL MARGEN DE LA LEY ||
POSPUBLICACIÓN DE LA CRÓNICA DE UNA ACCIÓN
AL MARGEN DE LA LEY EN TUMBLR

— Raúl de Orte —

Me robaron la bici. Esta frase, desgraciadamente, es bastante común y ya no sorprende. El caso es que, como le ha ocurrido a mucha gente antes y le ocurrirá después, a mí me pasó hace un año. Una Gitane de carretera pasó a manos de un ladrón y este, supongo, la vendió.

La bici, como para tanta gente, es mi medio de transporte, por lo que fue, hablando claro, una putada que me la robaran. En el trabajo soy el chico-que-viene-en-bicicleta —aunque ahora cada vez viene más gente en bici—, y pronto se enteró toda la empresa de que me habían robado la bici. Uno, a raíz de escuchar el comentario, me escribió y me dijo que lo sentía y que si estaba interesado en comprar su bici de carretera que tenía en el trastero muerta de asco. Le dije que le hiciera fotos y que me las mandara. Y así es como llegó a mis manos mi Olmo Sanremo.

Estas son las fotos que me pasó el de mi trabajo.

A la bici le tuve que hacer algunos arreglos. Le cambié ambas ruedas, la llanta trasera estaba un poco ahuevada, como de haber sufrido un accidente. La pena es que las llantas eran Mavic y yo se las cambié por unas cualquiera; en principio iba a ser algo temporal pero acabaron siendo sus ruedas. También le cambié los pedales, tenía uno roto. Le puse unos pedales Notario de carretera antiguos. Otra cosa que hice fue quitarle las fundas de las manetas de los frenos; debido al paso del tiempo, el plástico se había convertido en una especie de chicle pegajoso. Haciendo esa tarea rompí una pieza de la maneta del freno izquierdo, me insulté mucho, pero el freno funcionaba perfectamente, así que me perdoné un poco. Luego la engrasé y la limpié. Más tarde me regalaron un precioso sillín de muelles, tipo Brooks pero de piel sintética y acolchado. Como el de la imagen pero con muelles.

Perfecto, todo como la seda, aunque la verdad es que siempre me recriminaba no meterle más mano y restaurarla mejor. Cada vez que la cogía lo primero que pensaba era en comprar unas fundas para las manetas de los frenos. Solo tenía que ir a una tienda de bicis, comprarlas y ponerlas, pero ya se sabe, pereza, falta de tiempo, excusas vamos. Al final ya la tenía más o menos decente, una Olmo Sanremo del 89, del 50 aniversario de Olmo. Cuadro Oria Hi-Tension de talla 56 y *group set* Shimano Exage Sport.

Como la Gitane me la robaron atada con una U y un cable de estos que unes a la U, desconfiado, me compré una cadena para moto Luma y un candado Abus. Quitaba la rueda delantera con el cierre rápido, la ponía junto a la trasera y así ataba el cuadro, con las dos ruedas e incluso el sillín cogidos.

Bueno, pues hace dos semanas me la robaron. ¡Otra vez no! Rabia, odio, frustración, impotencia, ya os podéis imaginar. Siempre la subo a casa y duerme junto a la bici de mi compañero de piso, pero como es normal, y al ser un medio de transporte, hay veces que no puedes guardarla en un lugar seguro y te ves forzado a dejarla en la calle. Hay gente que ni siquiera puede guardarla en casa. Tampoco creo que sea una locura dejar tu bici atada en la calle, no tendría que pasar nada.

Pensé en poner una denuncia, pero la policía no registra el robo de bicicletas, no hay datos de robos de bicicletas, solo queda registrado como pequeño hurto, al nivel de un abrigo, una mochila o un teléfono móvil. Eso es lo que tengo entendido, espero equivocarme. Lo más seguro es que me equivoque. El caso es que decidí no denunciarlo y abrir una investigación por mi cuenta. Siempre he sido bastante peliculero; de pequeño me gustaba mucho *Basil, el ratón superdetective*.

Me la robaron la noche de un jueves a un viernes. Cuando veo que me la han robado, lo primero que pienso es en recuperarla. ¿Cómo? ¿Qué habrá hecho el ladrón? Me planteo millones de opciones y el abanico de posibilidades es infinito. Una opción era que el ladrón la hubiera vendido en la calle esa misma mañana, por, no sé, ¿veinte euros? Pensé que como era viernes podían haberla vendido, recién sacada del horno, en Los Encants (mercado de segunda mano en Glòries que hay los lunes, miércoles, viernes y sábados), pero para cuando me di cuenta, ya estaba cerrado. Al día siguiente fui con mi compañero de piso a Los Encants para ver si la veíamos. Miramos dentro y fuera, pasando junto a los maleantes de la periferia y por los puestos de piezas sueltas del interior. Miramos por todos lados y nada. Era probable que esperaran un tiempo hasta venderla, para que la tormenta se calmara y la víctima diera su bici por perdida.

Luego estaba Cash Converters. ¿Cuántas tiendas hay en Barcelona? ¿Por cuál empezar? ¿Quién dice que no habría intentado venderla en un Cash Converters de fuera de Barcelona? La había robado en Barcelona, era bastante lógico ir por ejemplo a un Cash Converters de Sabadell y venderla allí. Después, sinceramente, Cash Converters es de las tiendas más sucias que existen y ¿no creéis que ellos, Cash Converters, no saben que la gran mayoría de los productos que venden son robados? Apuesto a que los productos que compran en una tienda se venden en otra. Por lo tanto, mi bici podría estar de camino a un Cash Converters de Girona o de Reus.

Otra vía era internet, ese terrible monstruo, ese pan de cada día. Todo el mundo sabe lo que hay: eBay, Milanuncios, Loquo, Segunda Mano. Comencé, como un enfermo, a empollarme día tras día todos los anuncios que salían de bicis en esas cuatro páginas web. Incluso ya barajaba la posibilidad de comprarme una.

Fue entonces cuando vi una serie de anuncios raros, un tanto extraños y muy sospechosos. Lo primero que me sorprendió fue este anuncio en Loquo: «200 € - vendo bici de carretera de alta gama OLMO en excelente estado con 1... (Baecelona y alrededores)». ¿Qué? Resulta que a la semana aparece un anuncio en nuestra pequeña y gratuita agencia de alquiler de habitaciones Loquo, que dice que se vende una bici de carretera marca Olmo. Oler a chamusquina no, lo siguiente. El problema y en cierta manera lo raro era que aparecía una foto de una bici que no era la mía. Era esta, una bastante genérica. ¿Es una Olmo?

No se aprecia nada en absoluto. Pero claro, es bastante estúpido subir fotos de una bici robada, ¿no? Por lo que entonces buscas por internet una bici que más o menos se le parezca y pones esa. No sabía bien qué hacer.

Como he dicho antes, me empollé día tras día miles de anuncios de bicis. Adquirí bastante experiencia. Vi cómo la gente escribe los anuncios, cómo pone las fotos, los titulares que redacta, si detalla o no mucho la bici, precio | calidad de la bici, una serie de cosas que, como es normal, una persona lo hace de una manera y otra, de otra. Fijaos en estos tres anuncios:

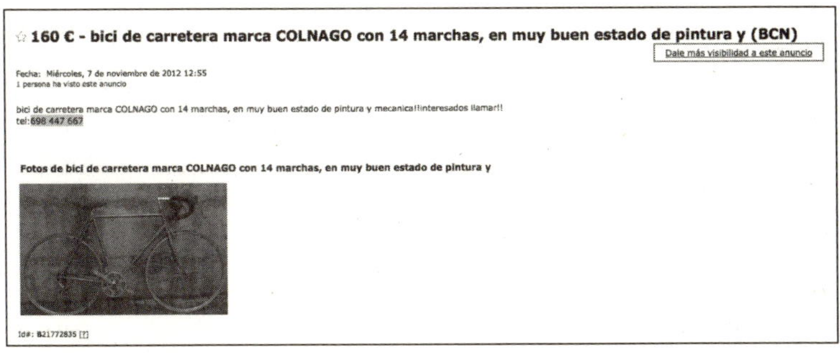

☆ 160 € - bici de carretera marca COLNAGO con 14 marchas, en muy buen estado de pintura y (BCN)

Dale más visibilidad a este anuncio

Fecha: Miércoles, 7 de noviembre de 2012 12:55
1 persona ha visto este anuncio

bici de carretera marca COLNAGO con 14 marchas, en muy buen estado de pintura y mecanica!!interesados llamar!!
tel:698 447 667

Fotos de bici de carretera marca COLNAGO con 14 marchas, en muy buen estado de pintura y

Id#: B21772835 [?]

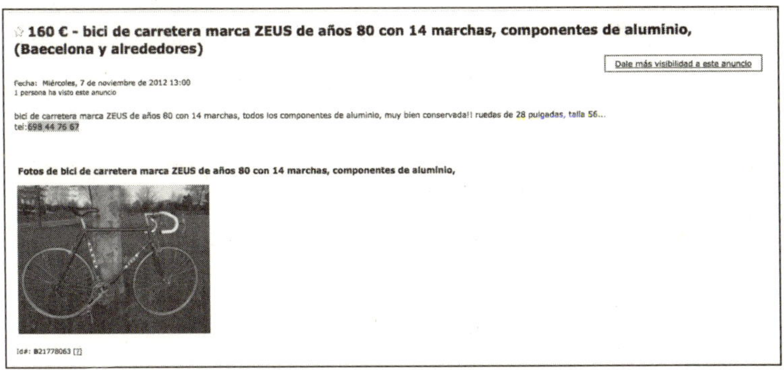

☆ 160 € - bici de carretera marca ZEUS de años 80 con 14 marchas, componentes de aluminio, (Baecelona y alrededores)

Dale más visibilidad a este anuncio

Fecha: Miércoles, 7 de noviembre de 2012 13:00
1 persona ha visto este anuncio

bici de carretera marca ZEUS de años 80 con 14 marchas, todos los componentes de aluminio, muy bien conservada!! ruedas de 28 pulgadas, talla 56...
tel:698 44 76 67

Fotos de bici de carretera marca ZEUS de años 80 con 14 marchas, componentes de aluminio,

Id#: B21778063 [?]

«160 € - bici de carretera marca COLNAGO con 14 marchas, en muy buen estado de pintura y (BCN).»

«160 € - bici de carretera marca ZEUS de años 80 con 14 marchas, componentes de aluminio, (Baecelona y alrededores).»

Y el que había comentado de la Olmo:

«200 € - vendo bici de carretera de alta gama OLMO en excelente estado con 14 marchas, ru (Baecelona y alrededores).»

Uy uy uy, cómo vuela el copia y pega aquí. ¿Colnago por 160 euros? Ponme tres. Después, ¿una Zeus, esa Zeus, por 160 euros? Joder, ¡ponme ocho! Aparte, esa manera totalmente mecánica del contenido de los anuncios y en los tres tan igual. Lo veis, ¿no?

Otra cosa, cuando subes una foto a Segunda Mano de algo que quieres vender, Segunda Mano le pone automáticamente una marca de agua que dice Anuntis. Entonces, ¿qué hace una imagen en Loquo con una marca de agua que ponen en Segunda Mano? Así es, ha sido descargada de Segunda Mano y subida como foto propia en Loquo. Como antes, cuando entrabas en chats y hablabas con chicas y te pedían una foto y tú ibas a Google y le pasabas una de un chico que no eras tú y que por supuesto era más guapo, muchísimo más guapo. ¿No lo hacíais? Joder, pues yo sí.

Me gustan mucho las bicis y visito muchos blogs y páginas web de bicicletas clásicas y esa Zeus me sonaba un montón porque, seamos sinceros, ¿no os ha enamorado? Bicis así no se olvidan fácilmente. Como digo, me sonaba muchísimo, igual de haberla visto en algún blog. Como ya sabréis, hay gente que se dedica a restaurar bicis y luego las vende. Gente que hace lo que más le gusta en la vida y se gana el pan con ello. Se merecen todo el respeto del mundo y un fortísimo aplauso. Esas personas usan esas plataformas (Milanuncios, Loquo, etc.) para vender las bicis. Mirad:

Me suena esa foto. ¿500 euros? Vaya, eso ya me cuadra más. Espera, ¿qué fecha pone? 19 de septiembre. Uy, espera, ¿qué pone ahí? Asturias. *¡Puxa Asturies dixebra!* Y claro, tiene la marca de agua Anuntis porque es un anuncio de Segunda Mano.

Pero bueno, no nos precipitemos y pensemos con calma. Puede ser que vayas a vender algo y prefieras poner, con toda la buena voluntad del mundo, una imagen encontrada por internet antes que la de tu móvil de X megapíxeles que se ve borrosa. Vale, pero ¿y si le sumamos lo de antes?

Seguimos, esto no puede parar. Si os fijáis, los anuncios sospechosos de antes difieren en una cosa. Esa cosa es el número de teléfono. Vaya, pero, eh, yo puedo tener perfectamente ocho teléfonos móviles con números diferentes. Uno para llamar a la churri, el otro para llamar a la mami, el otro para llamar al Jose de la plaza, el otro para llamar al Telepizza los domingos por la noche y así sucesivamente. El siguiente paso que hago es poner esos números de teléfono móvil en nuestro nuevo Dios, Google. Pongo los dos y de varias maneras. El del anuncio de la Olmo es 672 540 129. El número que aparece en la Colnago y en la Zeus es el mismo pero escritos cambiando el orden de los dígitos: 698 44 76 67 y 698 447 667. ¡Ay, pillín, qué trucos! Todos aprendimos que el orden de los factores no altera el producto. Bueno, el resultado que Google ofreció fueron varias entradas de Loquo, normal, pero entonces le di a Imágenes y vi esto:

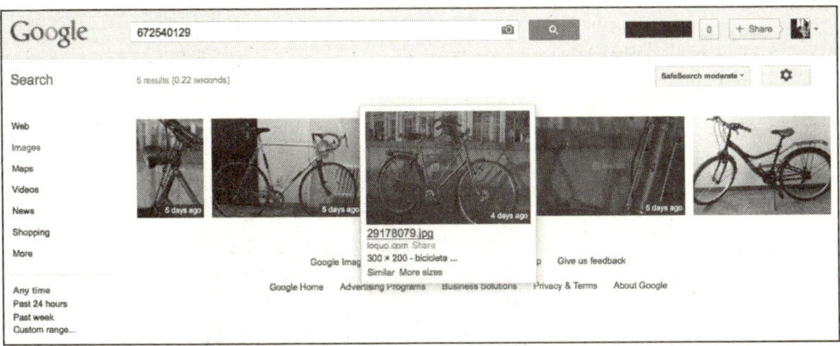

Y con el otro número de teléfono:

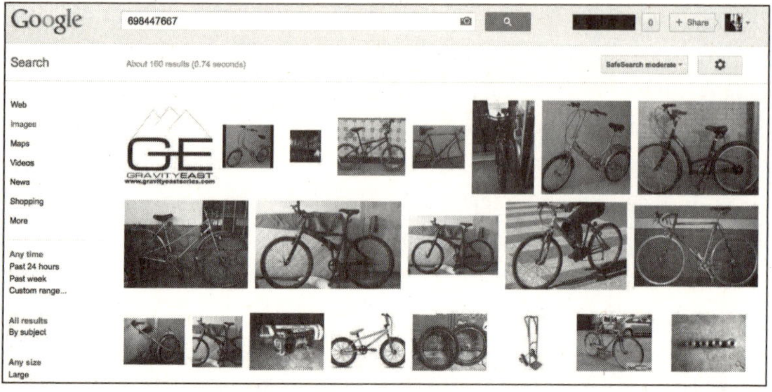

Vaya, pones un número de teléfono en Google Imágenes y te aparece una retahíla de bicis de todos los tipos. Y todos te llevan a Loquo. Permitidme decir que para nada estoy en contra de esas plataformas (Loquo, Segunda Mano, eBay, Milanuncios. De hecho, las he usado muchas veces y no he tenido ningún problema, todo lo contrario. Seguimos.

A todo esto, cometí un error. Ese fallo fue enviarle un correo electrónico desde mi cuenta personal al tipo de la bici preguntando por la Olmo. Quería hacerle una pregunta tonta para conseguir que me enviara más fotos. Básicamente le pregunté que si se podía quitar la cinta del manillar y poner otra, que no me gustaba el color rosa (ver foto arriba), y lo acompañé de un simpático *jeje*. El tío me contestó que claro que se podía cambiar. Aquí el mail:

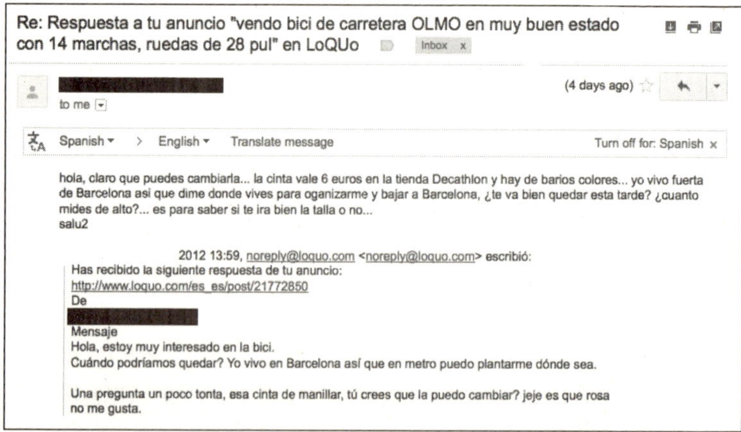

Re: Respuesta a tu anuncio "vendo bici de carretera OLMO en muy buen estado con 14 marchas, ruedas de 28 pul" en LoQUo Inbox x

(4 days ago)

to me

Spanish > English Translate message Turn off for: Spanish x

hola, claro que puedes cambiarla... la cinta vale 6 euros en la tienda Decathlon y hay de barios colores... yo vivo fuerta de Barcelona asi que dime donde vives para oganizarme y bajar a Barcelona, ¿te va bien quedar esta tarde? ¿cuanto mides de alto?... es para saber si te ira bien la talla o no...
salu2

2012 13:59, noreply@loquo.com <noreply@loquo.com> escribió:

Has recibido la siguiente respuesta de tu anuncio:
http://www.loquo.com/es_es/post/21772850
De

Mensaje
Hola, estoy muy interesado en la bici.
Cuándo podríamos quedar? Yo vivo en Barcelona así que en metro puedo plantarme dónde sea.

Una pregunta un poco tonta, esa cinta de manillar, tú crees que la puedo cambiar? jeje es que rosa no me gusta.

Objetivamente es bastante ridículo. Pues claro que se puede cambiar la cinta, zoquete.

Cuando vi que respondía a los mails sin problemas, decidí crear un personaje y cerrar el pico de mi cuenta personal. Me hice un gmail con el nombre inventado de Leo Voland. Ya no era yo, ahora era el increíble Leo Voland. En la red, leo.voland@gmail.com, nena. Desde esa cuenta me comuniqué con él y contestó también. Más tarde le llamé: «Hola, soy Leo, te llamaba por lo de la bici, te he enviado un correo». Al principio hice la locura de poner acento francés o ruso. ¡Yo qué sé! Después no pude continuar con esa divertida farsa y hablé en perfecto castellano. Lo primero que noté es que él no era de aquí, tenía acento extranjero, quizá marroquí. En mi trabajo trato con un chico marroquí encantador y el acento del tío ese me recordó al de él, el de mi trabajo. Pero tampoco lo podía confirmar, claro.

Un pequeño comentario, desde ya y hasta que acabe el relato y más allá, quiero dejar bien claro que no quiero vincular de ninguna manera el robo con la inmigración, de hecho rechazo con todas mis fuerzas ese asqueroso tópico aunque no niego que en ocasiones se dé. Queda zanjado y no abro temas superfluos.

Continúo. Intenté quedar con él esa misma tarde pero me dijo que no podía ir hasta Barcelona, que él vivía en Lloret de Mar. *Mierda*, pensé, *si tengo que ir yo a por ella no sé cómo lo haré*. Me dijo que quedáramos en un punto intermedio, pero que tendría que ser a partir de las 18:30, porque en ese momento estaba trabajando. Lo vi tan complicado que me quejé. Como vio que estaba perdiendo a un cliente, me soltó que el sábado sí iría a Barcelona y que podíamos vernos. Le dije que vale y le pregunté sobre qué hora. Me dijo que a partir de las 18:30, que es cuando sale de trabajar. Vaya, un tipo trabajador que trabaja el sábado también hasta las 18:30, pero bueno, puede ser, existe gente así de trabajadora. El caso es que le propuse quedar sobre las 19:00 en Navas, que vivía allí. Obviamente no vivo en Navas. El tío me dijo que sí y que me llamaría. Colgamos y, un poco decepcionado, volví a casa.

Llegó el día siguiente y esperé con ansia la hora. Tenía un plan, bueno o malo pero tenía un plan. La cosa era quedar con él, ver la bici y si, en efecto, era mi bici, pedirle si podía probarla y entonces salir corriendo con ella como nunca he corrido en la vida. En el caso de que no fuera mi bici y fuera la de la foto, diría que no me interesaba y volvería a casa a seguir empollando anuncios de bicicletas.

Mi plan fallaba por muchos sitios y otra vez se presentaban infinitas posibilidades: desde que el tío saliera corriendo y me pillara (cagada), hasta que yo mismo, de los nervios, me cayera de la bici (patético). Pasé todo el sábado por la mañana así, pensando y barajando las cartas del azar. Mientras tanto estaba en el ordenador, navegando por internet, matando el tiempo. De golpe grité: «¡HIJO DE LA GRAN PUTA!». Grité tanto que mi compañero de piso llegó a mi habitación corriendo y me preguntó que qué pasaba. Lo que pasaba era lo siguiente:

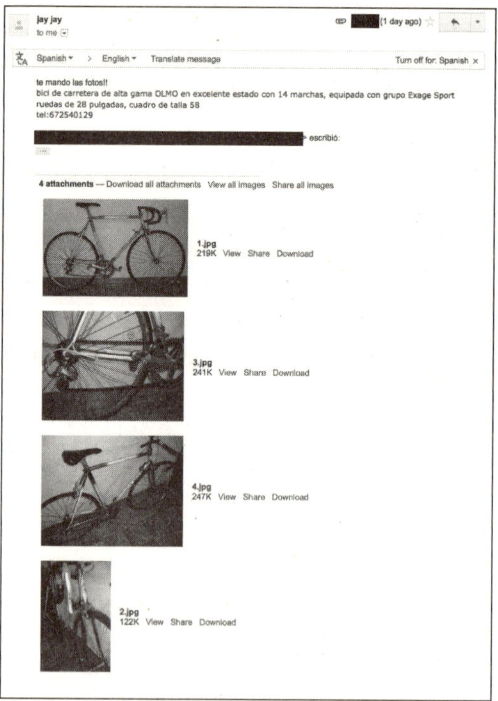
jay jay
to me
(1 day ago)

Spanish > English Translate message Turn off for: Spanish ×

te mando las fotos!!
bici de carretera de alta gama OLMO en excelente estado con 14 marchas, equipada con grupo Exage Sport
ruedas de 28 pulgadas, cuadro de talla 58
tel:672540129

escribió:

4 attachments — Download all attachments View all images Share all images

1.jpg
219K View Share Download

3.jpg
241K View Share Download

4.jpg
247K View Share Download

2.jpg
122K View Share Download

Guapísimo. Me había enviado las fotos de mi bici por correo electrónico. Y por supuesto, lo había subido a Loquo:

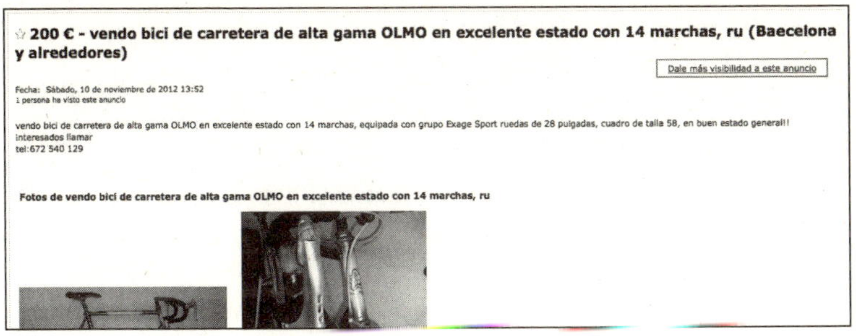

☆ 200 € - vendo bici de carretera de alta gama OLMO en excelente estado con 14 marchas, ru (Baecelona y alrededores)

Dale más visibilidad a este anuncio

Fecha: Sábado, 10 de noviembre de 2012 13:52
1 persona ha visto este anuncio

vendo bici de carretera de alta gama OLMO en excelente estado con 14 marchas, equipada con grupo Exage Sport ruedas de 28 pulgadas, cuadro de talla 58, en buen estado general!!
interesados llamar
tel:672 540 129

Fotos de vendo bici de carretera de alta gama OLMO en excelente estado con 14 marchas, ru

Si estáis atentos habréis podido ver que al tío le encanta lo de ahorrar tiempo y se marca otro copia y pega estupendo. El texto del correo es el mismo que el del anuncio de Loquo.

Yo ya no cabía en mí, pero había un problema muy serio en todo aquello. El mail que habéis visto con el «te paso las fotos!!» lo envió a mi correo personal y no al de Leo Voland. El tío se había hecho la picha un lío y me lo había enviado a mí. Pero ¿se había liado o lo estaba haciendo aposta? Nunca hay que subestimar al enemigo. ¿Me había pillado? ¿Había entendido que Leo y yo éramos la misma persona? Joder, vaya peliculón. De golpe, me di cuenta de una cosa. Cuando vi la previsualización de los archivos adjuntos en el mail, las fotos de mi bici, la identifiqué al momento y ya entré en ese bucle de repetir una y otra vez «hijo de puta». Luego se sumó lo de que me las había enviado a mi correo personal. Todo eso hizo que no abriera las fotografías en grande. Cuando conseguí calmarme las abrí y me di cuenta de varias cosas. Aparte de ultra confirmar que era mi bici, observé algunas diferencias. Había cambiado los pedales, ahora eran unos de estos que van anclados a las zapatillas, rojos y gastados. El sillín, mi precioso sillín de muelles, había sido sustituido por uno cutrísimo. También vi que había cambiado las cubiertas. Pero sobre todo no podía quitarme de la cabeza lo del sillín ¡Mi sillín no! Si antes no cabía en mí, en aquel momento no cabía en la habitación. Hablé con mi compañero de piso, pero él se tenía que ir a ensayar.

Eran alrededor de las 16:30 y había quedado con el ladrón a las 19:00, quedaba poco tiempo.

Al final me superó un poco la situación y decidí hacerlo legal. Ahora que disponía de pruebas contundentes llamé a la policía. Claro, ¿cómo explicas todo esto? De entrada le solté un «*Hola, ehmmm...*

mira... es que...» y acabé contándole toda la epopeya. Creo que dentro de la sobrexcitación supe explicarme bien, incluso llegué a hacer alguna broma: «Sí, y ahora a las siete he quedado con él. Cuando le vea le voy a partir la boca y le voy a matar. No, es broma, jejeje». A veces puedo llegar a ser muy gracioso cuando uno no tiene que serlo.

Estuve hablando con el policía más de veinte minutos; la verdad es que fue muy amable, pero no me solucionó nada. Todo implicaba tanta logística y tanto papeleo que resultaba imposible ver la luz al final del túnel. En principio él tenía razón. Le expliqué mi precario plan, sí, al cuerpo de policía. Le dije que pensaba quedar con el supuesto ladrón y salir corriendo con la bici. Yo lo que le pedía era que enviaran a unos secretas para tener apoyo por si la cosa se ponía turbia. Ya he dicho que soy bastante peliculero. Vamos, que al final con la policía, nada. Volví de nuevo a la romántica idea de recuperar mi bici al margen de la ley. Pronto elaboré otro plan. Lo que fallaba en el anterior era que no tenía las espaldas cubiertas y pensé en cómo cubrírmelas, claro. Llamé a mi amigo y le expliqué todo a la velocidad de un rayo; es un tío listo, así que lo pilló rápido, no tuve que hablar con él más de veinte minutos. El nuevo plan era que él me acompañaría con su cámara de fotos (que también graba vídeo) y estaría a una cierta distancia haciendo fotos de cómo yo quedaba con el supuesto ladrón. En parte porque también quería que el tío quedara registrado. Si yo huía con la bici, pues eso no había cambiado, y si tenía algún problema, mi amigo podía venir a ayudarme o llamar a la policía. Pues bien, le dije a mi compinche que había quedado a las 19:00 en Navas. Él y yo quedamos a las 18:30 en Clot para ir andando con tranquilidad hasta Navas. Como he dicho antes, a veces puedo llegar a ser muy gracioso cuando uno no lo tiene que ser. Pensé que podría ser divertido ir a la cita con el de la bici completamente camuflado. También por si un día iba por la calle y me reconocía, para que no me partiera la boca. Mi intención era crear un Leo Voland real, con cara y ojos. Primero, mi chaqueta es reversible, así que iría con la parte que nunca llevo puesta. Segundo, yo llevo gafas, Leo Voland no llevaría. Esto era un problema porque yo iba a hacer de Leo Voland y, claro, yo sí que necesito gafas, pero le daba un punto de emoción extra. Y tercero, lo más importante, me pondría una peluca y una boina. Joder, era perfecto. Me lo probé todo y me hice fotos.

Madre mía, era perfecto. Comencé a pensar en una cosa. Si me dejaba probar la bici era bastante probable que me pidiera que le dejara la cartera, o el móvil, o cualquier cosa de valor, simplemente para tener la seguridad de que no me iba a ir con ella. Gracioso, ¿no? Vamos, que necesitaba algo que tuviera valor para él pero que yo sabía que iba a perder. Entonces tuve la genial idea de escribir una nota, guardarla en un sobre y fingir que el contenido de ese sobre eran los doscientos euros que pedía. La situación la veía como un *sí sí, toma, coge el dinero para que no pienses que me voy a ir con ella, jeje*. Al entregarle el sobre él entendería que ahí estaba el dinero. No es ninguna locura llevar doscientos euros en un sobre cuando vas a comprarte algo, ¿no? Quiero decir, que esa opción era bastante razonable. Además, si el ladrón intuía que ahí había dinero, estaría encantado. El desenlace de mi idea consistía en que, al huir con mi bici y ver que se la había jugado bien jugada, suponía que, solo por curiosidad, el ladrón abriría el sobre. Entonces, en vez de billetes, encontraría la nota que le había escrito, y que decía así:

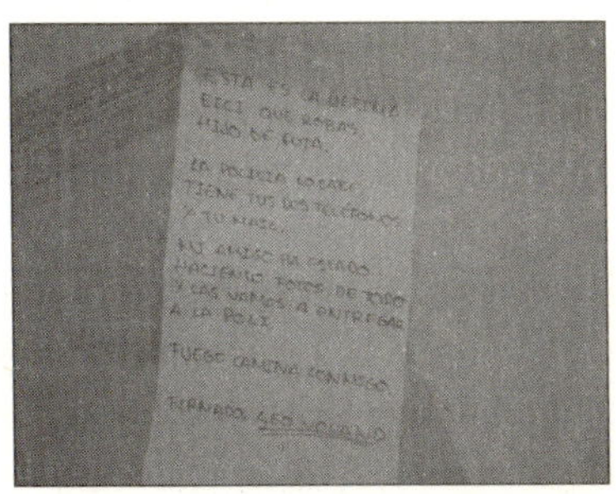

Lo de «fuego camina conmigo» es un pequeño lujo que me quise marcar. Un toque de elegancia. Me gustaba la idea de hacerle referencias culturales a un ladrón de bicicletas, al tío que me había robado la bici, y quizá despertar su curiosidad. En la vida siempre tienes que aprovechar cualquier momento para despertarle la curiosidad a alguien. Como veis, el doble subrayado que le hago a Leo Voland me sale bastante como el orto, pero, joder, disculpad, estaba muy nervioso. La caligrafía también deja un poco que desear y cometí una falta de ortografía: *policía*. Vale, pues ya estaba listo. Salí de casa y cogí el metro para ir al Clot, mi amigo me esperaba. Cuando salí de la estación, él ya estaba allí. Nada más verme me reconoció y comenzó a reírse, me dijo: «¡Pero dónde vas así, tontaina! Anda, quítate eso». Yo intenté convencerlo de que era perfecto y le expliqué las razones, que era para que no me reconociera y todo eso. Finalmente me dijo: «Pero tío, que es puto plástico, que brilla con la luz de las farolas», y consiguió convencerme. Me la quité pero igualmente me pareció un buen plan lo de que se viera que era una peluca. Quiero decir, si tú eres un ladrón de bicis y vas a vender una que has robado y te aparece un tío con una peluca, enseguida comienzas a preguntarte: *Pero ¿qué coño hace este tío con peluca?* En su cabeza solo existe la idea de la peluca y lo de que está vendiendo una bici robada pasa a un segundo plano y entonces, pam, se despista y me largo con la bici. Pero bueno, con la peluca en el bolsillo fuimos camino a Navas.

Exactamente había quedado con el ladrón en la salida del metro, justo en la plaza esa que hay con una iglesia muy loca que parece una pirámide. Cuando llegamos allí estudiamos el terreno y pensamos cuáles iban a ser nuestras posiciones, pero surgió un pequeño imprevisto. En la iglesia había una misa multitudinaria. Lo juro. No entendíamos nada. La gente no cabía dentro y parecía ser una celebración muy esperada, pues nos encontramos con que habían desplegado un sistema de cámaras de circuito cerrado. Me explico: habían montado una carpa enorme fuera de la iglesia con una pantalla gigante en la que estaban proyectando lo que ocurría en ese mismo instante dentro de la iglesia. Con altavoces y todo, no escatimaron en nada. Todo ese tinglado católico-festivo era un contratiempo porque igual disuadía al tipo de quedar allí habiendo tanta gente. El caso es que ya eran cerca de las 19:30 y no se presentaba. Le llamé por teléfono, me lo cogió y le dije: «Hola, soy Leo, que habíamos quedado para lo de la bici», a lo que él respondió que no habíamos quedado en nada. Le dije que le había llamado el día anterior y que habíamos quedado ese día a las 19:00 en Navas, en la plaza de la iglesia. El tío me dijo que estaba esperando a que le confirmara algo por correo electrónico porque, atención, me había enviado fotos de la bici. Aquí entré en estado de *shock*. Pero si me las había enviado a mi correo personal, no al de Leo, ¿qué quería decir aquello? Improvisé y le dije: «No, a mí no me has enviado fotos, yo soy Leo». Parece ser que el tipo estaba delante del ordenador y lo verificó: «Sí, sí, Leo, te he enviado las fotos». Me hice el tonto y dije que igual no me había llegado el mail. Vaya cagada. Sentí que se me escapaba mi Olmo, que antes había estado muy cerca y ahora era tan solo un espejismo. Intenté controlar la situación y le propuse quedar al día siguiente, me dijo que de acuerdo, que el domingo sin problemas. Colgamos y fui corriendo hacia mi amigo, porque de los nervios había llegado casi hasta Plaça Catalunya. Le dije al compinche que mierda, que tendrá que ser mañana. Fuimos a mi casa y, en efecto, a la vez que me había enviado el mail con las fotos de mi bici a mi correo personal, también las había enviado al de Leo. Bebimos un poco de vino, escuchamos unos temas y fuimos a su casa, donde se encontraba el Equipo Rancho, la familia.

Una vez allí les explicamos lo que había ocurrido. Entonces surgió la maravillosa idea de ir todos al día siguiente a por la bici. Me fascinó la idea y la llevé un poco más lejos. Tuve otro plan. El plan consistía en escribir la situación en Facebook y que se apuntara mucha gente. Lo que puse fue lo siguiente:

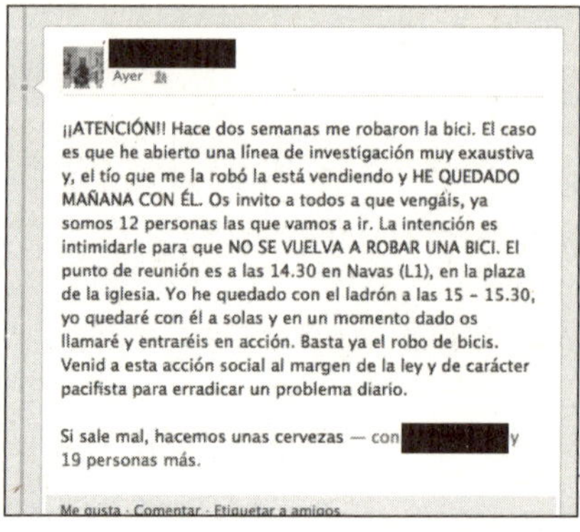
Ayer

¡¡ATENCIÓN!! Hace dos semanas me robaron la bici. El caso es que he abierto una línea de investigación muy exaustiva y, el tío que me la robó la está vendiendo y HE QUEDADO MAÑANA CON ÉL. Os invito a todos a que vengáis, ya somos 12 personas las que vamos a ir. La intención es intimidarle para que NO SE VUELVA A ROBAR UNA BICI. El punto de reunión es a las 14.30 en Navas (L1), en la plaza de la iglesia. Yo he quedado con el ladrón a las 15 - 15.30, yo quedaré con él a solas y en un momento dado os llamaré y entraréis en acción. Basta ya el robo de bicis. Venid a esta acción social al margen de la ley y de carácter pacifista para erradicar un problema diario.

Si sale mal, hacemos unas cervezas — con y 19 personas más.

Me gusta · Comentar · Etiquetar a amigos

Empecé a soñar con un nuevo mayo del 68 para recuperar mi bici. Que surgiera improvisadamente una cadena gigantesca de mensajes virtuales con el motivo *Recuperemos una bici robada, mañana a las 14:30 en Navas (L1), en la plaza de la iglesia*. Gracias a las redes sociales llegaría a mucha gente y se compartirían estados de Facebook, sería *trending topic* en Twitter, olas de sms que acabarían con un «pásalo», y todo eso, lo veía perfectamente. Un 15-M de indignados por el robo de bicicletas. El pueblo, unido, jamás será vencido.

Puse que éramos doce personas (mentira, confirmados éramos seis). Tenía que venderlo como algo muy serio, decir que había gente implicada. Al poco rato aquel estado de Facebook se revolucionó y comenzaron a llover comentarios y likes como si lo fueran a prohibir. Llegó a tener 37 likes. Perfecto, la gente estaba entregada. El plan de que fuera algo masivo parecía real. Más de treinta personas para recuperar una bici e intimidar a un ladrón. Después fuimos al Paral·lel a tomar algo. Allí, gracias a los smartphones, había gente que ya se había enterado e intenté reclutar a más personas. El ensalzamiento de la amistad y la empatía debido al exceso de alcohol se notó rápido y confirmé la asistencia de muchos otros. Todo iba sobre ruedas.

Al día siguiente volvimos a repasar el plan. Todo el mundo quedaba a las 14:30 en Navas (L1), en la plaza de la iglesia. Se quedarían por allí como un grupo de colegas que queda la tarde de un domingo. A las 15:00, cuando llegara el tipo con mi bici, yo, mejor dicho, Leo Voland, iría con mi compañero de piso a verla.

Cuando ya estuviera identificada le diría al ladrón que esa era mi bici y que me la había robado, de pronto haría una señal con la mano y el resto de las personas vendrían hacia nosotros. Le diría al ladrón que le estaban sacando fotos y grabando en vídeo y que también se estaba llamando a la policía. Joder, me imaginé haciendo un gran silbido, silbo muy bien, y entonces hordas de gente saldrían de todos lados. Saldrían de todas las esquinas, de detrás de los arbustos, caerían de los árboles. Todos gritando, de forma pacífica, que basta ya de robos de bicicletas. Estuve apunto de llorar de la emoción. Me motivó mucho todo eso. Bueno, parecía que todo estaba listo, los motores estaban a punto, la maquinaria se puso en marcha.

Fui a mi piso a encontrarme con mi compañero. Desde allí nosotros saldríamos como Comando X, el Comando Y iría por otro lado. Por el camino le conté a mi compañero de piso que yo me haría pasar por Leo Voland, que es quien había mantenido contacto con el ladrón. Él se animó y me dijo que él se haría llamar Xavi. Perfecto, esa era la actitud. Llegamos al punto neurálgico de la operación. Esta vez no hay ninguna misa multitudinaria, di mil gracias a Dios. Mi compañero de piso y yo, mejor dicho, Xavi y yo, Leo, nos sentamos en un banco. Al cabo de un par de minutos llegaron los demás. Éramos un total de nueve, ni los 37 likes de Facebook ni los miles que yo me imaginaba. Éramos los del Rancho, la familia. Cada uno tomó posición y vi que mi amigo comenzaba a hacer fotos. Llegan las 15:00, no parábamos de mirar a un lado y a otro. Cualquiera podía ser aquel tipo; todo el que pasaba, excepto las nueve personas del equipo, eran el enemigo a batir. Juro que si hubiera tenido un arma, habría perdido los papeles y habría empezado a disparar como un loco. La tensión era máxima, la hora del té se había transformado en la hora del terror, la hora del infierno. Vaya drama.

De pronto apareció un coche y aparcó delante del parque. Bajó un hombre no muy alto y ancho de espaldas. Fue al maletero.

Le dije a Xavi en voz muy baja: «Me cago en la puta, mira, mi bici». El tipo estaba sacando una bici del maletero, con la rueda desmontada. Una vez hubo sacado todo, la montó y fue hacia el parque. Intenté comunicarme con el otro comando, pero no había manera. Le dije a Xavi que le iba a mandar un sms a nuestro amigo, el que estaba haciendo fotos. Me dijo que le enviaría él un whatsapp. Joder, viva la puta mierda del 2.0 de los huevos, perdón, pero es que estaba de los nervios. Ellos también se dieron cuenta y nos miramos, de una punta a otra del parque, confirmando todo lo que estaba pasando. Cogí mi móvil y lo puse en modo vibración. Pasaba de que el tío me llamara y sonara la melodía por todo el parque. Entonces el tipo se puso a comprobar mil cosas de la bici, comenzó a hacerle una especie de ITV loquísima y eterna. Le dio la vuelta, giró los pedales, cambió de marchas. Dios santo, ¿cuándo iba a parar ese *check this out*? Cuando el ladrón consideró que ya estaba a punto, me llamó. Aquí está la foto de cuándo cogió el móvil y se dispuso a llamarme.

Yo, Leo Voland, contesté al teléfono: «Hola, soy David, ya estoy aquí con la bici», me dijo. ¿David? Madre mía, ¿quería decir eso que yo era Goliat? ¿Qué clase de magia negra estaba intentando hacer? ¿Qué tipo de metáfora oscura y retorcida era esa? ¿Qué mierda de referencia mitológica era aquella y por qué? Estaba claro, lo sabía todo y era muy inteligente. Me estaba intentando decir, advertir de alguna manera, que, aunque yo fuera más grande, como Goliat, porque éramos nueve personas, él iba a ganar la partida. Él, el pequeño David, iba a destrozar una vez más a Goliat. Como no había tiempo no le pude explicar esa teoría a Xavi, así que fuimos donde estaba el tío con la bici.

Cuando llegamos Xavi y yo, Leo, nos presentamos y le saludamos. Lo peor que podía pasar, pasó. Inconscientemente nos presentamos con nuestros nombres de pila. Los dos, primero yo y luego él, un efecto dominó del error. Lo de Xavi y Leo se fue a tomar por culo. Vaya señora cagada. Pero supimos remontar e hicimos como si nada. Aquí la foto de «Xavi», mi compañero de piso y yo, saludándole, en plena cagada.

Yo me guardé las gafas por si al tío le daba por reventarme la cara, no quería que me las rompiera, son muy bonitas. Ya tenía experiencia en eso de que alguien me partiera la boca por proteger algo. Bueno, entonces comenzamos con la farsa de comprobar si la bici estaba bien. Aquí foto:

La probamos, tanto mi compañero como yo. Cuando él la estaba probando yo comencé a hacerle preguntas. Le pregunté que por qué la vendía, contestó que porque ya no la usaba, que la tenía olvidada. Le pregunté de qué año era la bici y me dijo que era muy antigua, que la tenía desde hacía mucho tiempo, que era una clásica. Estuvimos hablando durante un rato, preguntando más cosas sobre la bici. Llegó un punto en que la comedia se estaba alargando demasiado. Gracias a «Xavi», pude reaccionar. Le preguntó al tío: «¿La vendes por doscientos euros? Me parece un poco cara dadas las circunstancias de la bici». Esa última frase fue el pistoletazo de salida, ese *me parece un poco cara dadas las circunstancias de la bici* tenía un mensaje oculto, tenía un peso terrible, y yo decidí levantarlo. Con la voz un poco temblorosa y con un charco de pis entre mis pantalones, empecé a decirle: «¿Sabes lo que pasa? Que esta de aquí es mi bici, tú me la has robado». Al hombre se le cayó el mundo encima. «¿Cómo? ¿Qué dices?», comenzó a decir, como si no entendiera nada. «Sí, esta es mi bici y tú o alguien de tu entorno me la robó hace dos semanas», continué. Mirándole a los ojos, le dije: «Escucha, no voy a mirar a la bici ni un segundo y te voy a decir que es una Olmo Sanremo de 1989, del 50 aniversario de Olmo, en la diagonal del cuadro tiene una pegatina medio gastada donde sale un 50 y, debajo, "Aniversario" escrito. También te diré que es un cuadro Oria Hi-Tension de talla 56 y no 58 como dices tú. Te confirmo que todos los componentes son Shimano Exage Sport y, si quieres más, te diré que normalmente las manetas de los frenos de estas bicis tienen unas fundas pero yo se las quité porque estaban mal. De hecho, para más información, te explico, sin mirar la bici, eh, que la maneta del freno de la izquierda tiene una parte rota porque quitando las fundas la rompí». Cogí aire y se lo demostré. Comprendió que no tenía nada que hacer. «Bueno, amigo, sí, es tu bici, pero yo no la he robado.» Entonces fue cuando llamé al Comando Y. Le dije: «Mira, ¿ves a esos de allí? —ahí fue cuando hice la señal para que vinieran—, son mis amigos y están llamando a la policía, también te están haciendo fotos y grabando en vídeo». Cuando llegaron las siete personas restantes de la operación el ladrón ya se vio acorralado. Creo que no perdió los papeles porque sabía que se podía meter en un lío muy gordo. El tipo cambió de estrategia y dijo que esa bici se la había comprado su mujer hacía poco. Curiosamente, dijo: «Esta bici la compró mi mujer hace poco en un Cash Converters». Era un argumento para librarse de muchas cosas, ya conocía el truco del Cash Converters. Apuesto a que ya había vendido alguna bici en el Cash Converters y sabía que era una buena coartada. El caso es que era contradictorio porque la historia que me había contado de que la tenía desde hacía mucho tiempo y que la vendía porque no la usaba quedaba destrozada con esa invención sobre la mujer.

Con la protección de mis amigos comencé a vengarme y a explicarle toda mi investigación, para que se enterara de que había averiguado todo ese chollo que tenía montado de robo de bicicletas. En esta foto la cosa ya está muy tensa.

Comencé a decirle: «Es más, te explicaré varias cosas. También vendiste o has vendido una Gazelle de frenos de varilla, ¿no? Actualmente estás vendiendo una Colnago por 160 euros y una Zeus roja por el mismo precio». El tipo se quedó blanco. Confesó: «Sí, estoy vendiendo una Colnago, pero no estoy vendiendo una Zeus». Cagada por su parte, porque ya he explicado antes que tanto el anuncio de la Colnago como el de la Zeus llevaban el mismo número de teléfono. El tío seguía en sus trece: «No, vendo una Colnago roja, pero no vendo una Zeus». «No, la Colnago que vendes es azul, la Zeus es roja, o al menos lo es en la foto que has puesto en el anuncio de Loquo, tienes el mismo número de teléfono en las dos», dije, y le expliqué lo de las marcas de agua de Segunda Mano y cómo aparecían también en el anuncio de Loquo. «Es mentira», me recriminó. «¿Y lo de la Gazelle de varillas?», pregunté. «Sí, la vendí.» «Joder, pues sí que tienes bicis», le vacilé. El tío ya se sentía atacado y, hablando mal, cogido por los huevos. Comenzó a emplear otra estrategia: «Mira tío, yo no soy ningún ladrón, ¿me ves con pinta de ladrón?» —La verdad es que no tenía pinta de ladrón para nada, pero ¿alguien es capaz de trazar, hoy en día, la perfecta y correcta imagen de un ladrón?—. Se puso a decir que él tenía su trabajo, que era informático. Me sentí envalentonado y con mucha fuerza, así que le solté: «Entonces, si eres informático, ¿por qué robas bicis? A ver, si eres informático sabes que en Google queda registrado todo. Te diré que he puesto tus dos números de teléfono en Google y me han salido un montón de bicis. ¿Cómo explicas eso?». Más o menos la conversación iba así, un toma y recibe, un tremendo pulso, un tira y afloja. Hubo un momento en que me enseñó su carnet de identidad, bueno, su permiso de residencia. No me quise acercar mucho y solo pude comprobar que no se llamaba David, así que yo no iba a ser Goliat.

La cosa se estaba poniendo muy tediosa, así que intenté poner fin a todo ese *show*, a la misión. «Mira, vamos a hacer una cosa, yo me quedo con la bici y tú te piras. Todos salimos ganando. Porque si no, llamo a la policía», él intentó evitar el tema de la policía. La verdad es que yo también lo quería evitar, pues una de las cosas que me dijo el policía cuando les llamé era que si venía la policía, ni el tío ese ni yo nos llevaríamos la bici, quedaría confiscada. Eso no me hacía ninguna gracia, así que intenté acabar por las buenas y así se lo dije. «Oye, vamos a hacerlo por las buenas, de verdad, vete por donde has venido, con el coche, y yo me voy con mis amigos y con mi bici y ya está, ¿vale?» Se resistió un poco pero al final aceptó. El tipo quiso fumar la pipa de la paz, quizá para asegurarse de que no iba a contar nada de esto. Al despedirse, me tendió la mano, para acabar de bueno rollo. «No, gracias, no te voy a dar la mano», le dije. Y el tío se fue.

Fue un poco patético por su parte e incluso llegué a sentir un poco de pena por él. Todos sabíamos que tenía el coche enfrente, estaba al lado. Lo que hizo fue irse, sabe Dios dónde, andando. Supongo que no quería que le identificáramos el coche. Ay, nunca hay que subestimar al enemigo. Como digo, se fue andando, y eso que tenía un bonito Volkswagen Passat plateado de cinco puertas con matrícula esperándole. Igual quería tomar un poco el aire e inventarse alguna historia para contarle a su mujer. Vaya marrón, colega, te han *pispado* la bici que te compró tu mujer.

Como digo, el hombre desaparece andando por Meridiana en dirección Glòries y nosotros celebramos el éxito de la misión. Aquí la foto de la victoria, de la justicia:

Todo esto no quiero que quede como una simple anécdota, una batallita para contarle a los nietos. No quiero que acabe como él quiere que acabe, un «bueno, ya tiene su bici, ahora estará calladito». Voy a redactar un informe y se lo voy a entregar a los mossos d'esquadra. Me indigna soberanamente todo esto. En verdad, lo que he hecho no es tan difícil, es simplemente querer recuperar lo que es tuyo. He de decir que he tenido mucha suerte. Lo que no entiendo es cómo no hay un departamento policial que se ocupe de esto. Solo tienes que pasearte un poco por la red, se ve muy claro. Como ciudadano exijo una seguridad civil. Igual se tendría que invertir menos dinero en lecheras y en antidisturbios y en helicópteros y más en seguridad para el ciudadano. Dejando a un lado el relato literario, quiero denunciar eso, a pesar de que suene sensacionalista. Porque el problema no es el problema, el problema es que no se pone solución. Sé que son temas pantanosos y de otro nivel, aunque vayan de la manita. Por eso cierro el tema ya, podría hablar largo y tendido, como mucha otra gente. La gente también habla mucho, y no hace nada. La gente también se queja mucho, pero no se mueve de su sofá. La gente le da muy rápido a un like en Facebook, pero después solo aparecen ocho, y tú, nueve. Que no pasa nada, me los quiero a todos, pero es una situación que se puede extrapolar a otros temas y conflictos. Pero como he dicho, ya paro.

Aquí, en grande, la foto del tipo en cuestión. Lo de David era una mentira, como ya he dicho, y su nombre no lo pude memorizar. Lo único que sé es que le gustan Jimi Hendrix y el rocanrol. Igual si nos hubiéramos conocido en otras circunstancias le hubiera invitado a una cerveza. Y sí, estuvo todo el rato con las gafas apoyadas en sus cejas. No sé, la gente está muy loca.

Fuego camina conmigo.

Firmado, Leo Voland.

Raúl de Orte (Barcelona, 1986). Diseñador gráfico de profesión y músico como pasión (Paralelo), también ha dado sus pasitos en la escritura. Dentro del mundo de los fanzines ha editado varios de relatos e historias breves, así como micronovelas. También ha sido co-editor (junto con la ilustradora | artista Alba Martínez Feito) en la editorial de fanzines Horriblemente Humano y co-organizador de la FLIA BCN (Feria del Libro Independiente Autoeditado de Barcelona). Amante de las bicis y defensor de estas como medio de transporte, presenta aquí un relato biográfico, que en su momento se viralizó, de cómo recuperó su querida bicicleta robada.

— PEDALES que conocen todos los secretos —

Cualquiera que acepte un atasco aceptará cualquier cosa.

***The Man Who Loved Bicycles*, Daniel Behrman**

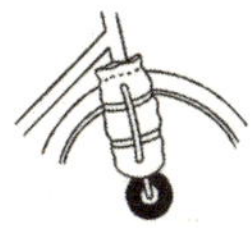

Es el trabajo más duro que he tenido.

Jennifer Aniston
(fue bicimensajera por un día en Nueva York)

Como mensajero he descubierto que la bicicleta es una buena forma de resistirse a la tiranía de los mapas.

***Cyclogeography*, Jon Day**

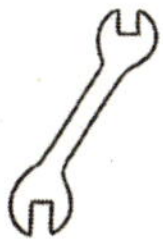

Hallábame más indeciso que nunca y puede decirse que estaba ya casi resignado a la pérdida de la bicicleta de aluminio que me había costado quince mil liras. Antes, una bicicleta costaba quince mil céntimos, como ahora cuesta quince mil liras. Pero es que para un hombre pobre quince mil liras son siempre quince mil sudadas liras, especialmente en estos tiempo procelosos.

***El ladrón de bicicletas,* Luigi Bartolini**

El segundo peligro [de las bicicletas públicas] es que adquiera la forma de enfrentamiento entre automovilistas y ciclistas, alimentado por la ignorancia de unos y otros y su falta de cultura urbana, de urbanidad, identificable en el desprecio de los automovilistas menos sensibles por los ciclistas, pero también en la risueña despreocupación de algunos ciclistas resueltamente irrespetuosos con las reglas de circulación.

***Elogio de la bicicleta,* Marc Augé**

Si un carril bici no es seguro para un niño de ocho años, no es en realidad un carril bici.

Enrique Peñalosa,
alcalde mayor de Bogotá entre 2016 y 2019

Ya en plena cincuentena, puedo asegurar que usar la bicicleta como medio de desplazamiento no es solo otra cosa de jóvenes o deportistas. No hace falta traje de lycra, y, a menos que esa sea la intención, ir en bici no resulta necesariamente agotador. Más convincente que ningún argumento práctico es el sentimiento de libertad, la sensación de liberación física y psicológica que se experimenta. Ver las cosas desde un punto de vista cercano a los peatones, los vendedores y los escaparates, combinado con el hecho de moverse por ahí sin sentirse totalmente divorciado de la vida de la calle, es un puro placer.

***Diarios de bicicleta*, David Byrne**

Yo me relajo desarmando mi bicicleta y volviéndola a armar nuevamente.

Michelle Pfeiffer

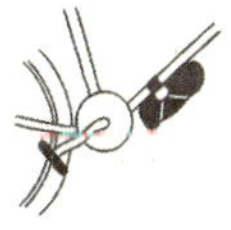

Hay dos tipos de revoluciones: las revoluciones violentas, generalmente breves y sin influencia sobre las costumbres de los pueblos, y las revoluciones pacíficas, cuyas consecuencias muchas veces son tanto más profundas cuanto más lenta es la revolución y menos efecto parece producir al principio. La revolución velocipédica a la que asistimos en la actualidad es de estas últimas. Es una revolución pacífica, lenta, y quién sabe si dentro de treinta años los hábitos y costumbres de los pueblos de Europa no se habrán transformado radicalmente a causa de ella.

***¡Bici! ¡Toro!*, Édouard de Perrodil**

Una luz en la bicicleta: eso es más bonito que un oso de peluche.

Van Zelst (ladrón de bicicletas neerlandés)

Cuando pierdes unas diez bicicletas al año por robo, el tamaño de una bicicleta deja de tener importancia. Si las ruedas son decentes y los frenos funcionan, te das con un canto en los dientes.

Gerben Hellinga

Cuantas más autopistas, más coches; cuantos más coches, más atascos; cuantos más atascos, más autopistas; y, ni siquiera, paradójicamente, más metros, autobuses y trenes de cercanías.

***The Man Who Loved Bicycles*, Daniel Behrman**

Para que el ciclismo urbano triunfe hace falta una revolución en la infraestructura de nuestra sociedad. Ahora mismo un ciclista urbano debe actuar como un guerrero vial, y la bicicleta tiene que ser barata y fea para que no la roben. Eso no es una cultura favorable a las bicicletas.

Gary Fisher,
fundador de la empresa Fisher Bicycles Riding

El Gobierno tiene que ayudar a eliminar los coches para que las bicicletas puedan eliminar el gobierno.

Eslogan neerlandés

¿Por qué alguien roba un reloj cuando puede robar una bicicleta?

***El tercer policía*, Flann O'Brien**

El ciclismo es un importante elemento del futuro. Algo no marcha bien en una sociedad que va en coche al gimnasio.

Bill Nye

Con la bici lográs conocer las ciudades que habitás.

***Todas las bicicletas que tuve*, Powerpaola**

CICLOVIAJES

Estas bicis podrían remar, escalar, bucear o saltar a la comba, y lo harían la mar de bien. Saben preparar croquetas con un camping gas y al mismo tiempo manifestarse a favor de ampliar la distancia de seguridad en los scalextrics de acceso a las ciudades.

Más complicado de lo que parece

— Dervla Murphy —

Por mi décimo cumpleaños, mis padres me regalaron una bicicleta y el abuelo me envió un atlas, ambos de segunda mano. Por aquel entonces ya era una ciclista entusiasta, aunque nunca antes había tenido una bicicleta. Poco después de mi cumpleaños decidí que algún día iría en bici hasta la India. Nunca he olvidado el lugar exacto en el que tomé esta decisión. Era una colina empinada cerca de Lismore. A mitad de la subida me miré con orgullo las piernas, que empujaban poco a poco los pedales, y me asaltó la idea: «Si siguiera haciendo esto durante el tiempo suficiente podría llegar hasta la India». La simplicidad de aquel pensamiento me cautivó. Me pasaba las tardes estudiando detenidamente mi nuevo atlas, viajando en mi cabeza, consciente de que podía hacerlo en la vida real: sola, independiente y necesitando muy poco dinero.

Este fue un momento significativo en mi vida, y no solo por las consecuencias a largo plazo. A muchos adultos, la decisión de

una niña de diez años de ir a la India en bicicleta podría haberles parecido un divertido capricho infantil. Pero al ofrecerme el material para soñar con algo que sabía que podía alcanzar, esta nueva resolución me proporcionaba una forma más sana de canalizar mi imaginación que mis habituales fantasías escapistas. También me brindaba un objetivo que estaba bastante alejado, o parecía estarlo, de mi deseo obsesivo de escribir: la diversificación de ambiciones era algo excelente. Como es natural, nunca compartí este plan con nadie. Sabía muy bien cómo se lo tomarían los mayores. Pero tampoco sentía ningún impulso en particular de hablar sobre ello; tenía la suficiente consistencia como para no necesitar el refuerzo de la conversación. Curiosamente, nunca se convirtió en una obsesión: a medida que crecía podían pasar meses sin que pensara de manera consciente en ello. Ir en bicicleta hasta la India simplemente pasó a formar parte del esquema de mi futuro, de la misma manera prosaica en la que muchos jóvenes piensan en el lejano pero inevitable día en que se graduarán de la universidad, se incorporarán al despacho de su padre o heredarán la granja.

* * *

Había pasado muchas horas en las dunas de arena planificando mi viaje a la India. Después de haber tenido durante veinte años la intención de hacer ese trayecto, en modo alguno me resultaba una idea descabellada. Entonces pensaba, y aún lo mantengo, que si alguien disfruta yendo en bici y desea ir a la India, lo obvio es pedalear hasta allí. Sin embargo, no tardé en darme cuenta de que la mayoría de las personas me consideraban, o bien una lunática, o bien una heroína incipiente: en 1962 los jóvenes occidentales aún no habían comenzado a desplazarse en masa a Oriente. Cuando entré en un taller de bicicletas para que le quitaran el cambio de marchas a Roz[*] tras explicar que me iba a la India y que no creía que fuese adecuado para las carreteras asiáticas, el mecánico me miró con gran extrañeza. Después de eso me sentí un tanto cohibida a la hora de discutir mis planes con nadie.

Varias personas sugirieron que me buscara un patrocinador para el viaje, tal vez el fabricante de mi bicicleta o la cerveza Guinness, dada la regularidad con la que este producto nutría el cuerpo que iba a emprender ese supuesto maratón. O incluso un periódico, al que podría remitir historias dramáticas sobre lugares inverosímiles. Pero aquellas sugerencias me consternaban. Cualquier patrocinador habría convertido mi viaje privado en un ardid público, y la sola idea del consiguiente protagonismo me hacía sudar horrores. Además, un patrocinio habría provocado un sesgo deshonesto al conjunto de la experiencia. A esas alturas había tenido que admitir que, objetivamente, había algo un tanto peculiar en la idea de ir a la India en bicicleta. Empeñarme en negarlo habría sido afirmar que el resto del mundo estaba desfasado. Aunque en mi fuero interno seguía siendo cierto que yo no veía nada de particular en hacer aquello, presentar el proyecto ante el público como algo exótico y osado habría sido del todo falso.

Por supuesto, para mí era como una aventura —ese había sido su atractivo desde mi décimo cumpleaños—, pero sabía que no requería un valor ni un aguante insólitos. Fue planificada, y demostró serlo, como una travesía despreocupada privada para disfrutar de una parte del mundo de la manera que mejor se adaptaba a mi temperamento. Y si los vientos de la industria editorial me eran favorables, podría proporcionarme el material para un libro.

* * *

El invierno de 1962-1963 fue el más severo en Europa en ochenta años y nunca olvidaré el frío agonizante de aquella oscura mañana de enero cuando empecé a pedalear desde Dunkerque por una carretera cubierta de hielo. Como escribí a Daphne al cabo

[*] Es el nombre de su bicicleta, en honor a Rocinante, el caballo de Don Quijote.

de unos días: «Tener al alcance de la mano la realización de una ambición de veintiún años resulta bastante desconcertante». Había pensado tantas veces en aquel momento que, cuando me encontré viviéndolo de verdad, sentí como si una escena favorita de alguna novela hubiera cobrado vida; no me lo podía creer.

Dervla Murphy (Lismore, 1931-2022). Ciclista y autora de libros de viaje irlandesa. Su gran sueño desde que tenía diez años era ir a la India en bicicleta, pero tuvo que esperar hasta la treintena para cumplirlo. Por suerte, en esta vida no hay nada como tener las cosas claras y desde que era adolescente Murphy supo que no quería casarse y tener hijos —«La antítesis de mi existencia ideal no planificada», en sus propias palabras—. La prolongada invalidez de su madre y todos los años que invirtió en cuidarla fortalecieron su carácter y le proporcionaron las capacidades necesarias para viajar por el mundo sola en bicicleta.

Ciclogeografía

— Jon Day —

Me desperté a un brillante amanecer. Un halcón tomaba el sol en un poste de la valla al fondo del jardín. El mundo se había transformado durante la noche, de nublado a helado, con una radiante luminosidad. El hielo flameaba y centelleaba en las zanjas.

Los caminos de tierra que discurrían por detrás de la casa eran difíciles de recorrer, zanjas congeladas y escarcha crepitante. Me detenía a menudo y empujaba la bicicleta. Finalmente los viejos senderos agrícolas dieron paso al asfalto, a la carretera más perfecta para el ciclismo. Me deslicé por aquel túnel ribeteado de árboles como en una nebulosa, con el viento azotando las lágrimas de mis ojos. El chapitel con forma de cohete de la catedral de Salisbury parpadeaba entre los árboles a mi derecha. Las palomas y los faisanes echaban a volar a mi alrededor y me seguían por la carretera. Un halcón batió las alas y alzó el vuelo. A lo lejos podía oír el débil pop-pop de unos disparos de escopeta.

Llegué a Salisbury cuando las campanas daban las diez, pero me marché casi enseguida para cruzar la llanura. Desde antes de la época de Thomas,* la llanura de Salisbury ha sido una zona de entrenamiento militar y no ha conocido un gran desarrollo. Sus vastas

* El autor está replicando el viaje en bicicleta que el poeta anglogalés Edward Thomas (1878-1917) hizo desde Londres hasta las colinas de Quantock, en el condado de Somerset.

extensiones se perdían en el horizonte. Brillaba el sol, pero un viento frío soplaba a mi espalda. Justo antes de llegar a West Levington tropecé con una placa:

> En este lugar, el señor Dean de Imber fue atacado y robado por cuatro bandoleros en la noche del 21 de octubre de 1839. Tras una intensa persecución de tres horas, uno de los criminales, BENJAMIN COLCLOUGH, cayó muerto en Chitterne Down. THOMAS SAUNDERS, GEORGE WATERS y RICHARD HARRIS fueron finalmente capturados y condenados en la posterior sesión trimestral en Devizes, y deportados por un periodo de quince años. Este monumento ha sido erigido mediante suscripción pública como una advertencia a aquellos que presuntuosamente pretenden escapar al castigo con el que Dios ha amenazado a los ladrones y a los bandidos.

Al salir de Steeple Ashton encontré un gavilán que un coche acababa de herir de muerte. Me lo metí en el bolsillo confiando en encontrar una tumba más adecuada que un arcén de carretera en la salida de un parque de caravanas. Me detuve a almorzar en un lago de pesca embarrado y enterré al ave bajo una hiedra. Los pescadores de carpas que se sentaban alrededor del estanque aprovechaban el domingo de Pascua silbando entre ellos y sin pescar nada en el tiempo que yo permanecí allí. Los juncos se doblaban por el viento.

El cuarto día amaneció más frío, cubierto. Remonté el río Avon a lo largo de la ladera de un valle, a lo largo del camino de sirga de un canal que corría paralelo a las vías del tren y del río. Estaba flanqueado por barcos de canal, de muchos de los cuales salía humo de leña. Me adelantaban corredores poco amables. La mala superficie de la vía sacudió mis manos frías hasta que volví a incorporarme a buenas carreteras antes de emprender una serie de duras subidas hacia los Mendips, donde la tierra se tornó de un rojo intenso.

El trayecto fue fácil desde Wells a través de los maravillosos, extraños y vacíos Somerset Levels, con diques que recorrían la cresta de la tierra. Las nubes me impedían ver el horizonte. La colina de Glastonbury Tor se alzaba por encima de mí, con-

templándolo todo. Más que a golpe de pedal, atravesé los Levels como si navegara, ayudándome de los fuertes vientos para adherirme a las mejores carreteras. Durante un rato vi a dos cuervos hostigando a un buitre. Todo el tendido eléctrico convergía en Glastonbury. Rodeé Shepton Mallet y a la altura de Chedzoy me persiguieron unos perros cuyos ladridos se llevaba el viento.

Uno de los últimos puntos de parada de Thomas fue en Nether Stowey, el hogar puntual de su gran héroe, Samuel Taylor Coleridge. A pesar de que el National Trust adquirió la cabaña de Coleridge en 1909, Thomas no pudo acceder a ella. Ahora se anima a los visitantes a sentarse junto al fuego donde Coleridge escribió «Helada a medianoche» y atizar las brasas. No era un final propicio para mi viaje. «Nether Stowey no ofrecía tentaciones comparables a las del camino que sale de ella», escribió Thomas, y me mostré de acuerdo.

Al rato me marché y volví hacia Taunton por la colina de Cothelstone, la cima de los cerros de Quantock, donde Thomas concluyó su propio recorrido. Era un ascenso difícil por un camino de tierra. Una papelera rebosaba bolsas de plástico llenas de excrementos de perro. Me senté en la cumbre barrida por el viento junto a las Siete Hermanas, los cimientos rocosos de un disparate destruido hace tiempo, en un banco hecho con troncos muy parecido al que Thomas describe en *En busca de la primavera*. Había vistas sobre las colinas y más allá, sobre el mar, hasta Gales. El viento aullaba a mi espalda. Me tomé una chocolatina de menta de la marca Kendal que había comprado en la tienda de regalos de la cabaña de Coleridge, mientras a mi alrededor chillaban las avefrías. Seguía sin haber ni rastro de la primavera.

Jon Day (Londres, 1984). Escritor, académico y ciclista británico. Trabajó como bicimensajero en Londres durante varios años y ahora es profesor de literatura inglesa en el King's College. Tratar de emular con la palabra escrita a autores como Iain Sinclair o Paul Fournel y conseguirlo no es ninguna tontería, por eso su ensayo *Cyclogeography* (2016) fue elegido libro del año en el *Observer* y en el *Guardian*, y mejor libro sobre Londres en el *Evening Standard*. En él, lejos de renegar de su pasado bicimensajeril, confiesa que lo que más le gustaba de su antiguo trabajo era lo que los taxistas llaman «el Conocimiento»: la íntima letanía de calles y direcciones comerciales grabadas a fuego en su cerebro.

Quien tiene la voluntad tiene la fuerza

— Emily Chappell —

Era martes por la mañana temprano. Si conseguía hacer trescientos kilómetros al día, llegaría a Çanakkale el viernes, el día antes de la fiesta que se celebraba en honor de los que habían alcanzado la meta, y, por increíble que parezca, tan solo un día por detrás de mi plan secreto de los doce días. Todavía estaba a mi alcance.

No obstante, sabía que era muy probable que perdiera de vista este propósito al cabo de unas pocas horas, cuando el calor de la tarde apretara, cuando las ganas de parar a descansar aumentaran hasta el punto de ensombrecer cualquier otra intención. Además, estaba a punto de entrar en Albania, uno de los pocos países cuya mala reputación, en lugar de ser desmentida, era confirmada por los cicloturistas. Nunca había estado allí, y después de oír todas esas historias de suciedad, crímenes, perros, baches y conductores horribles, no tenía ninguna gana de ir. Racionalmente sabía que las probabilidades de que me encontrara con algo peor que lo que ya había sobrevivido en diversos focos desfavorecidos de diversos países del mundo eran pocas, pero este no iba a ser un día de mucho avanzar, y en todo momento sería consciente de que los demás competían siguiendo la ruta más sensata a través de Kosovo, Serbia y Bulgaria, cada vez más cerca de Çanakkale y más lejos de mí.

La carretera que conducía a la frontera estaba desierta y unos guardias que parecían medio dormidos me indicaron con una seña que pasara.

Allá vamos, me dije. *Si alguien puede hacerlo, esa soy yo.* Arropada por mis miedos sentí un fuerte arranque de resolución y determinación. Dejé que reposara allí, en la periferia de mi conciencia, pues temía que si le dedicaba toda mi atención se revelaría como una quimera. En paralelo a la convicción de que afrontaba algo que sobrepasaba mis capacidades, de que las cosas acabarían saliendo mal —de hecho, ya lo habían hecho, es decir, no más de lo esperado— discurría el conocimiento intuitivo de que me hallaba en mi elemento. A lo largo de esta carrera y en la del año anterior me había quedado ligeramente sorprendida al oír las quejas de los demás ciclistas referentes al calor, al viento, a la rozadura del sillín y al agotamiento. Era como si no esperasen que fuera a ser difícil, o como si hubieran creído que su meticulosa preparación, la buena planificación de sus listas de equipamiento y sus costosos artilugios y accesorios para bicicletas tuvieran que haber obviado cualquier sufrimiento susceptible de poder ser experimentado durante la propia carrera. ¿Era simplemente que mis años batallando en Londres —y después renqueando por Asia sin apenas fuerzas— me habían llevado a acostumbrarme a las dificultades? ¿O se debía a algo menos noble que esto, a una pasividad que se traducía en que una vez dentro de una situación me esforzaba dócilmente por atravesarla en lugar de hacer frente a decisiones como dar la vuelta, desviarme o abandonar? Uno o dos días antes de que yo alcanzara la carretera de gravilla entre Bosnia y Montenegro, uno de los diez mejores ciclistas empezó a recorrerla, luego dio media vuelta y probó un desvío hacia el sur, después cambió de parecer y giró hacia el norte; cada una de sus decisiones había quedado dibujada como un tridente en la línea azul del localizador GPS. Finalmente se retiró de la carrera y yo me preguntaba qué se le habría pasado por la cabeza al llegar a ese punto. ¿Había abandonado porque para entonces había perdido toda esperanza de podio y sentía que el esfuerzo ya no merecía la pena? ¿Le avergonzaba tanto como a mí que sus errores pudieran ser vistos y comentados por innumerables observadores de internet? ¿O tal vez sus continuos

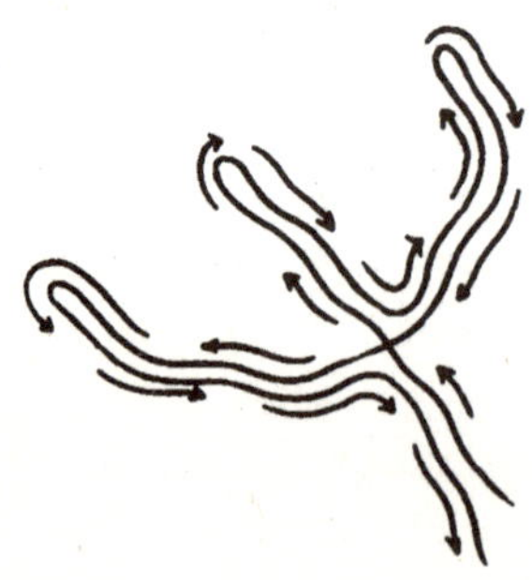

extravíos habían frustrado su ímpetu decidido, en el sentido de que al girar hacia un lado y después hacia el otro había extinguido sin querer la voluntad de seguir adelante y ya no le veía ningún sentido a continuar?

Me alegré de haber perseverado por la gravilla, y aún lo hacía cuando entré en Albania. Confiaba en que, por más dificultades que encontrase, era imposible que fuera el peor lugar por el que había circulado en bici en mi vida. Y en cualquier caso, hasta ese momento la carrera se me había dado mejor de lo que esperaba. Aquí, por fin, llegaba el reto.

A medida que la luz del día iba ganando fuerza, aceleré a través de acres de tierra de cultivo, verdes prados ordenados y jardines frondosos que rodeaban grandes casas de campo de tejados rojos, un paisaje no tan diferente al del norte de Italia. Me puse en guardia cuando el aire cálido empezó a traerme los olores del campo, recordando las crónicas sobre miseria que me habían relatado otros cicloturistas. Sin embargo, lo que percibí fue el aroma dulce y cálido de la alcaravea y aspiré profundas bocanadas tratando de detectar si aquel olor emanaba de alguna pequeña panadería a la que quizá me estuviera acercando, antes de darme cuenta de que procedía de los cultivos que crecían a ambos lados de la carretera, que se tostaban suavemente bajo el sol de la mañana. Al cabo de varios kilómetros el olor cambió: esta vez tenía un sabor más fresco y condimentado, uno que reconocía, pero al que no lograba poner nombre, y me fijé en los campos en flor a derecha e izquierda intentando distinguir la forma de las hojas mientras pedaleaba a toda velocidad.

Pasadas unas horas vi una estación de servicio que parecía tener cafetería, o por lo menos una tienda anexa, y me paré dispuesta a ver qué podía hacer con el desayuno. Me recibió un hombre delgado de pelo sedoso y oscuro que se disculpó por su escaso conocimiento del inglés, pero que, después, como por arte de magia, pareció haberlo redescubierto.

—Vamos —dijo—, por favor, entre y siéntese. Le prepararé un café.

Fue ese «vamos» lo que me maravilló. Bajo aquella timidez hablaba inglés con la soltura y las florituras de alguien que se rego-

cijaba en el lenguaje, tanto si lo había aprendido en un círculo de amigos anglófonos como en una estancia de varios años en Londres o en Birmingham. Quise hablar más con él, pero me puso el *espresso* delante y se retiró tras el mostrador con una sonrisa tímida. Varios minutos después, cuando le pagaba el café y un puñado de pasteles envasados para el camino, le pregunté cómo se decía «gracias» en albanés.

—*Faleminderit* —pronunció muy despacio.

—¿*Faleminderit*? —repetí.

Asintió orgulloso.

—*Faleminderit*.

—*Faleminderit*.

Le dije adiós con la mano y continué en dirección sur. Había temido las ciudades albanesas, anticipando humo, multitudes y un tráfico ingobernable, pero Shkodër pasó a mi vera en una impecable sucesión de rotondas bien asfaltadas y calles flanqueadas por árboles. En las vallas publicitarias y en los escaparates las palabras mostraban un lenguaje sorprendentemente diferente a cualquier otro que yo conociera, o de las apasionantes agrupaciones de consonantes del croata o el montenegrino. Saboreé la novedad de las Q y las diéresis albanesas, encantada de haber descubierto un rincón de Europa donde una todavía podía sentirse extraña.

Emily Chappell (Bath, 1982). Ciclista de larga distancia y autora inglesa. Emily llevaba un tiempo compaginando su trabajo de bicimensajera con grandes aventuras por el mundo en bicicleta cuando le propusieron participar en una carrera muy larga. «Ah, me encantaría —respondió—, pero estoy planeando hacer la Transcontinental.» Y así fue como incluso ella misma supo que se enfrentaría a una carrera más difícil todavía, y diferente a cualquier otra; una carrera que implica atravesar Europa cubriendo una distancia insondable como, por ejemplo, la que hay desde Bélgica a Estambul; una carrera en la que los corredores tienen prohibido el apoyo externo (salvo la ayuda espontánea no solicitada), por lo que deben llevar encima todo lo que puedan necesitar (o comprarlo sobre la marcha); una carrera que ni siquiera tiene un itinerario establecido, tan solo cuatro puntos de control repartidos por todo el continente. Y ¿sabéis qué pasó? Que ganó; a la segunda, pero ganó.

Vacaciones ideales

– Paul Fournel –

Mis vacaciones ideales comienzan a principios de julio. El trabajo en París se acaba. Se han celebrado los últimos cócteles. Los libros del verano han salido hace varias semanas, las novelas de la vuelta de vacaciones están ya en la imprenta, el Tour de Francia está en sus primeras etapas de llano. El deseo de silencio se hace vital. Es el momento de lanzarse a la carretera.

Instalo una pequeña bolsa de manillar con lo mínimo imprescindible y tomo el camino del sur para dirigirme al Alto Loira, cerca de Saint-Étienne, como hago cada verano. Circulo por una retahíla de carreteras secundarias que me llevan al Loira, de Orleans a Giens, siguiendo el río por su ribera izquierda, luego el canal lateral de Allier hasta alcanzar Moulins, después Courpière, Vichy. La cosa se pone seria en los montes de Forez: Job, Vertolaye, Ambert, Saint-Anthème, Usson, Saint-Hilaire-Cusson-la-Valmitte y Bas-en-Basset.

Cuatro días de paz sin pronunciar otras palabras que aquellas que la música de la bicicleta me dicta, cuatro días de silencio militante para purgarme del torrente de palabras que supone mi trabajo diario, cuatro días de violencia física para vengarme de mi sillón. No hay nadie por las pequeñas carreteras de Francia y la transformación del *Homo intelectus* en *Homo bicicletus* se realiza en la intimidad.

Al principio, todavía circulando por los alrededores de París, comienzo a dialogar con mis piernas para ir averiguando si están en orden de marcha. Según pasan las horas del día, retornan viejos males: un antiguo dolor de rodilla, una vieja rozadura provocada por el sillín, molestias de espalda. Pero también recupero viejos bienestares: una cierta ligereza de las piernas, una buena respuesta muscular a la hora de aplicar fuerza sentado, recupero el golpe de riñón... De las ganas de silencio paso al deseo del ritmo.

Viejos males y nuevas buenas sensaciones se mezclan, mientras el cuerpo, que va cogiendo tono, busca un equilibrio con el exterior. El parte del tiempo deja de ser algo abstracto y el frente lluvioso que recorrerá el país de oeste a este hace acto de presencia de forma repentina. Puede ocurrir también que el fuerte mistral me coja por la espalda y me empuje hacia el sur a la velocidad de un CGV (Ciclista a Gran Velocidad).

Recorro de ciento cincuenta a doscientos kilómetros al día a buen ritmo (al menos mientras la carretera es plana) y mi humor mejora más y más conforme avanzo. No me torturo a mí mismo con preguntas existenciales, simplemente pedaleo. Estoy feliz, vivo y sudado.

Hacia el final del mediodía, cuando la fatiga parece hacer más pesado lo que llevo en el portaequipajes, busco un bar con televisión para ver el final de etapa del Tour.

Los corredores están en el llano, lo que está en juego es mínimo, pero disfruto del espectáculo del movimiento de los equipos importantes. Eso hace, por lo general, bostezar de aburrimiento a los telespectadores, pero cuando tienes un buen montón de vivencias y de kilómetros en tus piernas, sabes valorar el espectáculo de un equipo que se pone a tope para colocar a su esprínter en cabeza en los veinte últimos kilómetros. Aparecen las anónimas y feroces locomotoras. Finalmente, le queda al esprínter rematar la faena. Este puede ser peligroso (Abdoujaparov), potente (Ludwig) o simplemente magnífico (Cipollini, el Magnífico).

El esfuerzo realizado sobre la bicicleta le da un valor nuevo a las cosas sencillas: la dicha, el baño, la cama sobre la que te echas finalmente, el olor de la crema que aplicas a tus piernas con gratitud.

Cuando llego a mi destino, los diez días de vacaciones que me quedan se desarrollan según un ritmo inmutable: bicicleta por la mañana, Tour de Francia por la tarde. Recupero el don de la palabra, soy un ciclista motivado y disfruto de la charla con los compañeros de grupeta mientras pedaleo.

Me reencuentro con los amigos de la bicicleta allá donde los había dejado el verano pasado, junto a la fuente a las siete de la mañana (Jean Loup, Titch), con amigos ocasionales con quienes pedaleo en otros lugares (Jean Nöel, Rémy Sébastien), con nuevos amigos, con desconocidos ciclistas.

Cuando el calor aprieta, me gusta ver la etapa del día con mi padre. Es el guardián de la historia y de la leyenda del Tour, el comentarista de los comentarios. Luego, cuando la etapa ha concluido y el sol está todavía en lo alto del cielo del Alto Loira, es el momento de pasar a las cosas banales de las vacaciones.

Allá por el 20 de julio, en una bonita tarde de domingo, los corredores se encuentran repentinamente en los Campos Elíseos y el Tour de Francia se acaba. Mis vacaciones se terminan con él con un gran bajón anímico que combato sobre mi bicicleta el lunes por la mañana, cara a cara conmigo mismo, rodeado por el color verde de las montañas y el perfume de los pinos. Mi verano se ha acabado.

Acto seguido «subo» a París con la bicicleta en el techo del coche. Aunque es mucho más fácil ir del Alto Loira hacia París, y la carretera desciende regularmente durante los primeros doscien-

tos kilómetros, ir a París es «subir». Mis maestros de escuela y la guía Michelin orientan así sus mapas y han orientado mi destino ciclista.

Si hubiera sido profesional habría ganado la París-Niza.

Paul Fournel (Saint-Étienne, 1947). Un día, el oulipiano Paul Fournel se propuso dar envidia a todo el mundo y escribió este breve texto que acabas de leer. Verano, naturaleza, bicicleta, soledad y Tour de Francia. «El orden de los factores no altera el producto», dijo Pitágoras, a lo que Fournel replica con un órdago a la *ars combinatoria* (o el descubrimiento de nuevas verdades mediante la agrupación de objetos y símbolos diversos). Y es que, en sus manos, la combinación de estos cinco elementos puede dar lugar a múltiples aventuras, todas ellas envidiables.

Sin prisa

– Taller El bon pedal –

Así nace un viaje en bicicleta. Así nace un taller de bicicletas. Así nace una forma de entender la vida. Así crece una familia.

Una pareja se lanzó a dejar el trabajo, el alquiler de un piso en el centro de una gran ciudad como Barcelona y casi todas sus pertenencias en mercadillos y aplicaciones de compraventa para lanzarse a hacer un viaje. De inicio era solo eso, un viaje, pero resultó ser una experiencia que les marcaría la vida. Un cambio de visión, de perspectiva. Pero de esto no se darían cuenta hasta pasados unos años. Serían dos caracoles cargando su casa y llegando, poco a poco, en sus bicicletas, a donde ellos quisieran. Fue un viaje por Asia durante un año.

Pedalada a pedalada experimentaron la felicidad de conseguir las cosas por sus propios medios. El placer de llegar a un sitio, plantar la tienda, hablar con un lugareño que pasaba por allí, cocinarse su cena y escuchar el silencio. No era necesario que el lugar fuera impactante ni que formara parte de «los 20 destinos que tienes que ver en tu vida» que publica cualquier blog de viajes. No era necesaria una foto ni, por supuesto, un *selfie*. Tampoco era importante comunicar esa experiencia en ninguna red social. No hacían *checks* a las cosas que DEBERÍAS hacer de una lista imaginaria impuesta por la necesidad de perseguir esos «no te puedes perder». No era cuestión de sumar kilómetros o países. Era cuestión de vivir, de sentir y de compartir. Sentir que no necesitas estar en ningún otro lugar, con ninguna otra persona haciendo ninguna otra cosa. Es evidente que hubo dificultades; cansancio, falta de higiene, días sobre la bicicleta en los que no avanzaban, tener la sensación de estar constantemente perdido en un mapa de papel en el que no te sitúas y encontrando señales en la carretera que no entiendes, pasar la varicela en la India o una insolación prolongada en Bangkok. Pero con las dificultades aparecían personas que se cruzaban en su camino y, sin que ellos lo supieran, les salvaban o les empujaban a salir: los llamaban ángeles. Y siempre que se encontraban a otros viajeros ciclistas comentaban y coincidían en la existencia de estos ángeles. En realidad no eran más que buenas personas que ofrecían su pequeña ayuda solo porque sí, por el simple hecho de que eran buenas personas. Y a los de occidente nos parecían ángeles. Encontraron felicidad en la naturaleza. Sin quererlo. Sin buscarlo. Estar en contacto constante con ella, sin darse cuenta, les iba llenando y es que, al fin y al cabo, esto es lo que somos. Iban lentos. Sin prisa. No tenían rumbo ni destino. Se movían según el tiempo, el estado de ánimo. Qué bien sienta escuchar al cuerpo.

A medida que pasaban los meses fueron hablando y, sobre todo, soñando en lo que harían al regresar. Sabían que ese momento llegaría, pero esto no tenía que suponer una preocupación, un agobio. Estaban allí para vivirlo. Enfocarse en el futuro no les permitiría disfrutar. Aunque tampoco lo podían obviar. La realidad es que no tendrían dinero al volver, así que necesitaban encontrar un trabajo. Pero este ya no podía ser un trabajo sin más, solo pensando en la necesidad de tener comida y un hogar. Eso les destrozaría. Sentían la necesidad de volver y dedicarse a aquello que era acorde con sus valores. Ya habían hecho un cambio de mirada, de sentir qué es lo que venimos a hacer en esta vida, aunque seguramente esto era algo que ya tenían dentro antes. Pero tampoco se puede vivir de sueños. Los sueños no alimentan. Les haría falta un propósito, encontrar ese sentido a todo lo que les movía. Y si este propósito iba acorde con su sueño les alimentaría tanto la barriga como el alma.

Tenían claro que lo que hicieran tenía que estar vinculado a la bicicleta. Este medio de transporte les había aportado calma, libertad, cercanía con las personas que se encontraban por el camino y la posibilidad de conocer rincones a los que solo se llegaba a pie. La bicicleta implica sencillez, tanto en su composición como en su uso. Es sostenible, es una forma fácil de transportar carga y un modo sencillo de practicar ejercicio. Es un transporte económico, accesible y te mantiene en contacto con el aire libre. Estaba claro que la bicicleta era un modo de vida, no solo un medio de transporte. Y que reunía los valores que sentían. A lo largo de los meses, poco a poco, dieron forma a ese sueño. Lo tenían. Abrirían un taller de bicicletas. De esta manera alargarían al máximo la vida de estas. No sería cuestión de cambiar piezas porque sí, sino de repararlas, entendiendo a la figura de la mecánica no como una recambista sino como la que arregla, recompone o restaura. Recuperar el oficio. Como la zapatera que te vuelve a pegar la suela del zapato o la costurera que te acorta el pantalón. Este sería el objetivo: CUIDAR. Mimar lo que usas y te es útil. Hoy en día estamos acostumbrados y aceptamos que un producto se estropea y que su reparación cuesta casi lo mismo que uno nuevo. Como consecuencia tendemos a comprar otro, ya que esto nos supone menos ajetreo: se compra *online* en tres clics y te lo traen a casa al día siguiente, en vez de llevarlo a un sitio, que lo miren, hagan un presupuesto, lo reparen (mientras tanto no lo tienes) y volver a recogerlo con la confianza frágil de cuánto durará esta vez.

Sería un taller acogedor, cercano, que invitara a sentarse y charlar con la mecánica. Porque claro, ella trabajaría frente al público y no en una sala de la trastienda, después de que un recepcionista haya apuntado lo que se tiene que arreglar en una ficha; es decir, reparar sin haber visto a la persona, sin percibir detalles importantes que solo es posible conocer si se la ve. Y es que no es lo mismo preparar la posición para una mujer de edad avanzada que va de paseo por la ciudad el domingo y lleva a su perrito en la cesta delantera que para otra que pesa la mitad que la anterior y va a toda máquina de casa al trabajo y luego a clase de yoga y a cenar en un mismo día. Por supuesto, esta sería una de las prioridades, convencer a la gente de que todos podemos ir en bicicleta, que solo hay que buscar la que mejor te vaya y adaptarla.

Volvieron. Consiguieron su sueño. Los voy a ver y no pierden ese saber hacer, esa sonrisa interna de estar haciendo lo que les llena. Les pido que me comenten sus reflexiones cinco años después de haber abierto el taller:

«Mucha gente no sabe lo que lleva entre las piernas. Nos envían emails a menudo comentando que, por ejemplo, sus frenos no funcionan y que cuánto puede costarles la reparación. NO LO SABEMOS. Es imposible saberlo. Nadie te lo podría decir. ¿Qué bici tienes? ¿Qué sistema de frenos tienes? ¿Cantileber, en V, de disco? ¿Qué parte le falla? De la misma forma que tampoco podemos saber cuánto puede costar una restauración ni una revisión general. Lo sentimos pero la mecánica de bicicletas necesita verla y hasta probarla para saber cuánto costará.»

«Muchos se extrañan o hasta sienten incomodidad si tras una reparación concreta también nos aseguramos de que la cadena esté bien lubricada y que ambas ruedas estén bien hinchadas. Su cara expresa un "¿por qué lo haces si no lo he pedido?". Gratitud, señores.»

«Poner precios asequibles y aceptar | tratar todas las bicicletas por igual te separa de los que creen que un "buen" servicio para su "buena" bicicleta implica que el precio de ambas se corresponda; una bici cara necesita una mano de obra cara. ¿Por qué? ¿Bajamos de estatus si tu bici de cinco mil euros es vecina de gancho en el taller de una bici chatarrera de un chaval universitario?»

«Hay mucho movimiento ciudadano; gente que se mueve para vivir en una ciudad mejor, en una sociedad mejor. Gracias por lo que hacéis.»

«Y hay muchos otros que hacen pequeñas cosas como coger la bicicleta a diario para ir al trabajo, para llevar a sus criaturas a la escuela y que es igual de revolucionario. Gracias también a vosotros. Sois tan necesarios.»

«Lo mejor: la gente se parece a su bicicleta. Sí, igual o más que a su perro. Tanto en el cuidado y en el aspecto como en el tipo de uso. ¿Os habíais fijado?»

El bon pedal (Barcelona, 2016). Taller de bicicletas de Pol Suñol y Mireia Bartomeus ubicado en el n.º 115 de la Avenida Roma de Barcelona. Esta pareja fuera y dentro del taller trabajaba en una gran empresa de bicis hasta que en 2013 decidió dejarlo todo para viajar por Asia en bicicleta. A su vuelta abrieron El bon pedal. Para ellos, la bicicleta no es una moda. Es pasado, presente y futuro. Quieren contribuir a que sea un vehículo asequible para todos y poner su granito de arena para incrementar el número de bicicletas en la ciudad. No se nos ocurre una contribución mejor.

A toda máquina

— Dervla Murphy —

Abbas-Abad, 3 de abril

Hoy hemos cubierto ochenta y tres millas, pero esto ha significado romper mi regla de «no pedalear una vez ha oscurecido» y continuar hasta las nueve y media de la noche. Sin embargo, no creo que haya ningún peligro en un país tan deshabitado, y la brillante luz de la luna me mostró el camino; era indescriptiblemente bonito con las dunas de arena, que parecen montañas. Por fin me voy acostumbrando al silencio raro y misterioso del paisaje del desierto y a la extraña experiencia de ver cosas que desaparecen a medida que te aproximas a ellas. También he descubierto que lo que parece una aldea a dos millas de distancia es en realidad una aldea a veinte millas de distancia, y me he aclimatado al polvo fino que impregna cada pliegue de mi cuerpo y del equipamiento. En resumidas cuentas, ¡me encuentro a gusto!

Hoy se ha producido un divertido paréntesis cuando un ingeniero estadounidense que volvía en *jeep* a su trabajo en Afganistán se ha detenido para estudiarme, lo que ha dado lugar a la siguiente conversación:

ESTADOUNIDENSE: ¿Qué diablos haces en esta maldita carretera?

YO (*después de sentir una antipatía inmediata hacia él*): Montar en bici.

ESTADOUNIDENSE: Ya lo veo, pero ¿a santo de qué?

YO: Para divertirme.

ESTADOUNIDENSE: ¿Estás chalada o qué te pasa? Dame esa bici y la pondré en la parte de atrás. Entra ahí, vámonos de esta maldita sartén cuanto antes. ¡Esta ruta no es apta ni para un camello!

YO: Cuando vas en bici en lugar de en un *jeep* no te parece una sartén. Es más, si echas un vistazo a tu alrededor te darás cuenta de que el paisaje compensa el estado ciertamente deplorable de la carretera. De hecho, disfruto pedaleando a través de un país como este. Pero gracias por la amable oferta. Adiós.

Al adelantarme, gritó: «¡Eres una maldita chalada!».

Considero que este tipo de vida en la que solo estamos Roz y yo, y el cielo y la tierra, es pura dicha. Mi única preocupación en estos momentos es la completa desintegración de Roz. Hasta ahora, la luz trasera, el guardabarros trasero y la mitad del delantero se han caído; las dos correas que atan la alforja al sillín se han roto; el portaequipajes izquierdo se ha desprendido y el pedal derecho se ha aflojado. Todo se aguanta en su sitio mediante un sistema de cuerdas y alambres más complicado de lo que creeríais posible, pero por fortuna ninguna de estas minusvalías es seria. El problema empezará cuando las ruedas o el cuadro se rompan. Por increíble que parezca, no he tenido ni un solo pinchazo desde que salí de Teherán (un tributo al sumo cuidado con el que pedaleo). Pero es evidente que mi afirmación de que el ciclismo es la mejor manera de *ver* un país no es válida en esta región. No me atrevo a apartar los ojos de la carretera ni por un segundo, y lo que «veo» se limita a los intervalos a pie y a las paradas frecuentes que hago para mirar a mi alrededor.

Esta aldea es el lugar más primitivo en el que he estado nunca, sin ni siquiera un cuartel de gendarmería. Es una agrupación de las habituales chozas de barro de construcción tosca, y en la casa de té todo está hecho de barro: el «mostrador», los asientos que cubren las paredes y los escalones que conducen al ático, donde hay hombres fumando opio. Subí allí para investigar el hospedaje y encontré a cinco valientes sumidos en un trance con sus pipas; ¡eso es lo que pasa cuando no hay una gendarmería! (Esta noche mi brazo derecho está tan rígido que no puedo doblarlo y el dolor es intenso, pero es mejor que la congelación.) Los tres hombres que ahora beben té parecen mantener una actitud neutral hacia mí: no demuestran ninguna simpatía, pero tampoco ninguna hostilidad aparente. Creo que he hecho bien en llegar tarde: cuanta menos gente sepa de mi existencia, mejor. Voy a dormir en uno de los largos asientos de barro con Roz atada a mí y la mochila debajo de la cabeza con las correas alrededor del cuello, ¡aunque no está claro cómo el estrangularme con mis propias correas podrá ayudar en caso de que alguien intente robarme!

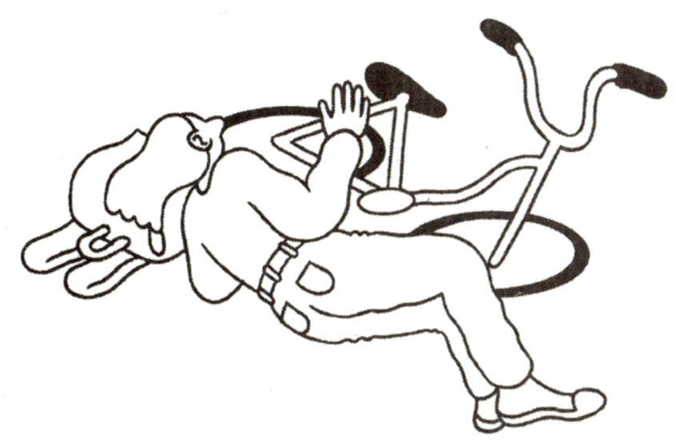

Dervla Murphy (Lismore, 1931-2022). Autora de libros de viaje y ciclista irlandesa. Tras varios veranos recorriendo distintos lugares de Europa en bicicleta, la muerte de su madre inválida le permitió viajar más lejos y en 1963 cumplió su sueño de ir en solitario a la India en bicicleta. Para ello cruzó Europa, Irán, Afganistán, Pakistán e India, enviando de antemano cámaras de repuesto para arreglar pinchazos a las embajadas irlandesas. El paisaje y la gente de Afganistán la enamoraron hasta el punto de que se consideraba «agfanática».

La magia de viajar en bicicleta

— Iria Prendes —

Si me preguntas hace diez años, nunca habría imaginado que se podía viajar en bici. Jamás, hasta que me crucé con dos colombianos en una plaza un día de masa crítica, y yo, que venía devorando blogs y webs de viajes en bicicleta, pude reconocer las suyas al instante. No sé si a todas las personas que nos flipan las bicis nos pasa, pero yo reconozco tener un imán | visión láser para detectar bicicletas en cualquier rincón, ya se vean claramente o estén medio escondidas. Esa tarde no hubo excepción. Una vez reconocidas las bicis tenía que identificarlos a ellos. Porque ya sabía de antemano que iban a ser hombres; ¿cuántas mujeres conocéis que viajen en bici? Yo ahora puedo nombrar a unas cuantas, pero en su momento, ninguna. Fue fácil distinguirlos, y los vi tan normales, tan comunes, tan simples personas, que recuerdo que en ese instante desmitifiqué la imagen de persona cicloviajera que tenía, esa de que hay que ser deportista, o superapañada con la mecánica, o con un perfil aventurero, y me creí realmente que yo podría hacer lo mismo que ellos.

Siempre he pensado que hay un día memorable en el inicio de cualquier historia. Yo tengo que hacer memoria para recordar cuándo fue el día que decidí que iba a viajar en bici, el día que tomé la decisión y empecé a prepararlo todo. Porque en mi caso, fuera de clichés establecidos, todo ha sido un dejarme llevar por algo que me hacía y hace latir fuerte el corazón, un ir dando pasitos hacia ese camino que me permita acercarme a mi yo más puro, a sentir más y pensar menos, a disfrutar en vez de lamentarme, a vivir más que a anhelar.

Así empecé a viajar en bici, por puro deseo. Un deseo que me impulsa a moverme y a descubrir este majestuoso planeta lleno de fauna y flora. Donde la curiosidad te lleva a vivir encuentros genuinos.

Atesoro infinitas anécdotas de mis días pedaleando por el mundo. La mayoría, o al menos las que recuerdo con más cariño y emoción, tienen que ver con encuentros con otras personas. La bicicleta, en los casos en los que no se habla el idioma y se desconocen los comportamientos culturales, se convierte en un instrumento mágico de interacción. Y así la uso yo cuando viajo.

Hay un ritual en el que la bici entra muy fácilmente en acción, y es cuando busco un sitio para dormir.

Para todos aquellos que estáis leyendo y no viajáis en bici, yo soy de la escuela de la autosuficiencia, de las personas a las que nos gusta llevar todo encima para depender lo menos posible del entorno, por lo que todo el equipo de acampada y cocina lo porto en mis alforjas. Os cuento esto porque entonces entenderéis lo que significa tener que buscar sitio para dormir o, más bien, un espacio donde colocar mi tienda de campaña.

Con el tiempo he aprendido que la bicicleta crea un puente entre personas que no se conocen y que eso me lleva, la mayoría de las veces, a vivir situaciones tan alucinantes que de otra manera no podrían ocurrir.

El ritual que desarrollé consiste en acercarse a un pueblo al finalizar el día y dejarse ver, ya sea sentándose en la plaza a merendar, a escribir en tu libreta o a hacer cualquier cosa que necesites en tu bici. Para cuando te quieres dar cuenta, medio pueblo ya sabe que estás ahí y alguien se habrá acercado a preguntarte algo.

Otra buena opción es pasar por el bar y entrar, consumir y hablar con los vecinos.

La bicicleta es afable y hace amigos, nadie teme a la bici; es más, la gente suele sonreír cuando ve una porque generalmente trae muy buenos recuerdos.

Recuerdo una ocasión en el sur de Chile, llevaba meses adentrada en la parte más inhóspita de la Patagonia, esa que hace que tengas que cargar con provisiones para varios días (en plural, porque eso es lo que tardas en conectar un pueblo con otro).

Había llegado a un pueblo que parecía cerrado. La mayoría de sus casas tenían las persianas bajadas y no había ni comercios ni personas por la calle. Pasé por delante de la iglesia y vi movimiento. Era típica de esa zona, con mosaicos de madera, pequeña y de color chillón. Tenía un terreno bien cuidado a un lado y, lo más importante, una verja que aseguraba la propiedad y manifestaba el poderío de la Iglesia. Todo esto que os explico lo pensé mientras se me ocurría dar la vuelta y esperar a que el cura terminase de oficiar la misa para pedirle permiso para acampar en ese flamante terreno. Entré, con mi indumentaria ciclista, nómada, vagabunda, y esperé en el último banco. Como digo, hay que hacerse ver. Cuando salió la última señora, el cura ya lo había cerrado todo, así que ni me dio opción de pedirle nada. Con el beneplácito me puse a buscar la mejor esquina en ese campo donde poder montar mi casita para esa noche. Faltaba poco para que anocheciera, ya no iba a ponerme muy exigente. Montada la tienda, empecé a calentar agua cuando apareció una señora junto a la verja.

—Pshhh, mi hijita, mi hijita —me gritaba mientras me hacía gestos con la mano para que me acercara.

Yo, imaginando que iba a llamarme la atención por estar acampando en terreno de la iglesia, en un primer momento la ignoré. Pero como la mujer insistía, me acerqué dispuesta a explicarle que contaba con el permiso del cura.

Cuando estuve bien cerca, me encontré a una señora bajita con un rostro bastante simpático que me preguntó si iba a pasar la noche allí.

—Sí, señora, pero el cura me dio permiso. Mañana por la mañana continúo mi viaje, solo es esta noche.

La mujer abría los ojos, no daba crédito a lo que le decía.

—¿Y no querrá venir a casa a dormir, mi hijita? Yo vivo aquí enfrente, ya la vi a usted antes cuando llegaba y esperaba en la misa con su bicicleta. Yo estoy sola, mis hijos están estudiando en la ciudad, mi marido vuelve mañana del trabajo. ¿No querrá venir y dormir en una cama caliente y cenar algo rico? Es muy grande la casa para mí sola.

Ahora era yo la que no daba crédito. Una desconocida, una señora desconocida que estaba sola en casa acababa de invitar a otra desconocida que estaba sola en su tienda a compartir una cena y una charla. Una invitación que tendía una mano de humanidad, de compañerismo, de hermandad.

—¿Usted está segura? —recalqué por si acaso.

—Totalmente.

Desmonté la tienda, volví a meter todo en las alforjas y crucé la calle hasta la casa de Rosa.

Tomamos once, ese clásico merienda-cena chileno que comen en las zonas rurales.

Conversamos, nos reímos, compartimos como dos amigas que lo pasan bien, aun con cuarenta años de diferencia. Sentimos que mutuamente nos hacíamos mimos al corazón.

Yo, que ese día no tenía pensado ducharme con agua caliente ni descansar con ropa limpia, me vi ahí, recién duchada y cenando como una invitada.

Como esta historia tengo muchas, como el día que entré a comprar pan y pasé de ser preguntada por la bici a terminar siendo invitada a comer junto al resto de la familia del panadero. O la vez que fui rescatada en la carretera y llevada a la isla de un magnate, donde pasé una semana y terminé cocinando y marchándome con más dinero que con el que había entrado.

O cuando, saltando una tranquera para ocultarme un poco de la carretera, apareció un coche con las luces encendidas que casi me mata del susto al ofrecerme que fuera a su casa, que estaban de fiesta, eran muchos y había mucha comida, para mí también.

Decenas de anécdotas que demuestran que, cuando sales, confías y le sonríes al mundo, el mundo te devuelve la sonrisa. Pero no dudéis que, si vais en bicicleta, todo es más. Os lo aseguro.

Iria Prendes (A Coruña, 1981). «Encima de la bici, la vida es más bonita», sostiene esta aventurera nómada, ciclista e impulsora del proyecto Soy Cicloviajera, la primera comunidad de cicloviajeras dirigida a mujeres que quieran viajar en bici de forma autosuficiente por cualquier lugar del mundo. Su bicicleta se llama Alas. Hace unos años tomó la decisión de organizar su vida en torno a este «objeto revolucionario en muchos sentidos», y lo cumple a rajatabla. ¿Su misión? Que no quede mujer sin probar lo que se siente encima de una bici.

— PEDALES sin miedo —

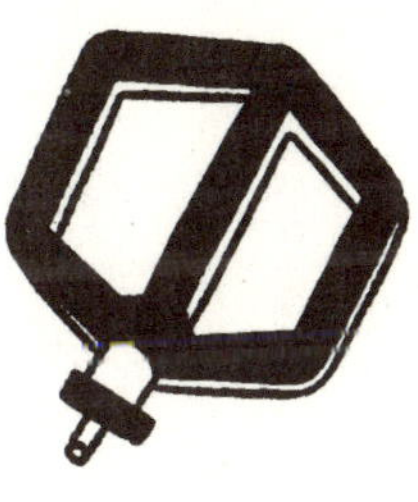

La bicicleta no es tanto una forma de llegar a algún sitio como un escenario para el azar; transforma cada viaje en un recorrido desorganizado.

***The Man Who Loved Bicycles*, Daniel Behrman**

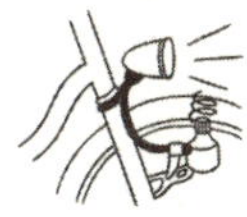

El itinerario de un ciclista recrea, como por casualidad, recorridos mucho más antiguos: senderos de trashumancia, rutas comerciales galorromanas, caminos de peregrinos, confluencias fluviales que han desaparecido en terrenos industriales baldíos, valles y caminos de cresta antaño transitados por vendedores ambulantes y migrantes.

***The Discovery of France. A Historical Geography from the Revolution to the First World War*, Graham Robb**

No se deja de pedalear cuando se envejece... Se envejece cuando se deja de pedalear.

Anónimo

No soy un ciclista solo en el sentido de que viajo en bicicleta, lo soy en el mismo sentido en que algunas personas son socialistas, fundamentalistas cristianos o realistas éticos; es decir, el ciclismo es mi ideología, un sistema de creencia sobre la base de la pureza y la economía de movimiento y generosidad para con el ambiente... Y quiero convertir a otros.

Robert Hanks

Cuando voy en bicicleta, repito un mantra de las sensaciones del día: sol brillante, cielo azul, brisa cálida, llamada del pájaro azul, derretimiento del hielo y así sucesivamente. Esto me ayuda a superar el tráfico, hacer caso omiso de los clamores del trabajo, dejar atrás todos los teatros de la mente y en su lugar enfocarme en la naturaleza. Aún debo cumplir con las normas de la carretera, de ciclismo, de la gravedad. Pero estoy mentalmente muy lejos de la civilización. El mundo está rompiendo el corazón de otra persona.

Diane Ackerman

Cuando la bicicleta es solo una forma mejor de llegar a lugares a los que nunca se debería ir, ese es el comienzo de la cicloterapia.

***The Man Who Loved Bicycles*, Daniel Behrman**

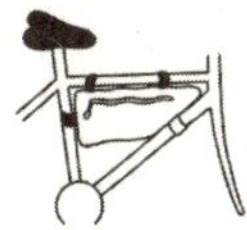

¿Habéis montado alguna vez en bicicleta? ¡Es algo que hace que valga la pena vivir!... ¡Oh! El simple hecho de agarrar el manillar e inclinarse sobre él, ir a toda pastilla a través de calles y carreteras, sobre vías férreas y puentes, sorteando multitudes... sin dejar de preguntarte cuándo vas a estrellarte. Bueno, ¡es algo increíble!

Jack London

El viaje se realizó en bicicleta no para satisfacer el espíritu aventurero que comúnmente se atribuye a los estadounidenses, aunque algo de aventura debe esperarse en un país como España, ni porque haya algo novedoso en esta forma de viajar —la novedad hace tiempo que se agotó—, sino por ser el medio de transporte que mejor se adaptaba a nuestro propósito, permitiéndonos, con total independencia de los obstáculos habituales del viajero, atravesar el país a placer, parando donde y cuando quisiéramos.

***Sketches Awheel in Modern Iberia*,**
Fanny Bullock Workman

RECUERDOS DE BICICLETA

Si recordar es un arte, estas bicis son góticas, manieristas, románticas e incluso fauvistas. Son distópicas. Son la Dama de Elche. Les encanta ayudar y apenas se quejan si alguien les cambia la altura del sillín.

Recuerdos

— Richard Lovell Edgeworth —

Durante mi estancia en Hare Hatch planteé una nueva apuesta entre nuestros conocidos, con la intención de comprometerme a encontrar a un hombre que, ayudado por una máquina, caminara más rápido que cualquier otra persona. La máquina que pretendía utilizar era una enorme rueda hueca, muy ligera, en cuyo interior, en un tonel de un metro y ochenta centímetros de diámetro, caminaría un hombre. Cada vez que se desplazara casi ochenta centímetros, la circunferencia de la rueda grande, o más bien ruedas, giraría un metro y medio en el suelo; y dado que la máquina debía rodar sobre tablones y sobre un plano ligeramente inclinado, una vez superada la fuerza de inercia la máquina llevaría al hombre que había en su interior tan rápido como él pudiera caminar. Había previsto medios para regular el movimiento, de tal manera que la rueda no saliera huyendo con su amo. Mandé construir la rueda, y cuando apenas necesitaba unas cuantas horas más de trabajo para completarla, me fui a Londres en busca de lord Effingham, a quien había prometido que estaría presente en el primer experimento que se hiciera con aquella rueda. Sin embargo, el volumen y la apariencia extraordinaria de mi máquina atrajeron la atención de los vecinos de la región y, aprovechándose de mi ausencia, algunos curiosos ociosos fueron a ver al carpintero que había contratado, que vivía en Hare Hatch Common. De él obtuvieron la gran rueda que yo había dejado a su cargo. No estaba aca-

bada. Aún no la había provisto con los medios para detener o moderar su movimiento. Un joven se introdujo en ella y sus compañeros la lanzaron sobre un camino que descendía suavemente hacia una cantera de piedra caliza muy empinada. Esta cantera estaba a suficiente distancia como para que no la tuvieran en cuenta en el momento de poner en marcha la rueda. Echó a rodar. El chaval que estaba dentro movía las piernas con todas sus fuerzas. Los espectadores, que en un principio habían contemplado la operación inmóviles, no tardaron en alarmarse al oír los gritos de su compañero, que percibía el peligro en el que se encontraba. El vehículo se volvió ingobernable; la velocidad aumentaba a medida que corrían colina abajo. Afortunadamente, el chico consiguió saltar de su prisión rodante antes de que esta alcanzara la cantera de piedra caliza, pero la rueda siguió adelante a tal velocidad que dejó atrás a los que la perseguían y, rodando por el borde del precipicio, se hizo añicos.

Al día siguiente, cuando fui a buscar mi máquina con la intención de probarla sobre unos tablones que se habían colocado a tal efecto, descubrí, con no poca decepción, que el objeto de todos mis esfuerzos y esperanzas yacía en el fondo de una cantera de piedra caliza, roto en mil pedazos. Por aquel entonces no podía permitirme construir otra rueda de este tipo, y por tanto no puedo determinar el éxito que hubiera podido alcanzar mi propuesta.

Richard Lovell Edgeworth (Bath, 1744 - County Longford, 1817). Escritor e inventor inglés. Antes incluso de la llegada de la bicicleta —y es que Edgeworth murió el mismo año en que Karl von Drais inventaba la draisiana—, varias mentes creativas intentaron llevar a la práctica formas rudimentarias de vehículos autopropulsados. Una de estas personas fue Sir Richard Lovell Edgeworth, que ya en 1794 planteó un telégrafo óptico para su uso en Irlanda, capaz de alertar sobre una temida invasión francesa. En sus memorias de principios del siglo XIX rememora el experimento ciclista que acabas de leer.

La bici lo es todo

— Rob Penn —

En abril de 1815, el volcán indonesio Tambora entró en erupción, una erupción que duró tres meses. Se calcula que murieron noventa mil personas. Sigue siendo la mayor erupción registrada en la historia. Millones de toneladas de ceniza volcánica fueron lanzadas a la atmósfera superior de la Tierra, formando una capa de aerosol que bloqueó la radiación solar en toda Europa y América del Norte. El sol desapareció, las lluvias aumentaron y la temperatura media disminuyó varios grados. Probablemente es el incidente de enfriamiento global más dramático que el mundo ha conocido jamás.

Las repercusiones sociales fueron inmensas. En Nueva Inglaterra se desataron ventiscas en julio. Muchos agricultores se marcharon y eso impulsó tanto el rápido asentamiento en Nueva York como la expansión hacia el Medio Oeste. En Irlanda, sesenta y cinco mil personas murieron de hambre. En Inglaterra estallaron disturbios a causa de la falta de alimentos y los dramáticos colores de los atardeceres cargados de polvo inspiraron al joven paisajista J. M. W. Turner. Byron compuso su poema «Oscuridad». En Suiza, el invierno interminable empujó a Mary Shelley, de dieciocho años, a escribir *Frankenstein*.

En 1816 —conocido como «el año sin verano»— se perdieron las cosechas en todo el mundo occidental. En aquel entonces, el precio de la avena era algo así como el del petróleo hoy en día. Según el historiador Carl von Clausewitz, en el sur de Alemania predominaba una «verdadera hambruna». Allí, los agricultores que ya no podían disponer de avena para alimentar a sus caballos los mataban. Un excéntrico aristócrata alemán, el barón Karl von Drais de Sauerbronn, antiguo estudiante de Matemáticas en la Universidad de Heidelberg e inventor, fue testigo de la masacre. Sin caballos, la sociedad se enfrentaba a una crisis aún más grave. Inspirado por la necesidad, Drais hizo realidad un sueño tan viejo como la propia humanidad: concibió un caballo mecánico con ruedas.

La «draisiana» fue inventada en 1817. Fue el primer prototipo de bicicleta. También conocida como *laufmaschine* («máquina de correr»), constaba de dos ruedas de carro de madera alineadas una delante de la otra, una montura de madera que el jinete montaba a horcajadas y un mecanismo de dirección básico. No se pedaleaba; para impulsarse había que correr o empujar con los pies en el suelo. Cuesta abajo, o a mucha velocidad, se levantaban ambos pies del suelo.

Era original. Nadie antes había colocado un par de ruedas en fila en una estructura y había hecho uso del precepto fundamental de la bicicleta: equilibrio por medio de la dirección. En aquella época estaba totalmente extendida la creencia de que, si uno no tenía los pies en la tierra, se caería. La draisiana demostró a la humanidad que era posible mantenerse sobre dos ruedas en línea si, y solo si, era posible dirigirlas.

He aquí una de las grandes preguntas sin respuesta de la historia de la bicicleta: si tecnológicamente era factible desde hacía, al menos, tres mil quinientos años, ¿por qué se tardó tanto en inventar la draisiana? Una hipótesis es que nadie creía que el equilibrio sobre dos ruedas en línea fuera realmente posible. Tal vez el mismo Drais diera con este invento por pura casualidad; pudo haber anticipado la estabilización de la máquina por el uso casi constante de los pies: solo una vez construida, durante un descenso a gran velocidad, por fin levantó los pies del suelo y vio que podía lograr lo mismo con la ayuda de un mecanismo de dirección.

Al conferir velocidad a la máquina, Drais también aceleró el acto de caminar o correr al tiempo que reducía el consumo de energía necesario. Para demostrarlo hizo el camino de ida y vuelta desde Mannheim, que era donde él vivía, a Schwetzinger Relaishaus en una hora siguiendo la mejor carretera de Baden. Para cubrir el mismo trayecto a pie eran necesarias tres horas.

En retrospectiva sabemos que la draisiana fue el primer antepasado de la bicicleta. En aquella época no causó una impresión significativa. Era una máquina cara, engorrosa y pesaba alrededor de cuarenta y cinco kilos. El poeta John Keats se refirió a ella despectivamente como «la nada del momento». La draisiana se adelantaba a su tiempo. Las carreteras, sobre todo en invierno, por lo general eran demasiado horrorosas como para circular por ellas. En 1820 ya se había prohibido el uso de estas máquinas en las aceras de Milán, Londres, Nueva York, Filadelfia y Calcuta. En Europa, cuando las cosechas se recuperaron, la draisiana cayó en el olvido y el sueño del caballo mecánico fue abandonado durante otros cuarenta años. Resulta irónico que en la actualidad la draisiana esté viviendo un renacimiento popular en forma de la bici de juguete que se considera ideal para que los niños aprendan qué es el equilibrio. Es un buen ejemplo de las vueltas que da la vida.

En nuestros días, la capacidad de montar en bicicleta es algo que damos por sentado. Esto se debe, en primer lugar, a que creemos que es fácil —algo que, una vez aprendido, nunca se olvida— y, en segundo lugar, a que la gran mayoría aprendimos siendo niños. Pero no siempre fue así. Así como ahora acudimos a las autoescuelas para aprender a conducir, a lo largo de la historia de la bicicleta las personas adultas han asistido a «escuelas de velocípedos» para aprender a mantener el equilibrio subidos a estas máquinas. Denis Johnson, un carrocero emprendedor de Londres que construía draisianas a medida, abrió su primera escuela de montar en Soho en 1819. Cobraba un chelín por lección. Ofrecía sus servicios a los dandis de clase alta del Periodo Regencia, entre quienes la máquina se puso de moda durante un verano; de ahí el apodo que se le dio: el *dandy-horse* («el caballo de los dandis»).

El siguiente gran salto evolutivo de la bicicleta tuvo lugar en París durante la década de 1860: se fijaron bielas giratorias y pedales a la rueda delantera de la draisiana y nació el «velocípedo», que en 1868-1870 desató una locura —la velocipedomanía— a ambos lados del Atlántico. La incorporación de los pedales significaba que los pies del ciclista permanecían *en el aire* en todo momento. Puesto que los pedales estaban fijados a la rueda delantera, el manillar debía reforzarse para resistir el efecto del pedaleo de lado a lado y al girar la dirección se veía obstaculizada por la presión del pedaleo, dada la falta de alineación entre la pierna y el plano de giro del pedal. En consecuencia, todo el mundo iba al «colegio» para aprender a montar en estas máquinas. El primer fabricante parisino de velocípedos, Michaux et Compagnie, abrió en 1868 una escuela de formación techada junto a la nueva fábrica. Quienes compraban velocípedos recibían lecciones gratuitas; el resto podían contratar a monitores por horas. Después de seis lecciones, los ciclistas salían a desafiar las calles.

Rob Penn (Birmingham, 1967). Autor, periodista, presentador de televisión y ciclista británico. Ha montado en bicicleta casi todos los días de su vida adulta, en más de cincuenta países por los cinco continentes. Es como si viviera respondiendo a impulsos obsesivos. Hace unos años decidió construir la bici de sus sueños y viajó por todo el mundo hasta que logró reunir en una sola bicicleta un cuadro de Rourke Cycles, una dirección de Chris King, un manillar Cinelli, un *gruppo* Campagnolo Record, unos bujes Royce, unos neumáticos Continental Grand Prix 4000s, unas llantas DT Swiss, unos radios Sapim Race y un sillín Brooks Team Professional. Su siguiente obsesión ha sido el pan y, de nuevo, ha recorrido el mundo entero investigando los distintos tipos de panes que se preparan en el planeta.

Equilibrio

– Joan Carbonell Solsona –

Aprender a andar en bicicleta es como un proceso iniciático, algo traumático y violento, pero definitivamente iniciático. Dejar los ruedines atrás y caer una vez tras otra es un camino en sí mismo. El aprendiz se lo gana a pulso. Moratones, arañazos y heridas de todo tipo le llevan a una sabiduría física, material, cotidiana. El aprendiz, con seis años, no lo sabe, pero pocas máquinas creadas por el ser humano permiten experimentar el equilibrio de forma tan completa. Pero el ciclismo no es ni una gran logia ni una sociedad secreta —aunque a veces lo parezca—; el aprendiz, en dos cuestas arriba y abajo ya tendrá el secreto, la fórmula mundana de la cuestión: el equilibrio es un estado de perfección, de reposo en movimiento. La bicicleta te hace experimentar la física sin cohetes ni trajes de cosmonauta. Sin motores, solo unos tubos metálicos, unos pedales, dos ruedas, un manillar y una cadena. Posiblemente por esta razón es considerada, por anónimos mecánicos y ciclistas, una máquina perfecta.

El equilibrio es un estado aparentemente simple pero profundamente complejo. En concreto, es el estado de un cuerpo cuando las fuerzas encontradas que obran en él se compensan destruyéndose mutuamente. Bajando, o subiendo, una cuesta se puede experimentar perfectamente ese estado físico. La fuerza motriz de nuestras piernas permite que se neutralice la gravedad que afecta a los laterales y nos permite «volar», revelándonos otro equilibrio: el ecológico. Y es aquí donde la bicicleta va más allá de un simple trozo de hierro y nos habla de un equilibrio social, medioambiental y tecnológico. Esa combinación de sensaciones y ventajas hace de esta máquina la más eficiente y divertida de todas.

El aprendiz no sabe, ni falta que le hace todavía, que montar en bicicleta tiene detrás mil senderos históricos, científicos, económicos...

Historia reciente de las máquinas

Han pasado diez años y el aprendiz ha dejado de serlo. Ha usado la bicicleta intensamente: cuesta abajo, cuesta arriba, ha llevado a sus amigos de paquete y ha recibido varios puntos de sutura en distintas partes del cuerpo. Pero ahora la bicicleta le abre una nueva dimensión para su edad. Le permite ir de pueblo a pueblo a altas horas de la noche; también llegar a lugares inaccesibles; además, le acercará a sus primeros trabajos. Ya es hora entonces de ir más allá, de entender nuevas dimensiones de la máquina de dos ruedas.

Miremos atrás: situémonos en la segunda mitad del siglo XX. Un momento irreversible. El desarrollo tecnológico e industrial fue la propaganda de una nueva guerra fría. La bomba atómica, la carrera espacial y la masificación del uso del automóvil eran un espectáculo tecnológico. Eran a la vez una demostración de fuerza y un narcótico consumista. Tanto la Unión Soviética como Estados Unidos no escatimaron en los recursos naturales y el maltrato del medioambiente* para disputar la hegemonía mundial. Generaron así un mundo con sociedades desequilibradas a nivel tecnológico, cada vez más tecnificadas y menos autosufi-

* El Club de Roma y el Informe sobre los límites del crecimiento de 1972 fueron la primera alarma de la crisis ecológica. (*N. del A.*)

cientes. A la vez, crearon el «tercer mundo», abriendo una brecha económica, política, social y también tecnológica. El desarrollo industrial, cada vez más tecnificado, era una máquina perfecta de hacer dinero y de control social a partes iguales. ¿Por qué no se dedicaron todos estos esfuerzos, todo este trabajo en ingeniería y en recursos a crear tecnologías accesibles y fáciles de reparar? ¿Por qué no se pensó en máquinas creativas, que no automatizaran al ser humano y que optimizasen los recursos escasos?* En toda esta vorágine tecnófila, la bicicleta era como una resistente planta prehistórica que planteaba otras formas de vida, más allá de la lógica mayoritaria.

Frenar el desarrollo a golpe de pedal

El antiguo aprendiz, con dieciséis años, sigue sorprendentemente atento. Aprovechamos para seguir hablando ahora montados en la bicicleta. Llegamos a los barrios periféricos y progresivamente se va rompiendo el continuo urbano: campos, bosques, polígonos... Nos acompaña también en nuestro paseo el filósofo ecléctico Iván Illich. Él fue uno de los que nos alertó de que el progreso industrial no es neutro y tiene un precio; un coste ambiental que gasta reservas de materiales que han tardado millones de años en crearse. Illich puso en duda la borrachera de progreso industrial

* Estas preguntas y muchas más en Noble, David F. *La locura de la automatización*. Alikornio, 2001. Barcelona. (*N. del A.*)

de las grandes potencias. También fue de los primeros en plantear las consecuencias de este desarrollo sobre los países pobres. Illich, desconocido más allá de determinados círculos militantes o académicos, planteó la necesidad de poner un límite al desarrollo. Un límite como sociedad a seguir creciendo para no acabar con el planeta, para no generar brechas tecnológicas desde un punto de vista social y para no convertirnos en esclavos de nuestra tecnología.

Illich advirtió que, en la segunda mitad del siglo XX, en plena carrera tecnológica de las superpotencias, se abría una brecha insalvable entre el primer y el tercer mundo. Estos últimos países, que precisamente se habían emancipado de las potencias occidentales, vieron cómo se les exigía un determinado desarrollo tecnológico para integrar sus economías en el mercado global. Eran las antiguas metrópolis las que proporcionaban esas tecnologías, alimentando la dependencia tecnológica. Ante esto, Illich planteaba que la equidad a nivel energético y tecnológico era fundamental y que había que desarrollar tecnologías que buscasen esta equidad. La bicicleta era un buen ejemplo y él la comparaba con el desarrollo del automóvil. Illich la llamó máquina convivencial: una máquina que optimiza al máximo la energía metabólica del ser humano, que el usuario mismo puede reparar y que además establece un límite geográfico de desplazamiento. Se trata, por lo tanto, de un desarrollo en su justa medida con el mundo que nos rodea y del que formamos parte; una máquina que contribuye al equilibrio tecnológico y medioambiental. Illich apostó por la bicicleta como medio de transporte del tercer mundo en contra del coche; la soberanía tecnológica contra la dependencia de recursos.

Un ejemplo fue la China maoísta. La escasez y una visión autárquica de la economía llevó a que la bicicleta se convirtiera en una de las piedras angulares de su peculiar planificación tecnológica. Iván Illich nos lo cuenta con un entusiasmo propio de los años setenta. Para Illich, la apuesta estratégica de la industria china en la bicicleta era el camino que había que seguir en lo que a transporte se refiere. Ha llovido mucho desde entonces, y han caído por su propio peso muchas de las acciones políticas de Mao, pero es interesante conocer la frase hecha sobre tecnología que quedó en China: tres vueltas y una voz. Se refiere a la tecnología básica para prosperar socialmente y acordar un matrimonio: bicicleta, máquina de coser, reloj y radio.*

三转一响**

No ser esclavos de la máquina

Seguimos rodando por espacios periurbanos. Espacios rurales intermitentes, límites del mundo urbano: ríos, arroyos, puentes, pasos bajo autopistas, almacenes, barracas, huertos... Nos preguntamos: *¿Quién vive en la última casa de la gran ciudad?* Illich sigue rondando en nuestras cabezas y nos cruzamos con dos ciclistas que no están paseando. Conducen bicicletas con remolques artesanales preparados para empezar a recoger chatarra. Allí está la bicicleta, soportando cualquier modificación, siempre disponible, siempre

* Thomas, Neil. «The Rise, Fall, and Restoration of the Kingdom of Bicycles», en *Marco Polo. Decoding China's economic arrival.* 24 de octubre de 2018. https://macropolo.org/analysis/the-rise-fall-and-restoration-of-the-kingdom-of-bicycles/ (*N. del A.*)

** San Zhuan Yi Xiang. Literalmente: tres vueltas y una voz. (*N. del A.*)

accesible a cualquiera. Una máquina generosa que no pide nada a cambio y que no nos esclaviza.

Este aspecto emancipador de la bicicleta es otro de sus poderes. Illich planteaba que hay tecnologías que nos vuelven dependientes y ponía como principal ejemplo el automóvil. Planteaba que cualquier solución tecnológica (internet, el coche, el tren, etcétera) atravesaba dos umbrales:* en primer lugar, el invento alcanza un umbral inicial en el que proporciona una gran mejoría en la vida de los seres humanos y sus sociedades. La cosa no seguirá así por mucho tiempo. Después de que la sociedad y el mercado capitalista hayan asimilado esa «mejora» llega el momento del segundo umbral, en el que se invierten muchos recursos económicos en adaptar el mundo a esa tecnología —por ejemplo, creando grandes autopistas para los coches—. Se transforma el mundo que habitamos y lo que tenía que ser una simple solución tecnológica, un medio para resolver un problema, se convierte en el fin de nuestros esfuerzos humanos. Olvidamos de esa manera que las herramientas de las que nos dotamos pueden tener un límite, puede interesarnos dejar carreteras sin asfaltar, no desarrollar la red ferroviaria de alta velocidad o no tener cobertura 5G en el metro. Es la velocidad —el ahorro de tiempo en las transacciones económicas— la que rige nuestra vida. Pero ¿por qué la velocidad es una premisa incuestionable? ¿Por qué es mejor la velocidad que la lentitud?

Eso nos lleva de nuevo a la bicicleta, una máquina que responde a intereses distintos a los del coche. Es veloz en determinadas

* Iván Illich plantea la teoría de los dos umbrales de desarrollo en Illich, Iván. *La convivencialidad.* Virus editorial, 2011. Barcelona. (*N. del A.*)

circunstancias, por ejemplo, en un atasco urbano, pero no a cualquier precio. La fuerza motriz ha de ser animal, es decir, humana. Precisamente por eso, al contrario que el coche, no traspasaba el segundo umbral de desarrollo. Según Illich: «El uso de la bicicleta hace posible que el movimiento del cuerpo humano franquee una última barrera. Le permite aprovechar la energía metabólica disponible y acelerar la locomoción a su límite teórico. En un terreno plano, el ciclista es tres o cuatro veces más veloz que el peatón, gastando en total cinco veces menos calorías por kilómetro que este. El transporte de un gramo de su cuerpo sobre esta distancia no le consume más que 0,15 calorías. Con la bicicleta, el hombre rebasa el rendimiento posible de cualquier máquina y de cualquier animal evolucionado».*

Volar cuesta abajo

Seguimos cuesta arriba. A ambos lados, mucho arbusto y algún grupo de pinos resistentes. Sobre nosotros, las torres de alta tensión trazan líneas rectas hasta la ciudad. No entienden de caminos sinuosos ni de viñedos milenarios. Los dieciséis años del aprendiz no tienen piedad y hace cinco minutos que él ya ha coronado la cuesta. Tomamos aire, descansamos. Ahora viene el descenso.** El aprendiz va a experimentar la sensación de libertad y equilibrio más extremo que nos proporciona esta máquina. Mientras en México Illich reflexionaba sobre alternativas a la sociedad industrial, en California la bicicleta y sus equilibrios abrían un nuevo horizonte. Algo parecido a un grupo de exhippies que se tomaron en serio algo tan básico y natural como tirarse por una cuesta a toda velocidad, gozar del equilibrio y volar cuesta abajo. El 21 de octubre de 1976, Gary Fisher, Joe Breeze, Alan Bond y otros compitieron cuesta abajo por la Repack Road. Con 396 metros de desnivel

* Illich, Iván. *Energía y equidad.* Barral Editores, S.A., 1974. Barcelona. (*N. del A.*)

** Concretamente el camino que baja de la ermita de Sant Climent (Santa Coloma de Gramenet, Barcelona) hasta Badalona. (*N. del A.*)

en solo tres kilómetros, este camino era el lugar perfecto en el que experimentar el equilibrio a otro nivel. Sus máquinas le hubieran gustado a Illich: bicicletas de paseo combinadas con componentes de motocross.

Allí nació la *mountain bike* de manera bastante informal. Así crearon la forma más ecológica y equilibrada de vivir la velocidad: modificaron sus bicicletas de forma autosuficiente y aprovecharon la fuerza de la gravedad como energía. El origen de la bicicleta de montaña se basa en algo intrínseco al ser humano: divertirnos con las herramientas que tenemos a nuestro alcance.

Como Repack Road, nuestra bajada también llega a su fin. Hemos hablado, sufrido, callado y gozado sobre las dos ruedas. Sobre una ficticia situación de equilibrio creada gracias a la fuerza de nuestras piernas. La bicicleta hecha con materiales duraderos es un símbolo del camino que el ser humano debe tomar como especie: desarrollar nuestro ingenio estableciendo límites de forma consciente. También divertirnos sin destrozar el mundo que compartimos.

El aprendiz definitivamente ha dejado de serlo. Ya conoce el secreto terrenal de la máquina perfecta: desarrollar nuestras posibilidades dentro de la medida justa de las cosas. «Justa» como adjetivo de justicia y como aquello que no gasta más recursos de la cuenta.

No solo se trata de pedalear infinitamente sobre el llano, sino de hallar el equilibrio también en subidas y descensos, llenos de esfuerzo, riesgo y diversión.

Joan Carbonell Solsona (Barcelona, 1982). Profesor de Historia de instituto y escritor accidental. Sus textos tratan sobre historia, pensamiento crítico, disidencias, contracultura... Ha publicado en medios digitales como elcritic.cat o CCCB Lab. Lo encontraréis en Barcelona entre aulas, libros y bicicletas.

Escamas

– Montse Virgili –

Lidia era para mí nombre de hiedra venenosa, a la que quieres tocar y no puedes, y sin embargo te atrae en su desprecio reluciente, con esos dos puñales en medio del nombre que van a atravesarte ahora, o en un rato. La mujer de la bicicleta se llamaba Lidia, y además todos la llamaban así. Era bien raro porque en los pueblos todo el mundo es hija de, tío de o esposa de alguien. Hay nombres a los que vas a quedar atada toda la vida, aunque tú no lo quieras o no lo hayas pedido. Ella, sin embargo, a golpe de pedal escapaba al lazo de la propiedad y solo era Lidia, la señora de la bici, la que ya ha pasado o ha de volver, Lidia, el rayo. Con una Orbea verde oxidada repartía pescado que llegaba de la costa porque en el pueblo no había mar. Nosotros éramos de río, de cañizos, tierra de conejos y de cabritos, zumbada a perdigonadas. Lidia tenía el pelo corto anaranjado y canoso de no tener tiempo ni cabeza para peluquerías. Llevaba siempre el suéter con las mangas arremangadas, los brazos moteados de las escamas caprichosas de los peces y una falda, una falda tubo, no como la de las actrices de Hollywood, sino como la de nuestras madres, ni muy corta ni muy estrecha, que se subía para pedalear. Y así, sus piernas fuertes y endurecidas por el cierzo se peleaban contra la intransigencia de unas medias de nailon color carne.

El pescado lo transportaba en una caja azul, de aquellas caladas, de la fruta, y allí en bolsas de plástico sin atar saltaban los jureles, los salmonetes y las pescadillas, como en un intento desesperado por volver a estar vivos. Las mujeres le gritaban desde los balcones: «Lidia, ¿qué traes hoy?». Y ella contestaba sin responder: «Está fresquísimo, todavía se mueve». Se movía a trote de Orbea. El intercambio iba rápido, aquellas mujeres la recibían como quien espera la llegada de un ángel. Cuando llama un ángel a tu puerta no vas y le dices: «Espera unos minutos, que me tengo que peinar», te presentas con lo que traes. Bajaban las empinadas escaleras, le pagaban, ella les daba la mercancía en una bolsa, les devolvía el cambio y, sin bajar de la bicicleta, continuaba su marcha. Un pie en el pedal, el otro ya a punto de arrancar.

En aquella época y en un pueblo como aquel, ir en bicicleta era de excéntricos y de niños. Quien más y quien menos tenía su Talbot Horizon, pagado a plazos, o el Peugeot que prometía llevarnos al fin del mundo, sin que supiéramos muy bien dónde situarlo en el mapa. Los padres de estos primeros propietarios, gente como mi abuelo, no se sacaron nunca el carnet y pasaron de la mula y el carro a la Mobylette. Con la esperanza de que la pobreza fuera una mancha de sudor que se evapora, volvían del campo a casa con el ciclomotor y, a treinta kilómetros por hora, el deseo se concretaba.

Y sin embargo eran ellos, los mayores, que nunca se habían montado en una, los que siempre te enseñaban a ir en bici, así, sentados en un poyo, sin levantar el culo del tronco de madera. Mi abuelo me enseñó a montar en bici así, sin despegarse de la silla de anea. Con el cayado como batuta, gritaba: «¡Hacia la derecha, a la derecha, que te va a matar un camión!», y en esa dictadura de camino recto se forjaron mis ganas de volar. Quise ser Lidia, tener su misterio, no ser de nadie.

Montse Virgili (Tarragona, 1976). Aprendió a ir en bicicleta porque para eso no hacía falta carnet. Quiso hablar con Fred Astaire jugando a la güija de niña. Ha leído más poesía que cualquier otra cosa. Fan de los sobres sorpresa, de todo lo británico y de Guillermina Motta. Estudió una carrera de provecho. Luego hizo Periodismo y acabó en la radio. Dirige y presenta *Les dones i els dies*, el programa feminista de Catalunya Ràdio.

El hombre del velocípedo

— Uwe Timm —

Tres días después de aquella excursión —ya había entrado noviembre— comenzó a diluviar. El Itz se desbordó y media ciudad quedó inundada. Ni hablar de montar en velocípedo. Así que Schröter tuvo por fin tiempo de ponerse manos a la obra en todos los pellejos y pieles que había dejado abandonados y de recubrir con ellos las reproducciones de sus antiguos propietarios. En eso, por la tarde Gützkow entró como un vendaval en el taller, empuñando como si fuera una espada el paraguas chorreante, y comunicó que por la ciudad habían colgado carteles que anunciaban una conferencia en contra del uso del velocípedo. Schröter salió a toda prisa del taller, cogiendo su abrigo y su paraguas, y a solo tres casas pudo leer en uno de esos carteles: «Sobre la peligrosidad general del biciclo. Ponente: Sr. G. Orloff. Martes, 19 horas. Hotel de la estación».

Como es natural, Schröter ya había oído, e incluso leído, noticias del tal Orloff. Era uno de los más contumaces detractores del uso del velocípedo, y en numerosos discursos, artículos y giras de conferencias había luchado contra el mismo. Tal como Schröter le oyó contar a Gützkow, había sido invitado por el gremio de zapateros de Coburgo, que le pagaba el viaje, la habitación del hotel y los gastos.

Evidentemente el debate sobre la utilidad, el valor y los peligros del velocípedo ya se habían desencadenado desde el mismo día en que hizo su aparición en la ciudad. Cuando Schröter aún pugnaba por encaramarse al biciclo, las opiniones ya estaban consolidadas. Alguno que otro cambió de opinión después de ver que Schröter y

Gützkow se habían trasladado a Sesslach en biciclo, trayecto que exigía un día de caminata. Pero la discusión se recrudeció cuando los velocípedos desaparecieron del panorama de la ciudad a causa del frío y los chubascos, como si la invisibilidad de los aparatos fuera la única que daba rienda suelta a las opiniones. Fue como si todo el mundo supiera que ese invierno se decidiría si el próximo verano se mantendría el recogimiento contemplativo de los peatones o si la agitación febril que emanaban esas máquinas se apoderaría de la ciudad. Y la polémica desatada sobre los pros y los contras era igual de ardua y enconada en las familias, en las comunidades evangélicas, católica e israelita, en los gremios, las asociaciones de veteranos, de canto, de gimnasia y de hípica, en los círculos de oficiales, en las obras de caridad, entre los nacionalistas liberales, los liberales, los monárquicos, o entre las asociaciones clandestinas de los socialdemócratas, todavía prohibidas. En cualquier caso, los detractores del ciclismo tenían argumentos que sacar a la palestra: falanges amputadas, conmociones cerebrales graves, las magulladuras y contusiones sufridas por los velocipedistas, excoriaciones y choques traumáticos sufridos por peatones por completo ajenos, heridos por atropello (dos niños, tres mujeres, un hombre y seis perros). A lo que se añadían los caballos ahuyentados y desbocados por el timbre o por la mera aparición del velocípedo: uno de ellos había recorrido al galope las calles y callejas arrastrando un carro de hortalizas y dejando tras de sí un rastro de zanahorias, colinabos y lechugas como si estuviera en el juego de las pistas. Todo ello por no hablar de las degeneraciones, como la que suponía una mujer con pantalones.

Esa misma tarde, Anna, Schröter y Gützkow se sentaron a la mesa e hicieron inventario recopilando todo cuanto de bueno podía decirse del velocipedismo. Schröter habría de exponer dichos puntos en la asamblea de Orloff, puesto que Gützkow —bien podría presumirse una intención oculta tras ello— había sido convocado precisamente para esa tarde a una reunión con la dirección de la escuela.

Llegado por fin el martes, Schröter se puso en camino hacia el hotel de la estación con una chuleta en el bolsillo y con Anna del brazo, que quería estar presente costara lo que costara.

A las siete en punto, como si fuera el conferenciante, Schröter entró en la sala de reunión repleta. Mientras buscaban una mesa libre, él y Anna estuvieron acompañados de un murmullo procedente de todos los hombres presentes, pues excepto Anna no había ninguna mujer en la sala. Schröter no descubrió en la sala a ninguno de sus alumnos. Únicamente al redactor Hofmann, que estaba sentado ante dos jarras de cerveza vacías con restos de espuma, escribiendo sin levantar la vista. Al fondo del todo encontraron una mesa aún libre. Anna se prestó a que Schröter le quitara la capa y depositó el sombrero sobre una de las sillas vacías. Schröter echó una mirada a la sala. No habían acudido E. y E. Schmidt, como cabía esperar; ni tampoco el dependiente de su tienda, aquel joven arrogante que cada vez que se cruzaba con Schröter, aquel en bicicleta baja y este en velocípedo, le cantaba «Wenn alle Brünnlein fließen». Todos dejaban que él, Schröter, les sacara las castañas del fuego. Después de contemplar las maliciosas sonrisas irónicas que pululaban por la sala, Schröter deseó que acabara viniendo el techador Heinemann acompañado de su paquete de músculos, el obrero del tejar Wachsmann, al que Schröter había conseguido enseñarle por fin a montarse y bajarse del velocípedo de forma controlada.

De repente enmudeció el murmullo de la sala. Por una puerta lateral había entrado Pirzel, el maestro mayor del gremio de los zapateros. Lo seguía un hombre en torno a los cincuenta que sonreía afablemente, ataviado con un pesado abrigo de paño con vuelta peluda de castor, Orloff: barba cerrada entrecana recortada con todo esmero en los pómulos en la que se había adherido un poco de mostaza de las formidables manos de cerdo cocidas que había devorado antes en el restaurante del hotel. Cuando se quitó el abrigo hizo su aparición una barriga notable, cubierta por un chaleco sobre el que pendía una pesadísima cadena de reloj dorada. Ambos señores tomaron asiento sobre un estrado, en una mesa adornada con cuatro flores. Orloff estaba tratando de encontrar la postura correcta sobre su silla, que crujía sonoramente, cuando del público se adelantó un tercer hombre. Para sorpresa de Schröter, era aquel fabricante de juguetes que en la primera clase de velocípedo había sufrido una caída tan aparatosa y se había partido el coxis, ese muñón de cola atávica, como si fuera una cabeza seca de adormidera. Una vez que el maestro mayor Pirzel le hubo presentado a Orloff, se sentó cuidadosamente, ladeado sobre su nalga izquierda. Al contemplar a aquel hombre afligido por el dolor, obligado a cambiar constantemente de una nalga a otra su nada despreciable peso, Schröter no pudo por menos que autorrecriminarse, como si él mismo hubiera tirado a aquel hombre del velocípedo. Aunque se había caído de la forma más tonta y torpe que imaginarse pueda. Pero por otra parte, tal vez él debía haber intentado interceptar a aquel hombre en su caída, en lugar de —esa era la única razón de sus remordimientos de conciencia— haberse hecho a un lado de un salto asustado por el peso pesado que se le venía encima. El cuchicheo que se traían el fabricante de juguetes Beckmann y Orloff solo podía tenerle a él como destinatario; y en efecto, Orloff levantó la vista en la dirección en la que él se encontraba, distinguió a Anna y acto seguido la clavó en Schröter.

Un camarero llevó una cerveza a cada uno de los tres señores que se sentaban a la mesa de oradores, y además a Orloff le llevaron expresamente un vaso de agua. Pese a que la sala se había ido llenando y estaba a rebosar, y a que muchos hombres se apoyaban contra las paredes y las columnas acanaladas de hierro fundido, nadie había tomado asiento en la mesa de los Schröter, e incluso nadie se había dignado siquiera preguntar por ninguna de las tres sillas que permanecían libres.

Anna se había recogido el pelo con esmero y numerosas horquillas formando un peinado alto bastante abultado y, sin embargo, una vez que se hubo quitado el sombrero, siempre había algún mechón que le caía en la nuca o en el rostro; aquel cabello era sencillamente indomable, y Anna estaba permanentemente ocupada, con una horquilla en la boca, en recogérselo y recomponer el peinado. Orloff dio un tiento a su cerveza. Después de vaciar media jarra con grandes tragos, en el labio superior le quedó una franja de espuma que él relamía sin cesar con una lengua singularmente delgada y afilada. Hizo una seña con la cabeza a Pirzel. Este se incorporó al instante, se estiró ligeramente los puños de goma blancos para que asomaran por debajo de las mangas de la chaqueta y carraspeó ceremoniosamente —lo que provocó a Anna una risita, pues había predicho que haría eso— y a continuación dijo: «Queridos coburgueses, nos alegra que hayáis acudido en tan gran número para ir en contra de esta máquina que vino sin ser invitada y está tan llena de peligros, que algunos ya han tenido tiempo de ver, porque...». Pirzel se quedó pensativo un instante, pero no fue capaz de arreglar la construcción de la frase en la que se había enredado. Entonces dio rienda suelta a su irritación. Comenzó a gritar y gesticular y a soltar una frase tras otra: «Sabemos que en Inglaterra se han formado agrupaciones de ciudadanos que se defienden contra el uso del velocípedo. A sus conductores ya no los saluda nadie; donde van a comprar, no les sirven, y si quieren vender, ya no hay nadie que compre en sus establecimientos». La sala irrumpió en aplausos. Pirzel introdujo el dedo índice en su cuello blanco de goma, como si le faltara el aire. «Los que montan en esa máquina no nos han pedido permiso antes, y sin embargo somos nosotros los afectados. Su ruido nos importuna. Somos atropellados en la calle. Esa máquina pone en peligro nuestro trabajo y, lo que es aún más grave, pone en peligro a nuestras mujeres, es un peligro moral. Es hora de que nos lancemos contra esa máquina. Debemos defendernos. Permítanme que les presente al señor Orloff, que lleva años ocupándose del problema de esta máquina. Distinguido doctor, se lo ruego.»

Orloff se levantó a pulso con una velocidad sorprendente y apoyó su poderosa barriga sobre la mesa, que parecía haber sido fabricada expresamente con la altura y el tamaño adecuados para ello. Orloff saludó a la sala con sus pómulos incandescentes primorosamente afeitados, se colocó cautelosamente unos quevedos sobre la nariz, cogió el periódico de Coburgo y leyó un titular: «Segundo trompazo en una semana». Luego se quitó con dos dedos los quevedos y dijo: «El velocípedo no sería un peligro público si todos los conductores se dieran un batacazo cuanto antes». La sala se alborotó. Risas, aplausos, gritos de «bravo» y vivas y, como obedeciendo a una señal secreta, todos los señores se giraron hacia Schröter y Anna, que en ese instante volvía a pugnar con un mechón de pelo.

«Pero no son únicamente esas mutilaciones voluntarias las que convierten en un problema al velocípedo, al biciclo de rueda alta o al biciclo bajo, a la bicicleta, al triciclo o al cuatriciclo, al tándem o al tándem múltiple o cualesquiera otros cacharros, sino la amenaza que suponen para otras personas que nada tienen que ver, y sobre todo para la comunidad en general, una amenaza física, psíquica, económica y moral. El número de heridos, en particular niños y ancianos, por atropellos o por el paso cercano de velocípedos ha aumentado alarmantemente. Mi tesis es la siguiente: el biciclo no está hecho para nuestras calles. Es demasiado rápido y demasiado silencioso. No está adaptado a nuestros sentidos. Lo que sí es conveniente, y por tanto natural, es andar. Es conveniente y natural el caballo. Oímos el chacoloteo de sus cascos, y el propio caballo evita a las personas, a no ser que esté privado de sus sentidos por la aproximación de un biciclo. El velocípedo, o séase, biciclo, no es natural, y eso es algo que ni el más testarudo adepto de esta nueva máquina podrá contradecir, no es natural; por tanto es antinatura y, en consecuencia, perverso.» Tras una breve pausa de reflexión estalló de nuevo un aplauso fragoroso, que Orloff aprovechó para beber un vaso de agua. Hahn, el reverendo principal, gritó: «¡Eo, eso, así es, perverso, esa es la palabra!». Y nuevamente todos se giraron, riendo triunfantemente, hacia Schröter y Anna, que continuaba enredando en su peinado tratando de recogérselo mientras sujetaba dos horquillas entre los labios. Schröter notó el rubor intenso que le subía al rostro. Había sido un error acudir a esa asamblea. Lo que más le habría gustado era levantarse en ese mismo instante y salir corriendo si no hubiera estado Anna, que, aunque también estaba ruborizada, continuaba hurgándose en el pelo con maniobras sosegadas; sí, e incluso en torno a los labios se le apreciaba algo como una sonrisa de ironía... ¿O se debía exclusivamente a las horquillas que sujetaba entre los labios?

Con ayuda de sus dedos morcillones, Orloff comenzó a organizar sus objeciones fundamentales en un sistema que prometió tratar después con más detenimiento.

El pulgar era el aspecto económico; el índice, el cultural y ético; el dedo medio, el aspecto médico; el anular, el jurídico, y el meñique, el aspecto estético. «Vayamos al punto uno —Orloff extendió el pulgar en el aire—: el velocípedo es un peligro y una amenaza para muchas profesiones. Ante todo —en ese punto hizo una ligera inclinación hacia Pirzel— para el gremio de los zapateros. Todos sabemos el calzado que usan los ciclistas. No los sólidos y robustos zapatos de cuero con costura doble y suela sujeta con espigas de madera que salen de la mano de los maestros, sino artículos de serie, auténticas baratijas, calzado de playa hecho de lienzo con el que no se atrevería uno ni a pisar la plaza del mercado, eso sí, con suelas finas pegadas que no se desgastan lo más mínimo sobre los pedales. En Inglaterra, y sobre todo en América, donde el ciclismo se ha extendido ya a amplios círculos, los zapateros han entrado en bancarrota y han sufrido las necesidades más extremas, y sus niños se ven obligados a pasar hambre.» Orloff lo había dicho dirigiéndose nuevamente a los Schröter, aunque prosiguió su discurso antes de que la sala tuviera tiempo de volverse hacia ellos. «Pero hay otros ramos y profesiones que ven amenazada su existencia por el velocípedo: los fabricantes de pianos, porque cada vez son más los niños, sí, los niños (en América hasta los niños circulan en Safety pequeñas) se pasan las tardes pedaleando por ahí en lugar de aprender a tocar el piano; también los relojeros y los joyeros, porque se ha establecido la costumbre de regalar a los confirmandos bicicletas en vez de relojes de bolsillo de plata; y también los fabricantes de pelucas, los sastres, y sobre todo, como puede comprenderse fácilmente, los cocheros de alquiler son otros tantos que ven amenazada su existencia por el velocípedo. Los únicos que obtienen beneficio de este desarrollo que arruina a tantas personas son los mataderos de caballos, cuyos precios en América, por cierto, están por los suelos.»

Orloff lanzó el dedo índice para pasar al punto cultural y ético. «Montar en velocípedo significa no leer, nada de música, no asistir al teatro. Montar en velocípedo significa arrastrar al hombre desde su esencia espiritual hasta la puramente vegetativa: patalear, sudar, dormir. Una máquina de embrutecimiento.» Orloff acalló con un ligero ademán de la mano las risas que se habían levantado. «Montar en velocípedo significa también menos visitas a la iglesia, a cambio de tantas más visitas a actos socialdemócratas secretos celebrados en la ciudad o en el campo. Montar en velocípedo significa la disolución de los vínculos del pudor. Deben de ser espantosos todos los actos que se cometen en Inglaterra, sustraídos a la vigilancia de tutores y padres, en los biciclos para grupos de dos, tres y cuatro asientos, y ello tanto en los parques como en plena natura.» En la sala, un tenso silencio esperaba que Orloff continuara sus exposiciones, pero él volvió a beber agua en pequeños sorbos tratando de contener un sabroso regüeldo que procedía de la buena chucrut ingerida. «Y para concluir, la aparición de un fenómeno sobradamente más peligroso: la mujer velocipedista.» Fue como si la sala entera contuviera el aliento acompañando a Orloff, que por su parte pugnaba por impedir la salida de otro eructo. Nadie se atrevió a girarse hacia Anna, porque Orloff, como avergonzado, mantenía los ojos clavados en la mesa que tenía ante sí. «Es el comienzo de un afán igualitario contranatural. Un afán igualitario que nos conduce de la fumadora de puros a la incendiaria petrolera. Como dice el poeta, las mujeres se convierten en hienas, como en París, en la sublevación de la Comuna, como tuve ocasión de presenciar a las puertas de la ciudad cuando era alférez de la reserva del 76.º regimiento de infantería. Cuántas mujeres comenzaron así, con buena conciencia y con la mejor de las intenciones, y terminaron de forma tan terrible: como marimachos.»

Orloff hizo una pausa; en el silencio que se había propagado solo se oía el crujir de la silla de Schröter.

«En tercer lugar, el problema médico», y mostró el dedo corazón. «Si el velocípedo solo fuera una máquina de automutilación, podría decirse: bueno, cada uno cosecha según lo que siembra.» Unas cuantas risas le dieron oportunidad de volver a dar ávidos sorbitos al vaso de agua. «Esos batacazos también podrían entenderse como una especie de selección natural, pero —volvió a beber— a fin de cuentas también están las personas sensibles, seducidas de buena fe, que se creen obligadas a participar en el fenómeno del progreso, persuadidas mediante la ilusión de vanas promesas, como es el caso del señor Beckmann, que podría informarnos sobre sus dolorosas experiencias.» El corpulento fabricante de juguetes Beckmann, vestido como tenía por costumbre con una chaqueta inglesa a cuadros grandes, había seguido el discurso de Orloff permanentemente escorado, descolgándose unas veces hacia la derecha y otras hacia la izquierda. Por un momento pareció que Beckmann quisiera decir algo o, si cabe —un sutil espasmo recorrió su mentón imberbe—, que iba a romper a llorar, pero antes de que por su parte se produjera ninguna manifestación, Orloff ya había gritado a plena voz al auditorio de la sala: «Miradlos, fijaos en los pioneros del velocípedo que pretenden agraciarnos con sus máquinas; a uno le falta una oreja, y a otro, un dedo». Todos se giraron hacia Schröter, que se vio pillado in fraganti con la intención de ocultar su mano izquierda bajo la mesa. Pero, con toda su insolencia, la mantuvo donde estaba, rodeando la fresca jarra de cerveza de la que goteaba el agua condensada y de la que bebió ostensiblemente, con el muñón de su dedo meñique extendido para que fuera bien visible.

«Pero mucho más graves son las lesiones insidiosas que padecen las mujeres que montan en velocípedo como consecuencia de las vibraciones.» Mientras hablaba, Orloff había ido bajando la voz hasta convertirla en un susurro, bien articulado pero tan leve que la sala se movió como un todo, pues los torsos y las cabezas de todos los presentes se incorporaron aproximándose hacia el orador. «Es el quebranto sufrido por los órganos maternales, es decir, de aquello... —mientras continuaba su discurso, la sala fue recorrida por un movimiento de retroceso, pues todos volvieron a reclinarse sobre los respaldos de las sillas— que hace que una mujer sea auténticamente una mujer: la maternidad.»

Orloff se detuvo un momento, agotado: realmente unas gotas de sudor le perlaban la frente, aunque Anna afirmaría posteriormente que hasta aquella emoción interesada había sido ensayada. En cualquier caso, produjo un devoto silencio, y Schröter, que se disponía a beber de su cerveza, se abstuvo de hacerlo para que no crujiera la silla. En realidad había acudido, bien preparado, para poner objeciones, y si fuera necesario para gritar a la sala las ventajas del uso del velocípedo, y sin embargo estaba allí sentado sin atreverse siquiera a moverse. Anna se palpó el peinado, pero no se le había soltado ningún mechón. Al pasar al punto cuarto, Orloff utilizó el dedo índice de la mano derecha para doblarse hacia atrás el dedo anular de la izquierda, el dedo jurídico. «Nuestra legislación no está preparada aún para el velocipedismo. ¿De quién es la culpa si un ciclista atropella en una calleja estrecha a una persona que sale a pie por una puerta? El velocipedista, ¿debe adelantar a un carruaje por la izquierda o por la derecha? Cuando se encuentren un coche de caballos y un velocípedo, ¿cuál debe detenerse?»

Luego, Orloff levantó finalmente su gordo dedo meñique, en el que lucía un sello macizo, y dijo que llegaba el turno de la objeción estética, para que todos tuvieran algo de qué reírse.

La sala se relajó, Schröter tomó su jarra de cerveza, y Anna probó por primera vez el vino que tenía servido.

«Pero no son las deformaciones debidas a las mutilaciones causadas por los accidentes las únicas que existen; andar en velocípedo deforma igualmente de una manera insidiosa y dolorosa. ¿Han observado alguna vez el paso de un velocipedista nada más bajarse de su máquina? ¿No les ha llamado la atención que ese andar se parece al de un animal, al de un animal que todos nosotros sabemos cuál es?» Orloff miró a la sala, su mirada deambuló por los rostros de la concurrencia, que de repente parecía romperse la cabeza reflexionando, y después, aunque nadie había dicho ni pío, dijo: «Exacto, ¡un pato!». Hubo algunos hombres que rieron a mandíbula batiente, otros tenían que sujetarse la panza como si estuvieran a punto de vomitar; fueron unas carcajadas irrefrenables, desaforadas incluso, y en medio de ellas Anna con una sonrisa y Schröter con expresión adusta. Schröter sintió como una especie de opresión en la garganta la furia que iba creciendo en su interior, y gritó «¡seboso!», y no volvió en sí hasta que notó la mano de Anna sobre la suya. ¿Había gritado «¡seboso!»? Anna le apretó la mano. Había gritado «¡seboso!». Le había llamado seboso a un oficial de la reserva. Sabía que los taxidermistas eran considerados susceptibles de ser retados a una reparación, pero por otro lado él tenía un negocio, lo que lo convertía en no susceptible de ser retado a una reparación. Unos cuantos hombres que estaban sentados alrededor se giraron y lo miraron fijamente, pero parecía que Orloff no había oído nada o no había querido oír nada.

«Otra característica distintiva de los velocipedistas apasionados son las piernas. Como consecuencia del continuo pedaleo se desarrollan los músculos de las pantorrillas. Pantorrillas gruesas, atiborradas, las denominadas pantorrillas de ciclista. Yo les pregunto, ¿podemos en serio ofrecer un vehículo semejante a nuestras señoras?» Se alzó de puntillas y, con un timbre melifluo en la voz, gritó: «No podemos permitirlo, ni vamos a permitirlo». Y, con un delicado movimiento de su mano hacia el lugar donde se sentaba Anna, continuó: «Y la mujer tampoco tiene derecho a permitirlo, si tiene siempre presente la palabra del poeta, "eres como una flor"».

Y entonces ocurrió lo más desconcertante, algo que sería durante días la comidilla de la ciudad, algo inconcebible para Orloff, para Pirzel, para el reverendo mayor Hahn, para el señor esposo de Anna y para todos los hombres restantes, pues Anna se levantó y, ante todos aquellos ojos y todas aquellas barbas cerradas y de chivo, perillas, bigotes, mostachos, patillas y barbas inglesas, anduvo unos pasos de un lado a otro y dijo ante el estupefacto asombro de la concurrencia: «Vean ustedes, ¡me muevo!, ¡ando!». Luego regresó a su silla y se sentó, sin el menor atisbo de sentirse molesta, aunque sí tuvo que recogerse un mechón que se le había soltado. Schröter miraba pasmado a su mujer, creyendo que había perdido el juicio como consecuencia de todos aquellos oprobios tan exquisitamente adornados. Y, al igual que Schröter, todos se quedaron mirándola, incluido Orloff, que no se sabe cómo había perdido el hilo y tras un titubeo también tomó asiento, a lo que hay que decir que nadie quiso batir palmas, pues podría haberse tomado como un aplauso dedicado a la intervención de Anna. La asamblea se disolvió sola. La gente se iba levantando lentamente, fue cogiendo sus abrigos y abandonando la sala poco a poco sin que se llegara a ninguna resolución, y mucho menos a un llamamiento a un boicot contra los velocipedistas.

Más tarde, cuando Orloff estuvo sentado con Pirzel y el reverendo mayor Hahn ante una botella de vino, estuvieron de acuerdo en que esa mujer había arruinado la asamblea, que la había hecho literalmente añicos, y que además de un modo soterrado y absolutamente artero. Y Orloff dijo que aquella mujer le había recordado a ciertas mujeres de París que se sentaban imperturbables tras las barricadas con un puro en los labios y que con su lumbre encendían las mechas de los cañones que disparaban contra los soldados del gobierno. Luego los tres señores estuvieron elucubrando, como haría al día siguiente la ciudad entera, sobre lo que podría haber pretendido la señora Schröter con su memorable intervención. Los unos presumían que se había tratado de una demostración oral y gestual del progreso, y otros, los más, sostuvieron que constituía la primera manifestación feminista habida en la ciudad, toda vez que había sido la primera ocasión en la que una mujer había tomado la palabra en una asamblea pública. Y también hubo clarividentes que afirmaron que no había sido la aparición del velocípedo lo que había cambiado la ciudad, sino aquella intervención de Anna tan difícil de comprender, cuyo efecto era perfectamente comparable al que en su día tuvo el calderero Krusse. Un buen día del mil ochocientos cuarenta y ocho, Krusse había convocado a seis obreros en la trastienda de una taberna, con la sola intención de tomarse juntos unas cervezas y comparar los salarios de unos y otros, y de allí nació a los pocos años la primera asociación de ayuda obrera, acto seguido la formación continua obrera y finalmente, al cabo de cuatro décadas, los sindicatos, de los que el propio duque dijo que había que tener ojito con ellos.

Y a Schröter, cuando aquella noche volvía a casa con Anna, cobijados por el mismo paraguas, ¿acaso se le revolvió la sangre por su mujer? ¿Pensó en lo que iba a venir después? De cualquier modo no le sorprendió oír el apodo que al mismísimo día siguiente le habían puesto: petrolera.

Bien es cierto que el redactor Hofmann también aportó su granito de arena a la difusión de aquel nombre. En su artículo del periódico informó sobre la asamblea bajo el título

«La petrolera del velocípedo toma la palabra». Cuando Anna y Schröter leyeron el artículo creyeron por un momento que tal vez Orloff hubiera acudido a un segundo acto que Hofmann podría haber confundido con el primero a la hora de escribir su artículo. En el mismo se hablaba en concreto, y con todo detalle, sobre el peligro de la conducción nocturna, algo a lo que no se había hecho mención en la asamblea en la que habían estado los Schröter. Por lo demás, de lo único que hablaba era de la intervención de Orloff contra la deformación de las pantorrillas de los velocipedistas. Y después Anna le leyó a su querido Franz lo siguiente: «Cuando el doctor Orloff comparó a las mujeres que andan en velocípedo con las petroleras de la Comuna de París, la mujer del taxidermista se incorporó e hizo amago de abandonar la sala. No obstante, el excelentísimo doctor Orloff logró aplacar a la señora Schröter con las palabras del poeta "eres como una flor". La señora Schröter tomó asiento y se disolvió la asamblea».

Uwe Timm (Hamburgo, 1940). Escritor alemán. No todo en esta vida iban a ser enfrentamientos insulsos, que si Madrid-Barça, que si mar o montaña, que si pasta o arroz, que si té o café, que si palomitas dulces o saladas. Timm ha dedicado una novela entera a la confrontación más importante que ha protagonizado el ser humano: velocípedo o bicicleta baja. Esa es la cuestión. Alguien le regaló a Timm el arma de la ironía y él a su vez nos ha regalado una historia situada en Coburgo a finales del siglo XIX protagonizada por un taxidermista empeñado en velocipedear.

Domando la bicicleta

– Mark Twain –

I

Medité sobre el asunto y llegué a la conclusión de que podía hacerlo. Así que fui a comprar un barril del bálsamo curativo Pond's Extract y una bicicleta. El Experto vino a casa para instruirme. En aras de la privacidad elegimos el patio trasero y nos pusimos manos a la obra.

Mi bicicleta aún no había dado el estirón, era un potrillo de cincuenta pulgadas, con los pedales acortados hasta los cuarenta y ocho, y asustadiza, como cualquier otro potrillo. El Experto me ofreció una breve explicación de los distintos aspectos de la cosa esa, y luego se montó en el lomo y dio varias vueltas para mostrarme lo fácil que era. Dijo que tal vez lo más difícil era aprender a bajarse, de modo que lo dejaríamos para el final. Pero se equivocaba. Para su sorpresa y alegría descubrió que solo tenía que conseguir que me subiera a la máquina y echarse a un lado; yo mismo podía desmontarla. A pesar de mi falta absoluta de experiencia, lo hice en un tiempo récord. Él estaba colocado a un lado, empujando la máquina; todos caímos en bloque, él al suelo, yo encima y la máquina en lo más alto.

Examinamos la máquina y vimos que no se había hecho nada de daño. Costaba creerlo. Pero el Experto me aseguró que era cierto; de hecho, nuestra revisión así lo demostró. En ese momento me di cuenta, en parte, de lo maravillosamente bien construidas que están estas cosas. Nos untamos un poco de Pond's Extract y reanudamos la clase. Esta vez el Experto se colocó al OTRO lado para empujar, pero yo desmonté por ahí, por lo que el resultado fue el mismo.

La máquina no se hizo daño. Volvimos a embadurnarnos y reanudamos una vez más la lección. Esta vez el Experto se instaló en una posición protegida en la parte de atrás, pero no se sabe cómo volvimos a aterrizar sobre él.

Estaba sumamente asombrado, dijo que aquello no era normal. La bicicleta estaba bien, no se le veía ni un rasguño ni estalló en ninguna pataleta. Yo repuse que era algo maravilloso, mientras nos extendíamos el bálsamo, pero él dijo que cuando llegara a conocer a estas telas de araña de acero me daría cuenta de que solo la dinamita puede mutilarlas. Entonces, cojeando, se colocó en su puesto y volvimos a intentarlo. Esta vez el Experto se hizo cargo de la posición de parada en corto y puso a otro hombre a empujar por detrás. Conseguimos alcanzar una buena velocidad e inmediatamente nos topamos con un ladrillo y yo salí despedido por encima del timón y aterricé de cabeza en la espalda del instructor. Pude ver la máquina revoloteando por los aires entre el sol y yo mismo. Estuvo bien que cayera sobre nosotros, porque aquello amortiguó la caída y no se lesionó.

Cinco días después logré salir y me llevaron al hospital. El Experto parecía estar recuperándose bastante bien. Al cabo de pocos días volví a sentirme del todo sano. Lo atribuyo a mi prudencia a la hora de desmontar siempre sobre algo blando. Hay quien recomienda un colchón de plumas, pero yo creo que un Experto es mejor.

El Experto por fin pudo salir y llegó con cuatro ayudantes. Era una buena idea. Estos cuatro sostenían la grácil telaraña en posición vertical mientras yo trepaba a la montura; entonces formaron en columna y marcharon a ambos lados de mí mientras el Experto empujaba por detrás; todas aquellas manos me asistieron al bajarme.

La bicicleta padecía un caso serio de lo que se conoce como «bamboleos». Para poder mantener la posición se me exigían muchas cosas y, siempre, todo lo que se me pedía iba en contra de la naturaleza. Con esto quiero decir que, independientemente de lo que se precisara, mi naturaleza, mis costumbres y mi cultura me llevaban a intentarlo de una manera, mientras que alguna ley inmutable e insospechada de la física requería que se hiciera de otra. Percibí así lo radical y grotescamente equivocada que había sido durante toda mi vida la educación de mi cuerpo y de mis miembros. Estaban impregnados de ignorancia; no sabían nada... Nada que pudiera servirles. Por ejemplo, si me estaba cayendo hacia la derecha, un impulso sumamente natural me llevaba a tirar con fuerza del timón hacia el otro lado, pero lo único que conseguía era violar alguna ley y no hacía más que caerme. La ley requería lo contrario: la gran rueda debía girar en la dirección en la que uno se estaba cayendo. Cuando te lo explican resulta difícil de creer. Y no solo es difícil de creer, sino imposible; se opone a todas tus convicciones. Y una vez llegas a creerlo, resulta igual de difícil. Creerlo y saber, gracias a la evidencia más convincente, que es verdad tampoco ayuda: no puedes HACERLO más de lo que podías antes; ni obligarte ni convencerte al principio de hacerlo. El intelecto debe dar un paso al frente. Tiene que enseñar a las extremidades a repudiar su vieja educación y adoptar la nueva.

Los pasos del progreso de uno mismo están claramente delimitados. Al final de cada lección la persona sabe que ha adquirido algo, y sabe también qué es ese algo, y asimismo sabe que permanecerá en él para siempre. No es como estudiar alemán, donde uno especula a tientas y de manera incierta durante treinta años y, al final, justo cuando cree que lo tiene, le lanzan el subjuntivo, y ahí se queda. No..., y ahora puedo ver con total claridad que el gran contratiempo de la lengua alemana es que uno no puede caerse de ella y lesionarse. No hay nada como esto para lograr que uno se ocupe de lo que de verdad tiene que ocuparse. Pero también veo, por lo que he aprendido montando en bicicleta, que la única forma correcta y segura de aprender alemán es el método ciclista. Es decir, controlar una a una sus villanías y dejar cada parte aprendida.

Cuando se ha alcanzado el punto en el ciclismo en el que puedes equilibrar la máquina de manera aceptable y propulsarla y dirigirla, entonces ha llegado el momento de la siguiente tarea: aprender a montarla. Se hace así: vas dando saltitos detrás de ella con el pie derecho mientras apoyas el otro en la clavija de montaje y agarras el timón con las manos. Cuando te dan la señal, te levantas sobre la clavija, tensas la pierna izquierda, dejas la otra colgando en el aire de cualquier manera, apoyas el estómago en la parte trasera del sillín y entonces te caes. Puede que de un lado, puede que del otro; pero te caes. Te levantas y lo haces otra vez; y una vez más; y después muchas veces.

Ya has aprendido a mantener el equilibrio, y también a dirigir la máquina sin arrancar el timón de cuajo (y digo timón porque ES un timón; «manillar» es una descripción poco convincente). Así que la diriges, en línea recta, un rato, luego te levantas y te echas hacia delante, con un esfuerzo constante, ajustando la pierna derecha, y luego el cuerpo, a la montura, recuperas el aliento, sientes un tirón brusco por aquí y otro por allá, y vuelves a caerte.

A estas alturas caerte ha dejado de importarte. Estás aprendiendo a posar un pie y otro con gran seguridad. Seis intentos más, con sus seis caídas correspondientes, y lo harás perfecto. La siguiente vez te apoyas cómodamente en la montura y de ahí no te mueves... si puedes conformarte con dejar las piernas colgando y abandonar los pedales un rato; pero si te aferras de golpe a los pedales, te vas de nuevo al suelo. Pronto aprendes a esperar un poco y a perfeccionar el equilibrio antes de tomar los pedales. Es entonces cuando se adquiere el arte del montaje, cuando se completa, y algo de práctica hará que resulte sencillo y fácil, aunque en un primer momento los espectadores deberían apartarse una o dos varas hacia un lado, si no tienes nada en contra de ellos.

Y llegamos a la bajada voluntaria. La otra ya la has aprendido antes. Es muy fácil decirle a alguien cómo proceder a la bajada voluntaria. Se necesitan pocas palabras, los requisitos son simples y aparentemente no revisten dificultad alguna: dejas que el pedal izquierdo baje hasta que la pierna izquierda esté casi recta, giras la rueda hacia la izquierda y te bajas como lo harías de un caballo. Ciertamente parece facilísimo, pero no lo es. No sé por qué no lo es, pero no lo es. Por mucho que lo intente, uno no se baja como lo haría de un caballo, sino de una casa ardiendo. Siempre se acaba haciendo el ridículo.

II

Durante ocho días tomé una lección diaria de hora y media de duración. Al final de estas doce horas de trabajo, me gradué..., por decir algo. Fui declarado competente para zarpar en mi propia bicicleta sin ayuda externa. La celeridad de esta adquisición me resulta increíble; se necesita bastante más tiempo para aprender a montar someramente a caballo.

Es cierto que podría haber aprendido sin un profesor, pero en mi caso habría sido arriesgado dado que soy torpe por naturaleza. El hombre hecho a sí mismo rara vez sabe algo con precisión, y no conoce ni una décima parte de lo que podría saber si hubiera trabajado con profesores. Y además, alardea, y así es como engaña a otros imprudentes para que hagan lo mismo que ha hecho él. Están los que imaginan que los accidentes desafortunados —las «experiencias» de la vida— son de alguna manera útiles para nosotros. Desearía saber cómo. No conozco ni una sola que haya sucedido dos veces. Siempre están cambiando e intercambiándose y te sorprenden por el lado inexperto. Si la experiencia personal puede tener algún valor educativo, las probabilidades de que uno pueda ver equivocarse a Matusalén son escasas. Pero si este anciano pudiera regresar hasta nosotros, es más que probable que tuviera serios problemas si agarrase uno de los cables eléctricos. Ahora bien, lo más seguro y lo más prudente sería que preguntara a alguien si es bueno asirse a un cable como ese. Pero eso no encajaría con su personalidad, sino que estaríamos ante uno de esos hombres hechos a sí mismos que se guían por la experiencia; querría examinarlo él mismo. Y descubriría, para su aprendizaje, que los venerables patriarcas evitan los cables eléctricos. Y le resultaría útil, y habría obtenido una educación completa y redonda, hasta que volviera otro día y se pusiera a golpear un bidón de dinamita para averiguar qué hay dentro.

Pero nos desviamos del tema. En cualquier caso, haceos con un profesor. Ahorra mucho tiempo, y mucho bálsamo curativo Pond's Extract.

Antes de despedirse definitivamente de mí, mi instructor inquirió sobre mi fuerza física, y pude decirle que no tenía ninguna. Dijo que eso era un defecto que, de entrada, me dificultaría bastante las subidas de las colinas, pero también dijo que la bicicleta pronto terminaría con eso. El contraste entre sus músculos y los míos era muy marcado. Quiso probar los míos, así que le ofrecí mi bíceps (que era lo mejor que podía ofrecerle). Casi se le escapa una sonrisa. Dijo: «Es pulposo y blando y maleable y redondeado; elude la presión y se desliza entre los dedos; a oscuras alguien podría confundirlo con una ostra en un trapo». Tal vez sus palabras me hicieron parecer afligido, porque enseguida añadió: «Pero no pasa nada, no tienes que preocuparte por eso. Dentro de muy poco no podrás distinguirlo de un riñón petrificado. Solo tienes que seguir practicando y estarás bien».

Entonces se marchó y yo empecé a buscar aventuras por mi cuenta. En realidad no tienes que buscarlas, no es más que una frase hecha: vienen a ti.

Elegí un día de reposo en una especie de calle secundaria que tenía unos treinta metros de ancho entre ambos bordillos. Sabía que no era lo bastante ancha. Aun así, pensé que si mantenía una atención constante y no desperdiciaba espacio de manera innecesaria, lograría atravesarla.

Por supuesto que tuve problemas para montar la máquina por voluntad propia, sin un apoyo moral que me alentara desde fuera, sin un instructor compasivo que me dijera: «¡Bien! Ahora lo estás haciendo bien... Bien de nuevo... No tengas prisa... Eso es, ahora, vas bien... Agárrate, adelante». Bajo mi total responsabilidad tuve problemas a la hora de montarme en la máquina. En su lugar tuve otro tipo de apoyo en forma de niño encaramado al poste de una puerta que masticaba un pedazo de azúcar de arce.

Parecía estar tan interesado como presto a soltar comentarios. La primera vez que fallé y me fui al suelo, dijo que si él fuera yo se cubriría de arriba abajo con cojines, eso es lo que él haría. La siguiente vez que me caí me aconsejó que aprendiera primero a montar en triciclo. La tercera vez que me derrumbé dijo que no creía que pudiera mantenerme ni en una carroza. Pero la vez siguiente conseguí ponerme en marcha torpemente, de una manera insegura, tambaleante y zigzagueante, y ocupando prácticamente toda la calzada. Mi lenta y torpe marcha colmó de desprecio al chico, que canturreaba: «¡Y no se rompe!». Entonces dejó su puesto y se puso a holgazanear por la acera, todavía lanzando observaciones y algún que otro comentario. De pronto se colocó detrás de mí y empezó a seguirme. Pasó una niña pequeña manteniendo una tabla de lavar en equilibrio en la cabeza, y se rio, y parecía a punto de soltar algo pero el chico la riñó diciendo: «Déjale, va a un funeral».

Conocía esa calle desde hacía años, y siempre había dado por sentado que era completamente plana. Pues no lo era, tal y como, para mi sorpresa, me informó la propia bicicleta. Esta, en manos de un novato, está tan alerta y es tan fina como un nivel de burbuja a la hora de detectar los delicados y fugaces matices diferenciales a este respecto. Advierte una subida allí donde el ojo desentrenado nunca observaría su existencia; advierte cualquier descenso por el que discurriría el agua. Me hallaba ascendiendo una ligera subida, pero no era consciente de ello. Por más que tironeara, jadeara y sudara, aun así, por mucho que me esforzara, la máquina se detenía cada poco. En esos momentos, el chico decía: «¡Eso es! Descansa, no hay ninguna prisa. El funeral no puede celebrarse sin TI».

Las piedras eran un fastidio. Incluso las más pequeñas eran motivo de pánico cuando pasaba por encima de ellas. Podía golpear cualquier tipo de piedra, por pequeña que fuese, siempre que intentara evitarla. Y, claro está, al principio eso era justo lo que procuraba evitar. Es algo natural. Forma parte del borrico que, por alguna razón inescrutable, todos llevamos dentro.

Mi trayecto, al fin, tocaba a su fin, y era necesario dar la vuelta. Esto no es algo agradable cuando lo emprendes por primera vez bajo tu única responsabilidad, así como tampoco es probable que vayas a hacerlo con éxito. Tu confianza se desvanece, te llueven sin cesar aprensiones para las que no tienes nombre, cada fibra de tu cuerpo está en tensión, alerta, comienzas a dibujar una curva cautelosa y gradual, pero se te crispan los nervios cargados como están de electrizante ansiedad, por lo que rápidamente te desmoralizas y la curva deviene en un espasmódico y peligroso zigzag; entonces, de repente, el caballo recubierto de níquel se hace con el control de la situación y se inclina hacia el bordillo, desafiando todas las oraciones y todas tus fuerzas para hacerle cambiar de opinión; tu corazón se detiene, echas fuego por la boca, tus piernas se olvidan de trabajar, vas directo al bordillo y a estas alturas solo te separan de él escasos centímetros. Este es el momento desesperado, la última oportunidad para salvarte. Por supuesto, todas las instrucciones recibidas se evaporan y giras la rueda en dirección CONTRARIA al bordillo en lugar de HACIA él, y así es como terminas despatarrado en esa inhóspita orilla de granito. Tal fue mi suerte; esa fue mi experiencia. Salí de debajo de la indestructible bicicleta a rastras y me senté en el bordillo para examinarla.

Inicié el viaje de regreso. Fue entonces cuando vi la carreta cargada de repollos de un granjero que avanzaba a empellones hacia mí. Era justo lo que necesitaba para perfeccionar la precariedad de mi derrotero. El granjero ocupaba el centro de la calzada con su carreta y apenas dejaba unos doce o trece metros de espacio a ambos lados. No podía gritarle: un principiante no puede gritar; si abre la boca, está perdido; debe centrar toda su atención en lo que está haciendo. Pero ante esta espeluznante emergencia, el chico acudió en mi rescate y, por una vez, tuve que estarle agradecido. Permaneció bien atento a los impulsos e inspiraciones constantemente cambiantes de mi bicicleta y gritaba al hombre en consecuencia:

—¡Izquierda! ¡Gire a la izquierda o le arrollará este idiota!

El hombre empezó a maniobrar según sus indicaciones.

—¡No! ¡A la derecha! ¡A la derecha! ¡Espere! ¡ASÍ, no!... ¡Izquierda!... ¡Derecha!... ¡IZQUIERDA!... ¡Derecha! Izquierda... Dere... ¡Quédese donde ESTÁ o ya puede ir despidiéndose!

Y justo entonces enfilé hacia el caballo desbocado a estribor y caí sobre una pila de repollos.

—¡Diablos! ¿Es que no me HA VISTO venir?

—Claro que le he visto venir, pero no podía saber en qué DIRECCIÓN venía. Nadie podría haberlo sabido, ¿NO LE PARECE? Ni usted mismo lo sabía, ¿ME EQUIVOCO? Así que, dígame, ¿qué podía hacer yo?

A sus palabras no les faltaba razón, y por eso tuve la magnanimidad de decirle justo eso. Dije que sin duda yo era tan culpable como él.

En los siguientes cinco días progresé hasta tal punto que el chico era incapaz de seguir mi ritmo. Tuvo que regresar a su poste y contentarse con verme caer en la lejanía.

En un extremo de la calle había una hilera de peldaños de baja altura separados unos de otros por un metro de distancia. Incluso después de haber conseguido dirigir la bicicleta con bastante soltura, esas piedras me daban tanto miedo que siempre me iba contra ellas. Me provocaban las peores caídas que tuve nunca en esa calle, excepto las que ocasionaban los perros. Me habían indicado que ningún experto es tan rápido como para atropellar a un perro, pues un perro siempre es capaz de quitarse de en medio a tiempo. Creo que esto puede ser cierto, pero creo que la razón

por la que no logran arrollar a un perro es porque lo intentan. Yo no intentaba arrollar a ningún perro. Pero los atropellaba a todos. Creo que supone una gran diferencia. Si uno trata de arrollar a un perro, este sabe calcular la huida, pero si trata de evitarlo, el perro no sabe calcular su escapada y es susceptible de saltar todas las veces hacia el lado equivocado. Siempre fue así en mi experiencia. Incluso cuando no podía golpear alguna carreta, golpeaba a algún perro que hubiera venido a verme practicar. A todos les gustaba verme practicar, y ninguno se lo perdía, pues en nuestro vecindario apenas había diversiones perrunas. Me llevó tiempo aprender a evitar a un perro, pero incluso eso conseguí.

Ahora puedo conducir tan bien como quiera, y uno de estos días atraparé a ese chico y lo ARROLLARÉ si no aprende a comportarse.

Consigue una bicicleta. No te arrepentirás... si vives para contarlo.

Mark Twain (Misuri, 1835 - Connecticut, 1910). Por muy célebre escritor que seas, por más que hayas dejado para la posteridad obras como *Las aventuras de Tom Sawyer, El príncipe y el mendigo, Las aventuras de Huckleberry Finn* o *Un yanqui en la corte del Rey Arturo*, si de repente en tu vida irrumpe el biciclo, es decir, el velocípedo formado por una rueda grande (la delantera, que es al mismo tiempo motriz y directriz) y otra pequeña (la trasera), tendrás que aprender a montarlo como el que más. Y por lo que explica Mark Twain, lograrlo era de todo menos sencillo.

Memorias de un nombre

– Stijn Streuvels –

Bicicleta, motocicleta, automóvil, aeroplano, etc. Estos son los nombres de las máquinas llamadas a brindarnos nuevas comodidades. Al margen del tiempo y de lo difícil que fuera inventarlas y conseguir que funcionaran, ponerles nombres está resultando todavía más difícil. El nombre en sí no lo es tanto: encontrar un nombre es bastante fácil, pero la gente no está dispuesta a aceptar cualquier palabra. El problema reside en realidad en encontrar una palabra «viva», un nombre que encaje, una palabra que nos haga sentir, como si estuviese tocada por una varita mágica, que la máquina nunca habría podido tener ningún otro nombre y que la palabra pervivirá tanto como la propia máquina.

Hay que dejar que las palabras crezcan, no pueden fabricarse; esa es la cuestión.

Pienso en nuestra palabra flamenca para «bicicleta»: *rijwiel*. ¿Alguna vez una máquina ha llegado a ser tan popular, ha gozado de un uso tan extendido en tan poco tiempo y al mismo tiempo nos hemos topado con más dificultades para encontrarle un nombre? El nuevo vehículo era una suerte de revelación, todos se preguntaban cómo algo tan simple podía haber permanecido desconocido durante tanto tiempo, por qué se había tardado tanto en descubrirlo. Cada nación le dio un nombre propio en su lengua. Los franceses tuvieron pocos problemas con esto y, como ocurre cada vez que tienen que nombrar algo nuevo, tomaron un pedazo del griego y otro del latín y los juntaron, ofreciéndonos el *vélocipède*.

En el día a día, sin embargo, este nombre resultaba demasiado largo y engorroso para algo tan veloz, y lo acortaron a *vélo*. No obstante, nosotros, los flamencos, que raras veces nos molestamos en inventar una nueva palabra y preferimos pedirla prestada a nuestros vecinos para después tratar de encontrar algún tipo de concepto relacionado en la palabra extranjera, la cambiamos a *vlosse-peerd*. Las autoridades, pese a todo, aportaron *rijwiel*, *schrijwiel*, *trapwiel*, *wielpeerd* y, finalmente, *fiets*, que, por lo menos en Holanda, ha resultado ser la «palabra viva». Los ingleses abordaron esta tarea con su habitual racionalidad e inventaron *bicycle*, *wheel* o simplemente *cycle*, que se convirtió en el nombre real, el nombre verdadero. Los alemanes, siempre tan prácticos, comenzaron con *Fahrrad* y terminaron con *Rad*.

Aún seguimos buscando el modo de llamar al automóvil autopropulsado. A la postre se ha convertido simplemente en «auto».

Seguimos siendo testigos del desarrollo de máquinas voladoras y, al mismo tiempo, del desarrollo del nombre que se les dará. Aún es demasiado pronto para decir cuál de los términos «aeroplano», «monoplano» y «biplano», «aerostato», «aeronáutica» y «aviación» sobrevivirá.

Es curioso que, cuando damos al objeto conocido un nombre extranjero, siempre han de ser los franceses, con sus términos chapuceros y prestados, los que al final terminen ganando la partida. ¿Por qué no pedir prestada una palabra a otra lengua extranjera si, por ejemplo, esa palabra suena mejor y parece más apropiada, como cuando el inspirado d'Annunzio inventó el nombre *velivolo* para sus compatriotas italianos que practicaban el deporte del vuelo libre?

Desconozco el nombre del artilugio de dos ruedas que por primera vez vi montar a alguien en mi pueblo, pero recuerdo perfectamente el aspecto que tenía y cómo lo manejaba.

Fue en los viejos tiempos, cuando todo era más sencillo, cuando los pueblos aún tenían sus «personajes», genios desconocidos que llevaban la vida de un aldeano normal y corriente como panadero, herrero o carpintero, que aceptaban su falta de reconocimiento y que se afanaban todo lo posible en mantener su nombre y su reputación de «algo chiflados».

En nuestra aldea, Benignus Kamslager era un superhombre (un personaje que pertenecía a esta categoría).

Le llamaban «el inventor». Yo era todavía un chaval y no entendía gran cosa de lo que ocurría, por lo que solo puedo hablar de la «impresión» que nos causaba Benignus: una especie de miedo mezclado con admiración. Era un hombre callado, carpintero de profesión, pero su taller estaba lleno de oscuros rincones abarrotados de herramientas misteriosas y extrañas. Se llevaba bien con Levinus, el herrero local, y los dos trabajaban juntos en sus «inventos».

Y así fue como sucedió un buen día. Nosotros, los niños, no nos habíamos percatado de las preparaciones, pero aquella tarde estábamos todos allí, junto con los demás habitantes del pueblo, cuando Benignus, el herrero y los aprendices del herrero aparecieron con algo extraño que nunca antes habíamos visto. Una rueda gigantesca con radios finos que partían de un eje, como los haces de luz que irradian de una estrella, con un estrecho borde alrededor de la parte exterior; una pieza de metal doblada conectaba la rueda grande con una rueda baja muy pequeña, sujetándola entre sus dos brazos como un par de pinzas. Sospechamos que algo extraño y milagroso estaba a punto de suceder y aguardamos conteniendo la respiración. El espectáculo empezó casi de inmediato. Dos de los ayudantes del herrero sujetaron el artefacto en posición vertical. Levinus y el tercer aprendiz auparon a Benignus y lo colocaron sobre la rueda gigante, donde se sentó en una especie de montura. Disponía de una barra de metal a la que agarrarse y de dos estribos donde meter los pies.

Todavía no teníamos ni idea de lo que iba a pasar y no podíamos imaginar cómo Benignus iba a lograr mantener el equilibrio sin ayuda. Pero de pronto gritó: «¡Soltadme!», y los aprendices se quitaron de en medio de un salto. Benignus empezó a mover los pies como haría un tejedor en los pedales de su telar. Nadie se esperaba aquello. Como si de un milagro en la vida real se tratase, el «inventor» avanzó subido a su rueda. El aire se llenó de gritos y alaridos. Salimos corriendo en cuadrilla detrás del mago; gritábamos y saludábamos con los brazos, pero, de repente, en mitad de la algarabía general, antes de que nadie lo viera venir, se oyó un ruido sordo y el carpintero cayó al suelo adoquinado ¡mientras su artilugio aterrizaba sobre él! Nos sentimos como si acabáramos de presenciar un desastre. Entonces Klette, la mujer de nuestro héroe, apareció de repente entre la multitud. Parecía furiosa y gritó algo así como: «¡El tonto del pueblo!». Añadió otras recriminaciones y todos los espectadores estallamos en risotadas. El experimento había terminado por ese día y el espectáculo finalizó en un ridículo general. Nadie creía ya en la viabilidad del invento y, una vez más, el «inventor» fue el hazmerreír del pueblo.

Pero Benignus volvió a la carga al día siguiente, y los posteriores. Montaba en su artilugio, se caía, se ponía en pie y empezaba de nuevo, en absoluto amedrentado. Nos acostumbramos a introducirnos toda la comida en la boca y salir corriendo a la plaza para contemplar el espectáculo del «caballo de hierro».

Levinus lo intentó a su vez, y lo mismo hicieron los aprendices. De lo que estoy seguro, sin embargo, es de que ninguno de ellos llegó más allá de la plaza del pueblo. Un día vieron que la rueda estaba muy resquebrajada, la llevaron al taller y la dejaron allí junto a muchos otros «inventos» en un rincón de aquel almacén de los misterios.

Esta fue la primera vez que pudo verse el deporte de ir en bicicleta en nuestro pueblo. Mucho después, cuando un ciclista auténtico apareció de pronto paseando por la calle sobre su «triciclo» —que recordaba a un camello— y desapareció sin caerse, nos dimos cuenta de que tal cosa era realmente posible. Pero durante mucho tiempo se desató un verdadero entusiasmo cada vez que alguien veía un *vlossepeerd*. En aquella época yo era demasiado joven para preguntarme cómo se sentiría Benignus al ver esas «máquinas bicicletas» que funcionaban mejor que la suya, pero sospecho que debió de considerarse a sí mismo un genio incomprendido, como todos los demás «inventores» (y tal vez se la devolvió a su mujer diciéndole: «¿Lo ves? En el fondo yo no era tan estúpido»).

«¿Alguna vez una máquina ha llegado a ser tan popular, ha gozado de un uso tan extendido en tan poco tiempo y al mismo tiempo ha habido más dificultades para encontrarle un nombre?»

Stijn Streuvels (Cortrique, 1871 - Anzegem, 1969). Seudónimo de Franciscus «Frank» Petrus Maria Lateur, escritor, dramaturgo y traductor flamenco. Le tocó vivir en una época en la que la llegada de la bicicleta dio luz verde a nuevas formas de movilidad. Tras volver de su primer paseo en bici, afirmó: «Por primera vez he experimentado lo que significa realmente el "espacio"». El nuevo invento se adaptaba perfectamente a sus grandes preocupaciones: la vida en el campo, el curso de las estaciones, el lugar del hombre en el cosmos. Actualmente, además de una casa-museo, Bélgica le ha dedicado una estupenda ruta senderista por la ondulada campiña que Streuvels describió con todo lujo de detalles en sus libros; también puede recorrerse en bicicleta.

Las bicicletas naranjas

— Lucía Martín Calero —

Era naranja. Peugeot NS plegable. Mini, como yo. La dinamo ya no funcionaba cuando la compré. Según fuentes anónimas de internet, el modelo es de 1977. La realidad es que no he invertido mucho tiempo en confirmar este dato. Dejémoslo en que era setentera; de esas de paseo con manillar alto en las que parece que vas sentada en un trono, con la ciudad abriéndose a tu paso como en un libro desplegable.

(Imagino que seguirá existiendo en el plano físico; hablo en pasado porque ya no existe en mi realidad. Los objetos mueren también.)

No fue la primera. Esa fue una Petit Prix del Carrefour con la que aprendí a montar a la tierna edad de veintiséis años. Después tuve una Luis Ocaña azul, oxidada y bella, que me robaron antes incluso de que pudiera hacerle un huequito en mi corazón. No fue la primera, pero sí fue mi primera. La primera que elegí e intenté cuidar con modesto resultado. Intenté también en algún momento ponerle un nombre guay. «Hirondelle», creo recordar. «Voy con Hirondelle, tardo veinte minutos» o «aparco a Hirondelle y me acerco». Ahora doy gracias de que esta idea no calara. ¿Qué se me pasaría por la cabeza? ¿Habría visto *Amélie* esa semana? Qué vergüenza.

De alguna manera, no iba muy desencaminada, porque con ella al lado podías llegar a sentirte un personaje de ficción. Un personaje de, yo qué sé, Noah Baumbach (soy blanca y hetero y en esa época llevaba flequillo). Si fuera un poco más delgada incluso en una de Wes Anderson. ¡Si fuera un poco más guapa incluso en una de Rohmer! Era un complemento que confería personalidad como un buen abrigo, unos calcetines de colores o ser feo. En la primera parte de la película, la protagonista y ella iban juntas de aventura por los Alpes, bordeando el lago de Annecy y tarareando *chansons françaises*. Mucho *flow*. Con ella me demostré a mí misma y al mundo que podía tener cierta armonía y coordinación de movimientos. No se podía decir que fuera una ciclista elegante, pero incluso aprendí a bajarme de pie, pasando una pierna por encima del cuadro antes de frenar del todo. Estaba borracha de poder.

Se vino conmigo en la mudanza, 1.735 kilómetros plegadita en el fondo de un camión, y aquí nuestro vínculo floreció. Aquí no había montañas ni lago ni *flow*, había expectativas y naranjos. Mi bólido pasó de ser un complemento de moda a mi brazo izquierdo, ¿un ojo?, ¿mi cuarto ojo? ¿Puede un objeto naranja cambiar a una persona? Me cambió el cuerpo (tremendo tren inferior), la forma de vestir (la Diane Keatonización), cómo me presentaba al mundo (me llamo Lucía, espero caerte bien por el simple hecho de que no tengo carnet de conducir). Mi elección de bragas, mis planes de sábado, mis contraseñas giraban en torno a ella.

Todos los días me sacaba de paseo. Yo le devolvía el favor evitando caminos empedrados que la descuajeringaban. Con ella y en ella lloré de frío, de pena, de calor, atropellé palomas, bebés, bebés paloma, moqueé, insulté a abuelos, pensé en personas, en besos, en el gol de Nayim, vi el futuro, escuché nu metal, me llevó a casa, a hacer fórmulas en Excel, a terapia, a esa habitación de hospital, se le pincharon las ruedas, se quedó sin frenos, me gasté dinero, me caí, la arreglé, se volvió a romper.

No conocía el alcance de mis sentimientos hacia aquel objeto hasta que vi que la gente de mi alrededor le tenía cariño real. Contagié una especie de amor absurdo, sin querer; en una versión de anuncio de perfume yo era Julia Roberts sonriendo enseñando setenta dientes y todo el mundo rompía sus cadenas y me devolvía la sonrisa. ¿Algo así?

Lo peor de todo es que nada de esto me importa mucho ahora.

Me la robaron en febrero del 2020, en ese pozo oscuro de año. Me puse muy triste esa tarde, esa noche, o quizá sea más preciso decir que supuso una prolongación en mi ya existente tristeza durante unas cuantas horas más. Un duelo concentrado, tres duelos al precio de uno. ¡Usa el código «Peugeot» y consigue un cincuenta por ciento de descuento! *Fast food* pero con la pena. Qué rápido se me pasó, qué rápido la sustituí, qué rápido me adapté a lo nuevo. Y qué mentira todo esto que acabáis de leer.

Al final es cierto, las bicicletas naranjas mueren también.

Lucía Martín Calero (Sevilla, 1991). Traductora de carrera universitaria pero nunca de profesión. Ha estudiado y trabajado, saltando de beca en beca, en Inglaterra, Irlanda y Francia. Nunca pensó que tendría que escribir una bio oficial, de ahí su pobre carrera profesional. Le gusta ver Teledeporte y pensar tatuajes que nunca se va a hacer. En su móvil tiene once fotos de sus sobrinos y concretamente 19285 fotos de su bicicleta.

Tres hombres en bicicleta

– Jerome K. Jerome –

—¿Qué bicicleta has dicho que era esta?

Harris se lo dijo. He olvidado cuál era el fabricante en particular, pero eso es irrelevante.

—¿Estás seguro? —preguntó George.

—Por supuesto que lo estoy —contestó Harris intrigado—. ¿Por qué? ¿Qué es lo que pasa?

—Bueno, que no es la del cartel, nada más —dijo George.

—¿Qué cartel? —preguntó Harris.

—El cartel publicitario que anuncia esta marca concreta de bicicletas —explicó George—. Estuve observando uno que había en una valla de Sloane Street un día o dos antes de partir. Un hombre montaba en una de esta marca, un hombre con una bandera en la mano: estaba claro que no hacía mucho esfuerzo. Iba sentado en el trasto, respirando el aire fresco. La bicicleta marchaba por voluntad propia y funcionaba la mar de bien. Esta cosa tuya me deja todo el trabajo a mí. Es una máquina perezosa: si no la empujas no hace nada en absoluto. Yo que tú presentaría una queja.

Cuando uno se detiene a pensar en ello, pocas bicicletas cumplen con lo prometido. Solo he visto un cartel en el que el ciclista se esforzara. Pero es que también aparecía un toro persiguiéndolo. Por lo general, el propósito del artista es convencer al dubitativo neófito de que el deporte de la bicicleta consiste en sentarse en un confortable sillín y ser transportado rápidamente por invisibles poderes celestiales en la dirección deseada.

Por regla general, el ciclista del cartel es una muchacha, y uno llega a pensar que, para el perfecto descanso corporal, combinado con una entera libertad de toda preocupación mental, dormir sobre un colchón de agua no se puede comparar con montar en bicicleta por un sendero de montaña. De acuerdo con el cartel, ningún hada que viajara en una nube estival se movería con tanta suavidad como la chica de la bicicleta. Sus prendas para pedalear en días calurosos son ideales. Es cierto que algunas anticuadas patronas le negarían el almuerzo y que un policía de mentalidad cerrada podría querer detenerla y envolverla en una manta antes de multarla. Pero a ella no le preocupa. Cuesta arriba y cuesta abajo, a través de un tráfico que pondría a prueba las habilidades de un gato, sobre carreteras pensadas para destrozar una apisonadora corriente, se desliza como la imagen de la más radiante inactividad, con sus cabellos rubios flotando al viento, su figura de sílfide gentilmente acomodada, con un pie sobre el sillín y el otro descansando ligeramente sobre el faro. A veces se digna a sentarse en el sillín: entonces pone los pies en el manillar, enciende un cigarrillo y ondea sobre su cabeza una linterna china.

Con menos frecuencia, es un hombre el que monta la bicicleta. No es un acróbata como la muchacha, pero conoce trucos simples, como ponerse de pie en el sillín y ondear banderas o beber té o cerveza mientras pedalea, que puede y suele hacer. Es de suponer que hace algo para ocupar la mente: estar sentado hora tras hora en la bicicleta, sin nada que hacer ni nada que pensar, debe de cansar a cualquier hombre de temperamento activo. Así que a veces lo vemos de pie sobre los pedales, acercándose a la cima de alguna colina elevada para increpar al sol o recitarle poesías al paisaje circundante.

De vez en cuando, el cartel representa a una pareja de ciclistas, y entonces se comprende cuánto más útil es la bicicleta moderna para el flirteo comparada con el antiguo saloncito o la puerta de la verja del jardín. Él y ella montan sus bicicletas, con cuidado, naturalmente, de que ambas sean de la marca correcta. Después de eso ya no tienen que pensar en nada más que en la dulce his-

toria de siempre. Por umbrías avenidas, por ciudades atestadas en días de mercado, se deslizan alegremente las ruedas de la Bermondsey Company's Bottom Bracket Britain's Best o de la Camberwell Company's Jointless Eureka. No necesitan que pedalees, no necesitan que las guíes. Deja que se hagan cargo y diles a qué hora quieres estar en casa, eso es todo lo que necesitan. Y mientras Edwin se inclina para susurrar dulces palabras en los oídos de Angelina y el rostro de Angelina, para esconder su rubor, se vuelve hacia el horizonte a sus espaldas, las bicicletas mágicas continúan su grácil carrera.

Y el sol siempre brilla y los caminos siempre están secos. Nunca hay un padre severo detrás de ellos, ninguna tía entrometida a su lado, ningún hermanito revoltoso se asoma por la esquina, nunca derrapan. ¡Pobre de mí! ¿Por qué no había Britain's Best ni Camberwell Eureka de alquiler cuando éramos jóvenes?

A veces, una Britain's Best o una Camberwell Eureka está apoyada contra una puerta, quizás está cansada. Ha trabajado duro toda la tarde, cargando a esos jóvenes. Compasivamente, han desmontado para darle un respiro a la bicicleta. Se sientan sobre el césped bajo la sombra de graciosas ramas, es un césped largo y seco. Un arroyo corre a sus pies. Todo es paz y tranquilidad.

Esta es siempre la idea que el artista que pinta carteles publicitarios de bicicletas quiere expresar: paz y tranquilidad.

Pero quizá me equivoco al afirmar que ningún ciclista, de acuerdo con el cartel, trabaja nunca. Y ahora que reflexiono al respecto, recuerdo haber visto carteles que representan a caballeros montados en bicicletas haciendo grandes esfuerzos, incluso sobresforzándose podría decirse. Están delgados y demacrados por el arrojo, el sudor les cae de la frente. Uno piensa que si hay otra subida más allá del cartel se bajarán de la bicicleta o morirán. Pero esto es resultado de su propia locura. Esto les ocurre porque insisten en montar una bicicleta de una marca inferior. Si montaran una Putney Popular o una Battersea Bounder, como el joven sensato de la parte central del cartel, entonces todo ese esfuerzo innecesario les sería ahorrado. Entonces todo lo que se requeriría de ellos, como prueba de gratitud, es que pusieran un rostro alegre o quizá que pedalearan ocasionalmente un poco hacia atrás cuando la bicicleta, en su juvenil ímpetu, perdiera la cabeza unos instantes y se deslizara con demasiada rapidez.

Vosotros, jóvenes fatigados que os sentáis desalentados en los mojones de la carretera, demasiado extenuados para preocuparos por la incesante lluvia que os está empapando; vosotras, doncellas agotadas, con los cabellos mojados y lacios, preocupadas por la hora, deseando maldecir sin saber cómo; vosotros, hombres obesos y calvos a punto de desmayaros mientras jadeáis y gruñís a lo largo de la interminable carretera; vosotras, matronas macilentas de rostros amoratados, luchando doloridas con las lentas y nada colaborativas ruedas, ¿por qué no os comprasteis una Britain's Best o una Camberwell Eureka? ¿Por qué son tan populares las bicicletas de marcas inferiores en nuestro país?

¿O es que con las bicicletas ocurre lo mismo que con todas las demás cosas, es decir, que no se parecen en nada a las de los carteles?

Jerome K. Jerome (Walsall, 1859 - Northampton, 1927). Escritor y humorista inglés. En 1900, once años después de publicar su obra más conocida, *Tres hombres en una barca* (Blackie Books), escribió su secuela, *Tres hombres en bicicleta*. En ella, los tres mismos protagonistas viajan a Alemania dispuestos a comprender a los germanos. Eso sí, no sin antes dejar bien claro en qué debería consistir el deporte de la bicicleta: «Sentarse en un confortable sillín y ser transportado rápidamente por invisibles poderes celestiales en la dirección deseada». La realidad, claro está, resultó ser muy distinta.

Ruedas en el Parnaso

— Christopher Morley —

La bicicleta, sin duda la bicicleta, siempre debiera ser el vehículo de los novelistas y los poetas. Cuánta satisfacción proporcionaría poder demostrar que a la desaparición de la bicicleta en las carreteras estadounidenses siguió un declive de la sensibilidad literaria. Después de once años sin una, me encuentro en un país donde abundan las bicicletas. Mi memoria regresa a la vieja Shotover, una curiosidad alta y de color verde que compré en Inglaterra en 1910. Tenía un extraño cuadro doble que era objeto de muchas miradas campesinas, desde Basilea hasta Edimburgo, desde los Cotswolds hasta el estuario del Wash. Ay, las adorables bicicletas británicas, algunas de las cuales incluso solían tener varias marchas. No es que sea desleal al automóvil, pues conozco bien la peculiar emoción que provocan los coches de motor, la manera en que uno aprende a amar el tamborileo constante de sus fieles órganos, la gallardía del arco del capó siempre atento, como una criatura sensible, a caminos deslumbrantes. Sin embargo, en un coche lo llevan a uno; en una bicicleta, va uno mismo. Nos integramos con la máquina.

La bicicleta es para mí una especie de símbolo de esos viejos y desenfadados días de antaño. Qué alegría produce encontrar todavía en las posadas rurales de Francia el emblema del Cyclists' Touring Club (C. T. C.), del que una vez fui socio, y cuya pequeña tarjeta de identificación era aceptada (¡ah, qué sencillo era todo entonces!) como un pasaporte. Uno

siempre trataba de localizar todos los albergues que exhibieran aquel letrero, porque se suponía que debían ofrecer a los miembros una tarifa reducida por el tándem «cama y desayuno». Y cómo odiaban hacerlo. Cabe preguntarse si la joven francesa que viajaba a bordo de aquel barco de vapor por el Rin se acuerda de los tres excéntricos jóvenes que portaban la insignia del C. T. C. Era una damisela de costumbres bastante liberadas, el tipo de persona que Jean Jacques siempre encontraba en sus viajes. Los emblemas del C. T. C. despertaron su curiosidad y se interesó por ellos: «*Mademoiselle* —repuso uno de los integrantes del trío—, se trata del *Club Terrestre de la Chasteté*».*

Y hablando del C. T. C., ¿es que se han olvidado todos de la vieja y alegre L. A. W.: la League of American Wheelmen?** También ella desprendía un aroma literario, ¿o acaso no era editor de su revista el señor S. S. McClure?***

Cuando uno vuelve a montar en bicicleta tras una prolongada falta de práctica es cuando se da cuenta de la excelente disciplina física que resulta ser. De nuevo, la fuerte tensión de los músculos del muslo, el calor del sol en los omóplatos, el singular cambio de postura corporal cuando hay que bajarse para empujar la bicicleta en una larga colina (comparable con el modo de caminar después de haber llevado patines, o el malestar en un barco amarrado en el puerto, quieto tras unos días en alta mar). A medida que uno recorre hileras de setos puede ponerse a reflexionar sobre el delicado equilibrio que convierte a esas dos ruedas en sus obedientes gemelos siameses. Una vez leí sobre un jefe salvaje en África al que regalaron una vieja bicicleta y una chistera, supongo que a cambio de un cargamento de marfil. Recorría los senderos quemados por el sol que rodeaban su aldea montando la una y llevando la otra, saludando a voz en grito con inocente alegría. Entiendo perfectamente cómo debía de sentirse. Si uno lleva sombrero mientras monta en bicicleta, bien podría ser el cilíndrico de

* Club Terrenal de la Castidad.

** Liga de los Hombres de Ruedas Estadounidenses.

*** Samuel Sidney McClure (1857-1949) fue un reputado periodista de investigación irlando-estadounidense.

seda a la última moda, para expresar una sensación de bienestar psíquico y carnal. En una obra de teatro reciente titulada *Roger Bloomer*, uno de los personajes observaba: «Llevo un sombrero de copa como un talismán contra la pasión». También la bicicleta es un amuleto contra diversos trastornos. Encontrarse ante un camino bifurcado o serpenteante, ante una iglesia normanda con torre en forma de cuña, explorar la fragancia de senderos que son como túneles verdes, oír el zumbido susurrante por debajo de uno y el chirrido de las guadañas en un campo de heno, todo esto bien podría ser un remedio homeopático contra la pasión, pues es en sí mismo una pasión.

No obstante, estas palabras son aducidas para incidir de algún modo en asuntos literarios. Así que tomemos este desvío a la izquierda (que conduce hacia el mar a través de un campo de golf) y sentémonos en las dunas para cavilar sobre la idea que perseguimos; la hierba arenosa que pastan las ovejas está salpicada de pequeñas flores rosas y amarillas.

Un extraño sentimiento sobreviene en ocasiones al escritor que durante largo tiempo ha cargado en la mochila de la mente con alguna idea que desea plasmar en tinta. Es una sensación que solo puedo describir como «prepararse para escribir». Estos fantasmas de la imaginación que han permanecido tanto tiempo congelados en mitad de un gesto empiezan a mostrar signos de animación. En mi caso particular,

hace ahora cuatro años y medio que los veo en sus absurdas poses inmutables. No me sorprende que estén entumecidos: uno de ellos (¡qué encantador es!) me dijo que se le había dormido el pie. Están sentados alrededor de una mesa; es una fiesta de cumpleaños. Cualquiera podría pensar que a estas alturas la tarta debe de estar más que rancia, las pequeñas velas rojas consumidas. Pero no: arden sin cesar, como las velas brillantes e inalterables de un sueño. Incluso en las posturas incipientes en las que los dejé, por extraño que parezca, puedo ver que los fantasmas se muestran expectantes. Hay que hacer algo.

Para estados de ánimo como estos, montar en bicicleta parece ser el recurso perfecto. Está muy bien decirse a uno mismo que no está pensando mientras rueda serenamente, pero lo *está*, y la incertidumbre segura del equilibrio del ciclista, esa atenta suspensión inconsciente (firme sobre la tierra y, sin embargo, tan despreocupada en su continuo movimiento), parece simbolizar la propia tarea. La rueda patina en un surco o una pendiente de gravilla: enseguida nuestro instinto nos hace corregir la perpendicular. De la misma manera, en el júbilo y el disgusto constantes del trabajo del escritor, este no osa abandonar un difícil estado de alerta entrenado. ¿Cuánto horror y estupidez debe admitir en su obra? ¿Cuántas minucias sumamente significativas puede pararse a incluir? ¿Cada cuánto se decidirá a expresar esta energía incomparable de la vida que debiera ser el objetivo del artista por encima de todo? Estos son los aireados enredos de sus dudas: y mientras pasa de la cima de una colina barrida por el viento a los verdes arroyos y pastizales, hay ocasiones en las que la bicicleta lo libera. Todo lo ve como por primera vez. Nunca nada se ha escrito antes: la hoja en blanco entera del mundo está limpia a la espera de su particular retrato de todo el hambre, de toda la alegría y de todas las vejaciones. En el mercado, al sol, sentado sobre una piedra caliente bajo la estatua del *poilu*,* siente la noble emoción de vivir y de estar rodeado de vidas similares. Me atrevería a decir que pueden sentirlo incluso las hormigas de un hormiguero.

Cuando se comete un error al emplear una lengua extranjera, puede llegar un momento en el que uno descubre, para su gran sorpresa, que ha pronunciado varias frases con soltura y sin hacer una elección consciente. Así, en la inesperada pureza de los sentimientos, es consciente de que por un instante casi podría haber balbuceado una o dos frases en la más extraña lengua extranjera, los criptogramas universales de la belleza que los órganos legislativos están demasiado ocupados para escuchar. Esta era la lengua, por ejemplo, que Llewelyn Powys vislumbró entre líneas cuando leyó a Matthew Arnold en el desierto africano. Lo cuenta en su glorioso *Risa negra*, un libro profusamente escrito, con el sabor de un lenguaje muy arcano; uno de esos libros raros que no está escrito en ningún dialecto sino con sonidos ingleses, y que centellea desde las antiguas cavernas de la lengua.

Entonces uno vuelve a subirse a la bicicleta, renovando el aroma de la dulzura estival de esta tierra divina y agitada, y se marcha flotando con el suroeste a su espalda. Si alguien pudiera dejar verdadera constancia de una farsa humana, ¡menudo libro sería! Un libro tan audaz que llevaría por título: *Pues tanto amé el mundo*.

* Literalmente: «peludo». Término procedente del argot militar que hace referencia a la infantería francesa que luchó en la Primera Guerra Mundial.

Christopher Morley (Pensilvania, 1890 - Nueva York, 1957). Periodista, novelista, ensayista y poeta estadounidense. En 1917 publicó su primera novela, *Parnassus on Wheels* (traducido en español como *La librería ambulante*), situada en una época en la que los automóviles y los carromatos compartían las carreteras. En 1926 veía la luz *The Romany Stain*, una colección de relatos que incluye este «Wheels on Parnassus», donde el autor hace un juego de palabras con el título de su primera novela y afirma convencido que «la bicicleta debería ser siempre el vehículo de los novelistas y los poetas».

Desaparecer en la selva

– Layla Martínez –

1

James William Fullbrigth era, ante todo, un hombre de orden. De esos a los que les gustan que los negros estén en los sitios de los negros y los blancos, en los sitios de los blancos. Lo había dejado bien claro diez años antes, cuando firmó el *Manifiesto del Sur*, un documento en contra de la integración racial en lugares públicos. En ese tiempo había hecho algunas cosas bien, es cierto. Se había opuesto al delirio anticomunista de McCarthy, había apoyado la reducción de tensiones con la URSS tras el bochorno de bahía de Cochinos y sobre todo se había opuesto a la guerra de Vietnam. Pero al fin y al cabo venía de una familia rica de Misuri y, bueno, las fortunas no se hacen solas.

Un día de principios de octubre de 1967 se puso su traje y se peinó el pelo hacia atrás. A sus sesenta y dos años no le quedaba mucho, pero le gustaba usar gomina para que no se le moviese con el viento de Washington. Se dirigió al Senado, tenía que asistir a una reunión del Comité de Relaciones Exteriores. Una de las personas que iba a comparecer aquella mañana era Harrison Salisbury y a Fullbright le interesaba lo que tenía que decir. Salisbury era uno de esos periodistas que creían en su oficio con la fe de un predicador o de un idiota. A sus cincuenta y ocho años lo había visto todo, conocía de sobra la peste de las cloacas que te va pudriendo por dentro, pero él seguía creyendo que era posible hacer un periodismo serio y riguroso. No objetivo, sabía que la objetividad es solo la fachada que utilizan los que tienen el poder para imponer su visión, pero sí preciso, informado, reflexivo. Había trabajado varios años en la URSS, había cubierto el movimiento por los derechos civiles y el asesinato de Kennedy y se había manifestado en contra de la guerra de Vietnam cuando ningún otro periodista conocido lo hizo, cuando eso suponía jugarse la reputación y la carrera, cuando podía hacer que acabases vendiendo coches de segunda mano en un concesionario de mierda de Atlanta.

En 1966 el Gobierno de Vietnam del Norte le había invitado a conocer el conflicto de primera mano y Salisbury no se lo pensó. Allí lo vio todo: las bombas, los cuerpos destrozados, la lluvia química que hacía que la piel se cayese a tiras. Cuando le llamaron para que compareciese en el Comité, Salisbury pensaba contar todo aquello, pero los senadores estaban interesados en otras cosas. Le preguntaron por la intendencia del Vietcong, por los suministros, por cómo se movían y organizaban en medio de la selva. Salisbury dijo que lo más importante de todo eran las bicicletas. Eran las que permitían reabastecer continuamente a la guerrilla, incluso en las condiciones más adversas. «Creo que sin bicicletas no podrían continuar la guerra», sentenció Salisbury para cerrar su declaración.

Fullbright dio un salto en el asiento. Increíble que aquel idiota hubiese ganado un Pulitzer. «¿Entonces por qué no estamos bombardeando las bicicletas en lugar de los puentes? ¿Sabe el Pentágono todo esto?», dijo en tono de burla. La sala entera estalló en carcajadas.

2

Võ Nguyên Giáp había sido un revolucionario toda su vida. Ahora, en 1954, tenía cuarenta y dos años y acababa de conseguir la victoria más grande de su carrera hasta el momento, pero el camino había sido terrible. El colono francés le había hecho pagar muy cara su militancia. Tras la ilegalización del Partido Comunista en 1939, había tenido que pasar a la clandestinidad y exiliarse en China. Allí conoció a Ho Chi Minh, otro exiliado como él que pronto se convertiría en uno de los hombres más importantes de su tiempo, pero también había tenido que vivir la experiencia más atroz y dolorosa de su vida, de cualquier vida. Tras su partida, la policía francesa había detenido a su mujer y a su cuñada. A la primera la torturó brutalmente durante tres años hasta que no pudo aguantarlo más, a la segunda la guillotinaron. No acabó ahí. También asesinaron a su hijo recién nacido, a su padre y a dos de sus hermanas.

Cómo se vive con ese dolor. Cómo seguir caminando, comiendo, respirando siquiera. Cómo no volverse loco. Cómo no querer asesinar con tus propias manos a cada uno de los invasores, a cada uno de los colonos, a todos ellos.

3

Tras la derrota de Japón en la Segunda Guerra Mundial y el momentáneo vacío de poder, Francia había recuperado el control de su colonia. Los colonos habían vuelto como si nunca se hubiesen ido, como si todas esas tierras, todas esas mansiones y todas esas criadas les hubiesen pertenecido siempre. Los vietnamitas no pensaban lo mismo, tampoco el Viet Minh. La alianza entre el Partido Comunista y los grupos nacionalistas había dado lugar a este movimiento de liberación nacional, que no estaba dispuesto a seguir soportando la colonización francesa. El liderazgo del movimiento recaía en Ho Chi Minh, la dirección militar en Võ Nguyên Giáp. Este último no había perdido el tiempo: desde 1941 había creado y entrenado grupos guerrilleros en las montañas junto a los nacionalistas de Tho.

La guerra estalló definitivamente en 1946. El Viet Minh había intentado negociar, Giáp se había tragado su dolor y su orgullo y había viajado a París, pero pronto se vio que las buenas palabras de los colonos no valían nada. Francia nunca tuvo intención de respetar los acuerdos. De Gaulle había querido ganar tiempo para enviar tropas y recuperar el control militar del país. Ho Chi Minh decidió probar una última vez unos meses antes de que empezase la guerra. Viajó a París, intentó alcanzar una independencia negociada como había hecho Giáp antes que él, pero lo único que le presentaron los franceses fue una humillación pública. Unas migajas de independencia, o ni siquiera eso, más bien se ofrecieron a dejarle lamer el plato.

Ho Chi Minh regresa a Vietnam y el conflicto estalla. Buscando una guerra relámpago que restaure con rapidez el control sobre todo el territorio, Francia se lanza a la ofensiva con una crueldad terrible. Bombardea la ciudad de Hai Phong, mata a seis mil personas, masacra incluso una columna de refugiados. En ese tiempo el Viet Minh se ha extendido por todo el país, pero sus guerrilleros no tienen nada que hacer en un enfrentamiento directo con el ejército francés, nada contra sus bombarderos, sus portaaviones, sus militares bien alimentados y bien entrenados. Giáp, al mando de las operaciones militares, lo aprende por las malas. Después de varias derrotas, de miles de muertos, del despliegue de una represión cada vez más atroz. Entiende entonces que necesitan otra estrategia muy diferente, una que les permita aprovechar el miedo de los franceses a internarse en la selva, a sus propios rostros congestionados por el calor, a sus cuerpos hinchados por la humedad.

A partir de ese momento, el Viet Minh inicia una guerra sin cuartel a pequeña escala. Acciones rápidas que se suceden sin descanso, una detrás de otra, por todo el territorio. Ninguna de ellas causa un gran número de bajas, pero en conjunto crean la sensación de un hostigamiento constante. Los guerrilleros aparecen y desaparecen en la selva sin que los franceses sepan dónde van a atacar, cuál va a ser el siguiente objetivo. Las pérdidas de efectivos son constantes. Todo se ha convertido en una amenaza. Los ruidos de la maleza vuelven locos a los franceses, que se sumergen en el delirio durante siete años. Aterrorizados, van perdiendo terreno poco a poco pero de forma constante. En un último intento por llevar la guerra a su terreno, el general francés Henri Navarre intenta arrastrar a Giáp a una batalla convencional en Dien Bien Phu que les permita una salida negociada a una guerra ya perdida. Pero Giáp ha aprendido mucho en todo ese tiempo. En vez de atacar a los invasores, la guerrilla sitia la ciudad y aísla al ejército invasor. Los franceses pronto se quedan sin suministros, pero confían en que la guerrilla no pueda aguantar mucho tiempo en aquel lugar de difícil acceso. Se equivocan. Giáp también ha pensado en ello. Miles de porteadores y de bicicletas aseguran los suministros a través de la selva, de los caminos embarrados, de las pendientes interminables.

4

Ho Chi Minh acaba de ser nombrado presidente, pero intuye que esos siete años de guerra de desgaste contra el colono francés, esos siete años de barro y hambre y muerte, solo son el comienzo. La Conferencia de Ginebra ha establecido la salida de Francia del territorio vietnamita, pero no ha ordenado la unificación inmediata del país. Los vietnamitas tienen que votar su reunificación en un referéndum al año siguiente, 1955. Ho Chi Minh, que ha visto todo lo que un hombre puede ver en esta vida, que ha vivido veintiocho años de exilio y cárcel y torturas, que ha tenido casi doscientos alias distintos, que ha alentado revueltas y revoluciones allá por donde ha pasado, intuye que la reunificación no está cerca. Los sondeos le dan un ochenta por ciento de apoyo, pero Estados Unidos ha invertido demasiado dinero allí; ha financiado casi al completo el esfuerzo bélico francés y no está dispuesto a dejar que Ho Chi Minh gobierne el país entero. La CIA financia un golpe de Estado en el sur y la guerra estalla de nuevo.

5

Cuando hablan en público todos dicen que no quieren la guerra. Los políticos, los diplomáticos, los empresarios, incluso los militares. Pero es mentira, claro que la quieren. La guerra son negocios, oportunidades, ascensos, inversiones. Qué más da si hay que hacer que llueva fuego del cielo, si hay que masacrar a cientos de miles de personas, si hay que enviar a todos esos negros pobres a que mueran en medio de la selva.

6

El napalm es gasolina en estado gelatinoso, una sustancia viscosa y densa que se adhiere a todo. Es altamente inflamable y cuando se incendia es muy difícil de apagar, mucho más que la gasolina corriente. Se te queda pegado a la piel y arde lentamente, quemándote poco a poco mientras avanza por tus tejidos.

7

Giáp sabe que esta guerra tampoco va a poder ganarla en un enfrentamiento convencional. Si el ejército francés estaba bien equipado, el estadounidense es una máquina perfectamente engrasada cuya función es el terror y el asesinato masivo. Ni siquiera ahora que el Viet Minh se ha transformado en un ejército regular, que tiene recursos y ayuda china y soviética, puede hacer frente a algo así. El fracaso en la batalla del valle de Ia Drang, la primera en la que se enfrentan directamente a los estadounidenses, se lo confirma. Pero también sabe que lo que funcionó con el invasor europeo puede servir también con el americano.

Al frente del Ministerio de Defensa, Giáp inicia una guerra de desgaste, una ofensiva descentralizada y constante que persigue sin descanso al ejército estadounidense. Concentra los esfuerzos en unidades de tamaño reducido que aprovechan su conocimiento del terreno para llevar a cabo las acciones. Se desplazan rápidamente de un lugar a otro a través de la selva, a pie o en bicicleta, imposible seguirlas entre la maleza y los manglares. Los estadounidenses aumentan el número de efectivos, para 1963 hay ya dieciséis mil soldados, cinco años más tarde más de medio millón, pero no sirve de nada. La mayoría de los reclutas solo son chavales pobres de pueblos perdidos en el interior de Kansas o Colorado, de barrios de mierda de las afueras de Chicago o Nueva York. Se vuelven locos en aquella selva, el terror y la paranoia se los comen vivos. Matan y mueren sin saber de dónde ha venido el disparo o contra quién están disparando, con el uniforme chorreando de sudor y los pies devorados por los hongos.

Para facilitar la movilidad de las unidades y el hostigamiento constante, Giáp utiliza una red de caminos y senderos que atraviesa todo el país y llega hasta el sur, hasta las puertas de Saigón. Esta red ya había demostrado su utilidad en la guerra contra el colono francés, pero ahora se amplía y mejora hasta cubrir un total de dieciséis mil kilómetros. No solo permite que las unidades desaparezcan rápidamente tras las acciones, sino también asegurar el suministro de armamento y alimentación y conectar con el Vietcong, la guerrilla que se ha levantado en el sur.

Conscientes del papel que está jugando, el ejército estadounidense tratará de acabar por todos los medios con lo que había empezado a conocerse como la Ruta Ho Chi Minh. Vuelan puentes, minan caminos, bombardean carreteras e incendian la selva con napalm, pero nada de eso conseguirá su objetivo. La ruta no es una única carretera, sino una intrincada red de senderos que a veces solo tienen un metro de ancho y que se internan en la selva y vadean ríos. Cuando los convoyes de camiones son atacados o tienen que detenerse, los suministros continúan llegando gracias a los porteadores, que llevan hasta cuarenta y cinco kilos de carga en sus mochilas, y los ciclistas, que llevan hasta doscientos sobre sus bicicletas.

Estos porteadores y ciclistas son silenciosos e invisibles. Imposible saber su localización o seguir su rastro, imposible verlos siquiera desde los helicópteros. Pasan a unos pocos metros de las unidades estadounidenses sin que estas se den cuenta, como una sombra. Pero aun así el camino no está libre de peligros, los setenta y dos cementerios que hay a lo largo de la ruta lo demuestran. Además de los que son capturados, la malaria, el agotamiento y las infecciones se cobran numerosas víctimas. Los que sobreviven, avanzan doloridos y al borde del desfallecimiento. Duong Thi Xuan Quy, la primera mujer corresponsal en la guerra de Vietnam, recorre la ruta y conoce sus peligros. Su cuerpo desaparecerá tras un bombardeo, pero su diario no: «Las llagas en la espalda me han dolido toda la noche. No ha sido posible echarme de espaldas y ha sido una verdadera tortura dormir de lado. Tenía que mecer la hamaca con frecuencia para aliviar el dolor. No me he dado un baño desde el Puesto I. Me quedaré aquí hasta mañana por la mañana y cruzaré el río a las cuatro [...]. Me levanto a las dos de la mañana. La luna está oculta por las nubes. Cruzamos el puente de pontones del río Sepon. Los pontones serán desmontados antes del amanecer».

8

A finales de los años sesenta, cuando la guerra alcanza su punto más cruel y terrible, se calcula que había unos dos mil ciclistas recorriendo la ruta. Las bicicletas se modificaban para que pudiesen transportar la carga. El cuadro se aseguraba con dos barras de metal o dos tablones de madera que además servían para colgar cajas y bolsas. También los radios de las ruedas, que se apuntalaban con listones de madera o bambú. A veces, además, se reforzaba el manillar y se mejoraba la suspensión.

Cuando estaban cargadas hasta arriba resultaba imposible sentarse en ellas, así que los ciclistas tenían que caminar a su lado.

Para facilitar el manejo, se quitaban los sillines, se sustituían por varas de bambú y se ataban otras al manillar, lo que les permitía maniobrar desde más distancia en las pendientes y los terrenos difíciles. Cuando entregaban la carga, colocaban de nuevo el sillín y desmontaban las extensiones de los manillares para regresar pedaleando. También cubrían las bicicletas con hojas y ramas para que se camuflasen mejor y pudiesen recorrer los cuarenta kilómetros de media que hacían a diario, generalmente de noche.

Además de transportar armas y alimentos, las bicicletas se utilizaron en la evacuación de heridos. En 1968, una filial de Peugeot fabricó un modelo exclusivo para el ejército de Vietnam del Norte que contenía material quirúrgico y médico y dos faros con una alargadera desmontable que podían servir para iluminar un pequeño hospital de campaña. También se diseñó un método de evacuación que consistía en unir dos bicicletas utilizando cañas de bambú y utilizarlas a modo de parihuelas para transportar heridos.

9

Después de veinte años de guerra, el ejército estadounidense abandonó Vietnam y el país se unificó con el nombre de República Socialista de Vietnam el 2 de julio de 1976. Ho Chi Minh no llegó a ver la reunificación, había muerto en 1969 con casi ochenta años debido a un paro cardiaco. Võ Nguyên Giáp sí, aunque poco después caería en desgracia. En 2009, cuatro años antes de morir con casi un siglo de vida, todavía participaba en movilizaciones contra la invasión colonial. Esta vez bajo la forma de extractivismo por parte de las multinacionales, pero colonización al fin y al cabo. Hoy, la Ruta Ho Chi Minh es uno de los destinos más conocidos del mundo para hacer cicloturismo.

Layla Martínez (Madrid, 1987) es escritora y editora en el sello independiente Levanta Fuego. Ha publicado el ensayo *Utopía no es una isla* (Episkaia, 2019) y la novela *Carcoma* (Amor de Madre, 2021). Ha impartido talleres y coordinado ciclos de cine sobre terror social, arquetipos femeninos del mal y teoría y estética de lo monstruoso. Actualmente trabaja en su segunda novela.

Mi mejor amiga

— Henry Miller —

Lo creáis o no, era mi bicicleta. Esta la había comprado en el Madison Square Garden al final de una carrera de los seis días. Estaba fabricada en Chemnitz (Bohemia) y creo que el ciclista de los seis días al que había pertenecido era alemán. Lo que la distinguía de otras bicicletas de carreras era que la barra superior se inclinaba hacia abajo, hacia el manillar.

Yo tenía otras dos bicicletas de fabricación alemana que prestaba a mis amigos cuando las necesitaban, pero la del Garden solo la montaba yo. Era como una mascota. Y ¿por qué no? ¿Acaso no me acompañaba en todos mis momentos difíciles y desesperados?

Y es que me hallaba en la agonía del amor, de un primer amor, y, por norma general, no hay nada más desastroso que esto. Mis amigos estaban disgustados conmigo; me abandonaron, o viceversa, uno tras otro. Estaba desconsolado y solo. Si mis padres estaban al tanto de mi triste situación, no lo recuerdo, pero estoy seguro de que sabían que *algo* me preocupaba. Ese «algo» era una preciosa joven llamada Una Gifford, a quien había conocido en mis años de instituto.

Como ya he explicado otras veces, éramos unas criaturas tan ingenuas que tal vez compartimos dos o tres besos (en una fiesta, por ejemplo, nunca en otro sitio). Aunque ambos teníamos teléfono en casa, nunca nos llamábamos. ¿Por qué?, me pregunto. (Porque quizás hubiera sido demasiado atrevido.) Nos escribíamos cartas, pero entre una y otra pasaba mucho tiempo. Recuerdo que lo primero que hacía siempre que llegaba a casa era mirar en la repisa de la chimenea, que era donde se dejaban las cartas, y la mayoría de las veces la encontraba vacía.

En aquellos días me dedicaba sobre todo a buscar trabajo (supuestamente). En realidad me iba al cine o al cabaret (si podía permitírmelo). De repente dejé de hacerlo, y no hacía nada. Nada salvo montar en bicicleta. A menudo no me bajaba del sillín en todo el día, desde por la mañana hasta por la noche. Iba a todas partes en bici y por lo general a buen ritmo. Había días en los que me encontraba con algunos corredores de los seis días en la fuente de Prospect Park. Me permitían marcarles el ritmo a lo largo del camino liso que llevaba del parque a Coney Island.

Visitaba antiguos lugares favoritos, como Bensonhurst, Ulmer Park, Sheepshead Bay o Coney Island. Y siempre, independientemente de lo variado que pudiera ser el paisaje, estoy pensando en ella. ¿Por qué no me escribe? ¿Cuándo será la próxima fiesta? Etcétera. Nunca tuve pensamientos obscenos sobre ella, nunca soñé con follarla algún día, ni siquiera con tocarle el coño. Para nada, ella era como la princesa de los cuentos de hadas: intocable incluso en sueños.

Tampoco se me pasó por la cabeza jamás pedalear hasta donde ella vivía, en Greenspoint, y subir y bajar por su calle con la esperanza de verla. En lugar de eso, me iba todavía más lejos, a lugares que asociaba con mi infancia... y con días felices.

Pensaba en aquellos días idílicos con tristeza, con un gran peso en el corazón. ¿Dónde estaban ahora esos queridos amigos de mi primera juventud? ¿Atravesaban también ellos la misma angustia que yo? ¿O puede que algunos ya se hubieran casado?

A veces, después de terminar un buen libro, no pensaba en otra cosa que no fueran los personajes de ese libro. Sobre todo especulaba con los personajes de las novelas de Dostoyevski, en particular *El idiota*, *Los hermanos Karamazov* y *Los endemoniados*. De hecho, dejaban de ser personajes de un libro y se convertían en criaturas vivas, en gente que rondaba mis ensoñaciones y mi vida soñada. Entonces, pensando en algún individuo absurdo como Smerdyakov, de pronto estallaba en carcajadas, pero enseguida me controlaba y desviaba mis pensamientos hacia ella. Era imposible sacármela de la cabeza. Estaba obsesionado, fascinado, afligido. Si por alguna extraña casualidad me hubiera cruzado con ella, estoy seguro de que no habría sabido qué decir.

Claro que de uvas a peras recibía una carta de ella, normalmente desde algún lugar de veraneo donde ella estuviera pasando las vacaciones. Siempre eran cartas breves y redactadas en un lenguaje convencional (y, en mi opinión, totalmente desprovistas de sentimiento). Y mi respuesta se correspondía en gran medida con su carta, a pesar de que me rompía el corazón.

¡Corazones rotos! Ese sí que era un tema al que me entregaba sin contemplaciones. ¿Sufría otra gente de mi edad esas mismas punzadas? ¿Era el primer amor siempre doloroso, incómodo y estéril como este? ¿O tal vez yo era un caso singular, un «romántico» de primer orden? Las respuestas a estas consultas que me dirigía a mí mismo solían estar escritas en el rostro de mis amigos. En cuanto mencionaba su nombre, a todos les cambiaba la cara. «¿Todavía piensas en ella?», «¿No has tenido ya suficiente?». Y así sucesivamente. Su reacción llevaba implícita la idea de ¿hasta dónde puede llegar la estupidez de un hombre? Y ni más ni menos que por una chica.

Mientras dábamos una vuelta (mi doble y yo), repasaba una y otra vez los hechos fundamentales. Era como estudiar un teorema de álgebra. ¡Y ni una sola vez encontré un alma caritativa! Llegué a sentirme tan desolado que empecé a llamar amiga a mi bicicleta. Mantenía silenciosas conversaciones con ella. Y, por supuesto, le dedicaba las mayores atenciones. Esto significaba que cada vez que volvía a casa la ponía bocabajo, buscaba algún trapo limpio y le sacaba brillo a los bujes y a los radios. Luego limpiaba la cadena y volvía a engrasarla. Esta operación dejaba manchas horribles en las losetas del pasillo. Mi madre se quejaba, me rogaba que colocara un periódico debajo de la bici antes de empezar a limpiarla. A veces se enfurecía tanto que me decía con gran sarcasmo: «¡Me sorprende que no te acuestes con esa cosa!». A lo que yo replicaba: «¡Lo haría si tuviera una habitación decente y una cama lo bastante grande!».

Y es que ese era otro de los agravios a los que me enfrentaba: la ausencia de una habitación propia. Dormía en un estrecho cuarto en el vestíbulo que por toda decoración tenía una pantalla para tapar la luz de la mañana. Si leía un libro tenía que ser en la mesa del comedor. Nunca utilizaba el salón salvo para escuchar discos en el fonógrafo. Y era precisamente cuando escuchaba algunos de mis discos favoritos (en el salón sombrío) cuando sufría las mayores angustias por ella. Cada disco que ponía en el aparato no hacía sino profundizar mi dolor. La figura que más me emocionaba —del éxtasis a la desesperación más absoluta— era Sirota, el cantor judío. Después de él estaba Amato, el barítono de la Ópera Metropolitana. Y después de estos venían Caruso y John McCormark, el tan querido tenor irlandés.

Me ocupaba de mi bici igual que uno atendería un Rolls Royce. Si necesitaba alguna reparación, siempre la llevaba a la misma tienda en Myrtle Avenue. Era de un negro llamado Ed Perry, que manipulaba la bici con guantes de seda, como quien dice. Siempre se aseguraba de que ni la rueda de delante ni la de detrás se tambalearan. A menudo no me cobraba porque, como él mismo decía, nunca había visto a un hombre tan enamorado de su bicicleta como yo.

Había calles que evitaba y otras que prefería. En alguna, el entorno o la arquitectura me subían el ánimo. Había calles que parecían adormecidas y calles hechas polvo, calles llenas de encanto y otras espantosamente aburridas. (¿No fue Whitman el que dijo: «La arquitectura es lo que haces cuando la ves»?) Como buen dromomaniaco,* era capaz de mantener un complejo monólogo inte-

* Viajero insaciable.

rior y, al mismo tiempo, ser consciente del escenario por el que me movía. Montar en bicicleta era un poco diferente; tenía que portarme bien o me pegaba una buena chufa.

Por entonces, el campeón de velocidad era Frank Kramer, que era mi ídolo, claro. Una vez conseguí quedarme detrás de él durante una de sus salidas de entrenamiento de Prospect Park a Coney Island. Recuerdo que me dio una palmadita en la espalda cuando lo alcancé y, al tiempo que lo hacía, dijo: «Buen trabajo, jovencito. ¡Sigue así!». Ese fue un día señalado en mi vida. Por una vez me olvidé de Una Gifford y me permití soñar con correr algún día en el Madison Square Garden, junto a Walter Rütt, Eddie Root, Oscar Egg y el resto de las celebridades de la pista.

Al cabo de un tiempo, acostumbrado como estaba a pasar tantas horas al día en mi bicicleta, mis amigos dejaron de interesarme cada vez más. Mi bici se había convertido en mi única amiga. Podía confiar en ella, y esto era más de lo que podía decir de mis colegas. Es una pena que nadie me fotografiara jamás con mi «amiga». Daría cualquier cosa por saber el aspecto que teníamos.

Años después, en París, me hice con otra bicicleta, pero esta era una normal y corriente, con frenos. Reducir la velocidad exigía un esfuerzo por parte de las piernas. Podría haberle puesto frenos de mano en el manillar, pero me habría sentido como un maricón. Era peligroso y emocionante correr por las calles de la ciudad a toda velocidad. Afortunadamente, por aquel entonces el automóvil aún no estaba tan presente. Con lo que sí que había que tener cuidado era con los niños que jugaban en mitad de la calle.

Las madres advertían a sus hijos para que tuvieran cuidado, que estuvieran alertas con ese joven loco al que le encanta ir a toda pastilla por las calles. En otras palabras, no tardé en convertirme en el terror del vecindario.

Era un terror y a la vez un encanto. Todos los chavales rogaban a sus padres que les compraran una bici como la mía.

¿Cuánto tiempo puede sufrir un corazón sin estallar? No tengo ni idea. Solo sé que pasé un periodo agotador cortejando a una chica *in absentia*. Incluso en mi vigésimo primer cumpleaños —un acontecimiento grandioso en mi vida—, me senté algo alejado de ella, demasiado tímido para abrir la boca y confesarle mi amor.

La última vez que la vi fue poco después de eso, cuando reuní el coraje para llamar a su puerta y decirle que me marchaba a Juneau (Alaska) para convertirme en un minero de aluvión.

Despedirme de mi bici de Chemnitz (Bohemia) fue casi más difícil. Debí de dársela a uno de mis amigotes, pero ya no recuerdo a quién.

Debe tenerse en cuenta que, aunque tenía el corazón roto, todavía podía echarme unas buenas risas. Cuando tenía pasta, a menudo iba a algún espectáculo de variedades en el Palace o pasaba la tarde en el cabaret de la calle Houston o en algún otro. Los cómicos de estos espectáculos más tarde se convirtieron en figuras de la radio y la televisión. En otras palabras, podía cambiar de un estado de ánimo a otro, literalmente. Fue esta capacidad de reírme a pesar de todo lo que me salvó. Para entonces ya conocía la famosa cita de Rabelais: «Para todos tus males te doy la risa». Puedo afirmar, desde mi propia experiencia, que es uno de los proverbios más sabios que existen. Hoy en día escasea, y no es de extrañar que los traficantes de drogas y los psicoanalistas lleven las riendas.

Henry Miller (Nueva York, 1891 - Los Ángeles, 1980). Novelista estadounidense. ¿Merece más y mejores cuidados un Rolls Royce que una bicicleta? Por supuesto que no. ¿Es solo el perro el mejor amigo de las personas? Por supuesto que no. Preguntádselo si no (o leedlo, más bien) a este neoyorquino que nació tres años antes de la inauguración del primer carril bici de Estados Unidos: Ocean Parkway, más de ocho kilómetros desde Prospect Park, en Brooklyn, a Coney Island, que Henry Miller conocía al dedillo.

Mashenka

— Vladimir Nabokov —

Aquella tarde del mes de julio, Ganin abrió la chirriante puerta de hierro en la parte frontal de la casa y salió fuera, a la luz azulada de los últimos instantes del ocaso. A aquellas horas, la bicicleta parecía rodar más fácilmente, y los neumáticos de las ruedas emitían como un murmullo al pasar sobre la dura tierra al margen de la carretera, con sus montículos y depresiones. Al cruzar ante los establos sumidos en la oscuridad, sentía el calor que despedían, y a sus oídos llegaba el sonido del bufido, o el sordo golpe de una pezuña. Más adelante, la carretera quedaba protegida, a uno y otro lado, por los abedules que a esa hora guardaban silencio. Entonces, como un fuego moribundo en las piedras del hogar, apareció una débil luz en mitad del campo, y vio los oscuros grupos de hombres y mujeres que avanzaban, con festivo murmullo, hacia el solitario granero.

Dentro se había montado un escenario, se habían dispuesto filas de sillas, las luces iluminaban las cabezas y los hombros de los presentes, dando destellos a sus pupilas, y el aire olía a caramelo y gasolina. Había acudido mucha gente. Al fondo se agrupaban los campesinos, en medio estaban los veraneantes de las dachas, y delante, sentados en los blancos bancos sacados del parque de la mansión, había unos veinte pacientes del hospital militar instalados en el pueblo, todos ellos silenciosos y quietos, con manchas sin pelo en sus grisazuladas y redondas cabezas peladas. Aquí y allá, en las paredes adornadas con ramas de abeto, se veían grietas tan anchas que a su través se vislumbraba la noche estrellada, así como las negras sombras de los chicos del pueblo que se habían subido a las altas pilas de leños.

El cantante llegado de San Petersburgo, hombre esbelto con cara de caballo, lanzó una cavernosa nota, y el coro de la escuela del pueblo, obedeciendo el melodioso vibrar de un diapasón, inició su canto.

En el cálido resplandor amarillo, entre los sonidos que adquirían forma visible en los pliegues de los plateados y carmesíes pañuelos de cabeza, móviles pestañas, negras sombras en las traviesas de la techumbre, sombras que se movían cuando soplaba la brisa nocturna, entre todas las cabezas y hombros que atestaban el granero, en el resplandor y entre los sones de la música popular, Ganin solo veía una cosa. Tenía la vista al frente, fija en una trenza castaña con un lazo negro algo desgastado en los bordes, y sus ojos acariciaban el oscuro, suave, femenino lustre del cabello junto a la sien de la muchacha. Cuando la muchacha volvía el rostro a un lado para dirigir a la amiga que la acompañaba una de sus rápidas y sonrientes miradas, Ganin también podía ver el intenso color de su mejilla, parte de un destellante ojo tártaro, y la delicada curva de una de las aletas de la nariz estremeciéndose delicadamente al compás de su risa. Luego, cuando el concierto hubo terminado, el cantante de San Petersburgo se fue en el gran coche del propietario del molino, coche que proyectaba una misteriosa luz sobre la hierbas, y que con sus faros despertó a un dormido abedul, y después al puente sobre el riachuelo. Entonces, el grupo de veraneantes, con alegre revoloteo de vestidos blancos, se alejó en la azulenca oscuridad, por los campos cubiertos de húmedo trébol, y alguien encendió un cigarrillo en la oscuridad, protegiendo la llama de la cerilla con las ahuecadas palmas de las manos. Ganin, en un estado de solitaria excitación, regresó a pie a su casa empujando por el sillín la bicicleta, cuyas ruedas producían un leve sonido de engranaje.

* * *

Tampoco recordaba cuándo la volvió a ver, si fue el día o la semana siguiente. Al atardecer, antes de la hora del té, Ganin se sentó en el cuero con muelles debajo, se inclinó sobre el manillar, y pedaleó rectamente hacia el resplandor del oeste. Siempre recorría el mismo trayecto circular, pasando entre dos villorrios separados por un bosque de pinos, avanzando luego por la carretera entre los campos, y regresando a casa a través del gran pueblo de Voskrésensk, junto al río Orédezh, cantado por Ryléiev cien años antes. Conocía el camino de memoria, ahora estrecho y llano, con su borde de cemento a lo largo de un peligroso margen, ahora con piso de adoquines que hacían temblar la rueda delantera, en otros lugares con traidores hoyos, y por último liso, rosado y firme. Conocía el camino por la vista y por el tacto, tal como se conoce un cuerpo vivo, y rodaba por él con gran competencia, accionando los pedales, y avanzando hacia un rumoroso vacío.

El sol del atardecer rayaba con rojo fuego los rugosos troncos de un grupo de pinos; de los jardines de una dacha llegaba hasta sus oídos el sonido del entrechocar de bolas de críquet; las moscas de agua se le metían en la boca y en los ojos.

En la carretera, de vez en cuando se detenía ante una pequeña pirámide de piedras de pavimentación, junto a las que se levantaba un poste de telégrafos, con la madera estriada en gris, que emitía un dulce y desolado murmullo. Se apoyaba en la bicicleta y, a través de los campos, contemplaba uno de esos lindes de bosque que solo se ven en Rusia, remoto, compacto, negro, sobre el que el dorado cielo de occidente quedaba únicamente roto por una solitaria y alargada nube color lila, de la que surgían hacia la tierra los rayos solares como un ardiente abanico. Y mientras contemplaba el cielo y escuchaba el casi ensoñado mugido de una vaca en un pueblo distante, intentaba comprender el significado de aquello, del cielo y de los campos, y del murmullo del poste de telégrafos. Tenía la impresión de que estaba a punto de comprenderlo, cuando súbitamente la cabeza comenzaba a darle vueltas, y la lúcida languidez del momento se le hacía intolerable.

No sabía dónde podía encontrarla o abordarla, en qué revuelta de la carretera, si en este matorral o en el otro. La muchacha vivía en Voskrésensk, y salió a pasear aquella misma soleada y solitaria tarde en que lo hizo Ganin, y exactamente a la misma hora. Ganin la vio desde lejos, e inmediatamente sintió una mano helada en el corazón. La muchacha caminaba deprisa, iba con falda azul, y había metido las manos en los bolsillos de su chaqueta de sarga también azul, con blanca blusa debajo. Cuando Ganin, como una suave brisa, llegó a su lado, únicamente vio los pliegues de tela azul moviéndose a uno y otro lado, y el lazo de seda negra, como dos alas extendidas. Cuando la rebasó, no miró el rostro de la muchacha, sino que fingió prestar absorta atención a su pedaleo, pese a que un minuto antes, al imaginar su encuentro, se había jurado que sonreiría y la saludaría. En aquellos tiempos, Ganin pensaba que la muchacha forzosamente tenía que ostentar un nombre insólito y sonoro, pero cuando se enteró, por el estudiante antes mencionado, de que se llamaba Mashenka, no se sorprendió en absoluto, como si lo hubiera sabido de antemano, y aquel nombre sencillo tomó para él un nuevo sonido, adquirió un entrañable significado.

—Mashenka, Mashenka —musitó Ganin.

* * *

Salía de la iluminada casa de campo, se sumía en las negras y burbujeantes tinieblas, y encendía la suave llama del faro de la bicicleta. Y ahora, al inhalar el olor a carburo, lo recordó todo al instante: las húmedas hierbas azotando su pierna en movimiento y metiéndose por entre los radios de la bicicleta; el disco de lechosa luz que absorbía y disolvía la oscuridad; los diferentes objetos que de ella surgían: ahora una ondulada charca, ahora un brillante guijarro, después las planchas del puente cubiertas de estiércol y, por fin, la manecilla de la portezuela en la verja, que cruzaba, con el peral empapado de lluvia a un lado, venciéndose hacia su hombro.

Ahora, a través de los torrentes nocturnos, percibía la lenta rotación de las columnas, iluminadas por el mismo suave chorro de luz del faro de su bicicleta. Allí, en el porche, con seis columnas de la cerrada mansión de un desconocido, Ganin era saludado por una fría fragancia, por una mezcla de perfume y de húmeda estameña, y aquel beso de la lluvia otoñal era tan largo y profundo que, después, grandes manchas luminosas nadaban ante sus ojos, y el rumoroso sonido de la lluvia contra las anchas ramas y las infinitas hojas parecía adquirir renovadas fuerzas. Con dedos mojados por la lluvia abría la portezuela de vidrio del farol, y soplaba la llama, matándola. Procedente de la oscuridad, una húmeda y fuerte presión de aire envolvía a los enamorados. Mashenka, ahora sentada en la deslucida balaustrada, le acariciaba las sienes con la fría palma de su mano pequeña, y él podía percibir en la oscuridad la vaga línea del empapado lazo que la muchacha llevaba en el pelo, y el sonriente resplandor de sus ojos.

En la móvil oscuridad, el fuerte y amplio chaparrón caía por entre los tilos ante el porche, haciendo gemir sus troncos, reforzados con anillas de hierro para protegerlos en su ancianidad. Y entre los sonidos de la noche otoñal, Ganin desabrochaba la blusa de Mashenka, y besaba su ardiente clavícula, mientras Mashenka guardaba silencio, y solo sus ojos destellaban débilmente, y la piel de su pecho desnudo iba enfriándose lentamente con el contacto de sus labios y del húmedo aire nocturno. Hablaban poco. Estaba todo demasiado oscuro para hablar. Cuando por fin Ganin encendía una cerilla para mirar la hora, Mashenka parpadeaba y apartaba de su mejilla un húmedo mechón de pelo. Ganin rodeaba con un brazo el cuerpo de Mashenka, mientras empujaba la bicicleta por el sillín, y así, lentamente, se alejaban en la noche, que ahora era solo llovizna. Primero descendían por el sendero hasta el puente, y allí se despedían con melancolía, largamente, como si se separaran para mucho tiempo.

* * *

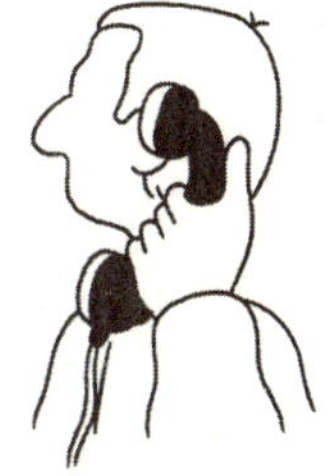

Su voz sonó débilmente, muy lejana, como un sonido leve emitido junto al teléfono, al otro extremo del hilo, como el susurro de una caracola, y, alguna que otra vez, otra voz, más distante todavía, se cruzaba, interrumpiendo sus palabras, prosiguiendo una conversación con otra persona situada en una cuarta dimensión. El teléfono de la casa de campo en que se encontraba Mashenka era antiguo, con manivela, y entre ella y él mediaban cincuenta kilómetros de rugiente oscuridad.

—Iré a verte —gritó Ganin—. He dicho que iré a verte. En bicicleta. Será cuestión de un par de horas.

—... no quiere volver a Voskrésensk, ¿oyes? Papá no quiere alquilar una dacha en Voskrésensk. Desde donde tú estás hasta este pueblo hay cincuenta...

Una voz ajena terció:

—No olvides traerme las botas.

Entonces, a través de los zumbidos, volvió a oír a Mashenka, en miniatura, como si hablara por un telescopio puesto al revés. Y cuando Mashenka se desvaneció totalmente, Ganin se apoyó en la pared y tuvo la sensación de que los oídos le ardían.

Inició el viaje a las tres de la tarde, con camisa y sin corbata, pantalones de futbolista, calzado con zapatos de suela de goma y sin calcetines. Gracias a tener el viento a favor avanzó deprisa, sorteando los baches de la carretera, y sin dejar de acordarse de cómo solía pasar en bicicleta junto a Mashenka antes de conocerla.

Cuando llevaba recorridos unos quince kilómetros, se le reventó el neumático de la rueda trasera. Pasó largo rato ocupado en repararlo, sentado en la cuneta. Los pájaros cantaban en los campos a uno y otro lado de la carretera, y pasó un descapotable gris, levantando una nube de polvo, con dos militares que llevaban unas gafas protectoras que les daban aspecto de lechuza. Con el neumático ya reparado, lo hinchó cuanto pudo y prosiguió su camino, consciente de no haber previsto aquel contratiempo y de llevar ya una hora de retraso. Abandonó la carretera y penetró en un sendero que cruzaba un bosque, sendero que le había recomendado un mujik. Después tomó una curva, pero se equivocó, y estuvo pedaleando largo rato, hasta que de nuevo se encontró en la carretera. Descansó, y tomó un tentempié en un pueblecito, y después, cuando solo le faltaban trece kilómetros para llegar, pasó por encima de una afilada piedra, y el neumático que antes había reventado se deshinchó con un lento silbido.

Oscurecía ya cuando llegó al pueblecito en que Mashenka pasaba el verano. Le esperaba en la puerta de entrada al parque público, tal como habían quedado, pero la muchacha ya había perdido toda esperanza de que llegara, debido a que le estaba esperando desde las seis. Al verle, se emocionó tanto que tropezó, y poco le faltó para caer al suelo. Iba con un diáfano vestido blanco que Ganin no le había visto aún. No llevaba el lazo negro, por lo que su adorable cabecita parecía todavía más pequeña. Lucía flores azules en el pelo recogido.

Aquella noche, en la extraña y furtivamente creciente oscuridad, bajo los tilos de aquel espacioso parque público, sobre una piedra plana profundamente hundida en el césped, Ganin, en el curso de unas breves efusiones, llegó a amarla más intensamente que en cualquier otro instante, y dejó de amarla, así se lo pareció en aquel momento, para siempre jamás.

Al principio hablaron en un apasionado murmullo, hablaron del largo periodo pasado sin verse, de que un gusano de luz que brillaba en la hierba parecía un semáforo. Y los amados ojos tártaros resplandecían muy cerca de su rostro, y el blanco vestido parecía relumbrar en la oscuridad. Y aquella fragancia, Dios mío, aquella fragancia de Mashenka, inaprensible, única en el mundo...

—Soy tuya, haz lo que quieras conmigo —dijo Mashenka.

En silencio, palpitante el corazón, Ganin se inclinó hacia ella y recorrió con las palmas de las manos sus suaves y frías piernas. Pero el parque público estaba plagado de extraños sonidos de roce, parecía que en todo momento alguien se estuviera acercando tras los arbustos, el frío y la dureza de la piedra le producían dolor en las rodillas, y Mashenka yacía allí excesivamente sumisa, excesivamente quieta.

Ganin se detuvo. Luego emitió una risotada breve y torpe.

—Tengo la impresión de que aquí cerca hay alguien.

Y se puso en pie. Mashenka suspiró, se arregló el vestido —una mancha blancuzca— y también se levantó.

Mientras caminaban hacia la puerta de entrada del parque, por un sendero moteado por la luz de la luna, Mashenka se inclinó y cogió una de las luciérnagas verde pálido que antes habían contemplado. La sostuvo en la palma de la mano, acercó la cabeza a ella, la examinó detenidamente, se echó a reír, y dijo en una rara parodia del habla de una muchacha de pueblo:

—¡Válgame Dios, si solo es un gusano frío!

Entonces fue cuando Ganin, cansado, enojado consigo mismo, muerto de frío en su delgada camisa, decidió que todo había terminado, que había dejado de estar enamorado de Mashenka. Pocos minutos después, mientras pedaleaba a la luz de la luna, camino de casa, por la pálida superficie de la carretera, supo que jamás volvería a visitar a Mashenka.

Vladimir Nabokov (San Petersburgo, 1899 - Montreux, 1977). Escritor, traductor, lepidopterólogo y profesor ruso. La bicicleta fue una compañera constante de su juventud. Su padre fue un ciclista entregado y de joven lo acompañó en muchos recorridos en bicicleta. También se aventuraba con ella en sus cacerías de mariposas. Es natural, pues, que la bicicleta reclamara un lugar en sus novelas, sobre todo en aquellas de corte más autobiográfico, como *Mashenka,* su primer trabajo, donde rememora un romance temprano y se centra en el dilema de la correspondencia entre lo real y lo recordado.

La importancia de montar en bicicleta

— Sara Trejo Díaz —

Una calurosa tarde de agosto comía helado de chocolate con la única compañía de la imagen desgastada de la Matilda que habitaba en nuestro vídeo VHS. No era fin de semana, pero desde que mamá y papá se marcharon, los días se habían tornado especiales. «Todo va a salir bien. Quédate con la abuela y pórtate como siempre.» *Siempre* era su manera de hacerme sentir que era buena y responsable.

Esas fueron sus únicas palabras ante mi mirada de preocupación. Bajo el pantalón de mi madre asomaba una mancha cada vez mayor, más oscura. En ese momento supe que mi vida estaba a punto de cambiar. De forma anticipada, dejaría de estar sola. Después de tanto hablar de ello, sabía que la exclusividad me abandonaba porque la pequeña del hogar estaba a punto de llegar y ahora debíamos compartir mi trono.

El nerviosismo se palpaba en el ambiente y el abuelo, una vez más, se puso su traje de salvador y salió de casa dispuesto a solucionarlo. De repente escuché un sonido muy particular, familiar, aunque distante, un ruido que no cesaba y que estaba cada vez más cerca. Corrí hasta la puerta para ver de qué se trataba y, como por arte de magia, una bicicleta resplandeciente apareció en mitad de la calle. Su rojo intenso brillaba bajo el sol radiante y del manillar colgaba una cesta blanca de mimbre que visualicé llena de libros.

Matilda va a la biblioteca con un carrito para los libros, pero ¡yo puedo ponerlos aquí!

Entre saltitos me imaginaba pedaleando con mis amigas por la plaza del pueblo, pero antes tenía que subirme. Los ruedines me facilitaban el trabajo, gracias a ellos me resultaba más sencillo no perder el equilibrio, iba de un lado a otro de la calle, observando a los vecinos desde un lugar diferente. Me gustaba sentir la brisa de la velocidad, y agitar la melena.

Las horas se antojaron minutos. Una de esas tardes que no planeas recordar porque hasta que no pasan los años no aprendes que son las primeras veces las que mejor se conservan en la memoria. También recuerdo el frenazo —¿cómo puedo acordarme de eso?— cuando el Peugeot 405 se detuvo ante mí. En ese momento, mi madre bajó del coche con una sonrisa, en silencio, como si el pequeño bulto que llevaba entre los brazos pudiera romperse.

—Es muy pequeña y frágil —dijo—. Nació antes de tiempo y necesita que la cuidemos mucho.

No hizo falta añadir nada más. Como si su frase fuera una orden encriptada, bajé de mi bicicleta nueva y brillante y la aparqué en un rincón.

Subí las escaleras hasta la habitación de la nueva inquilina de la casa y me senté a su lado a observarla mientras dormía. Los días pasaron lentos, aunque en mi memoria se aceleren, entre cambios de pañales, la elección de vestidos —que casualmente combinaban con los míos— y los biberones amontonados en el fregadero. Su primera sonrisa me la dedicó a mí, y fue mi mano la última que la sostuvo antes de caminar sola; le corté el flequillo de forma accidental y lloramos juntas cuando su barbilla se cubrió de sangre.

La cápsula del tiempo se abrió el día en que, veintidós años después, me preguntaron si sabía montar en bicicleta. En mi negativa no existía un porqué. Recuerdo con cierta nostalgia y alegría la tarde de verano en la que me subí a una bicicleta horas antes de abandonarla para siempre. Nunca tuve interés en volver a pedalear, mi universo me resultaba más mágico desde la mirada de la persona junto a la que decidí seguir pedaleando el resto de mi vida.

Sara Trejo Díaz (Badajoz, 1994). Graduada en Periodismo e Historia. Máster en Televisión. Empezó a trabajar en la librería Amapolas en octubre en la campaña de Navidad 2020-2021; se ve que la Navidad se extendió un poco. Es lectora desde pequeña y siempre le gustó observar las bicicletas desde el otro lado.

Subee, da pedales y ya está

– Tania López García –

Parecía sencillo y, sin embargo, me resultaba lo más difícil del mundo.

Mi padre lo repetía como una receta contra el miedo que me atenazaba. Primero te quito un ruedín, me decía, y hacía un gesto con el destornillador, como si estuviera desenroscando la pequeña rueda anclada a un lado de la bici. Se quedaba mirándome, esperando una reacción. Primero te quito un ruedín, repetía. Yo permanecía en silencio, estrujándome las manos, sin mirarle. Sube, me decía. Me subía al sillín con la mejor de las intenciones pero la sola posibilidad del desequilibrio hacía que las rodillas se volvieran de mantequilla y las manos perdieran la capacidad de accionar el freno hasta el último momento, como si fuera incapaz de controlar mi propio cuerpo ni mi voluntad. Me bajaba bruscamente, jadeando.

Sube, repetía mi padre.

Fue entonces, en esa serie de interminables pruebas, cuando descubrí que aprender a ir en bicicleta guardaba un extraño parecido con el hecho de vivir. La vida se compone de cambios, de movimientos. La vida está siempre relacionada con el movimiento. Para vivir tienes que moverte. Para moverte tienes que alzar un brazo, mover la cabeza, poner un pie por delante del otro. Para poner un pie por delante del otro has tenido que aprender a alzarte sobre ellos, a mantener el peso de tu cuerpo sobre ellos. Para montar en bicicleta tienes que aprender a circular, y para circular mediana-

mente rápido y bien se necesita equilibrio, un equilibrio aparentemente precario sobre la máquina.

La bicicleta se convirtió durante toda mi niñez en un símbolo del término medio, del *summum* de las virtudes: el equilibrio. Cuando veía a otros subirse a la bici y mantenerse en ella me preguntaba cómo lo hacían. Qué secreto poseían sus cuerpos. Qué agilidad. Qué fortaleza les mantenía unidos a aquel apéndice metálico.

Por fin, a los ocho años conseguí el equilibrio perfecto que me permitió circular sin ayuda. Tardé bastantes más años en aprender a vivir. No sé cómo llegué a ello. Solo sé que de pronto circulaba. Grité. Fue un grito agudo y ronco, un poco rota la voz por la emoción. Pensé que no me bajaría nunca. No, ahora no, no me bajaría. A mi lado, unos gamberros se lanzaban pelotazos a la cara.

En aquel momento todo me daba igual porque con aquel pedaleo frenético sentía como si volara, en lugar de circular por la tierra. Flotaba, por fin, flotaba. Era poderosa. Podía pedalear eternamente. Podía huir, sí, podía huir, de los pelotazos de los gamberros y del pueblo, feo y gris.

A dónde podía huir no estaba claro.

Pedalear sin apoyo era tan fácil que la fluidez del movimiento parecía lo natural, como si nunca hubiera necesitado ayuda. Como si mi cuerpo se hubiera acoplado a la máquina desde siempre. Y ese equilibrio. Así que eso era. Es esto lo que se experimenta, esta ebriedad de aire y velocidad que desencadena en la sangre la falta de miedo: el equilibrio. Así que la vida es esto.

Los árboles pasaban a mi lado, trazos de verdura de reojo, silbantes.

La luna en el cielo
La luna la luna la luna el color arena de la acera
El color tan profundo que desaparece de las cosas
Todo se mezcla y desaparece
El gato, ¿cómo se llamará?
Una mosca con la fuerza de una pequeña piedra rebotando sobre la pierna
La camiseta que ondea sobre la piel

Los sonidos entrecortados del aire en la cara. El rumor de un mar que no se divisa. La luna.

Oí mi nombre a lo lejos. Hasta ese momento el cielo y el horizonte parecían hechos para que yo los recorriera con la bicicleta verde. Nada existía ya. Detenerse no existía. Yo pertenecía al camino, a la carretera.

El grito me sacó del encantamiento. Me invadió el pánico e intenté concentrarme en accionar el freno y la velocidad empezó a parecerme algo completamente ajeno a mi voluntad. Estaba segura de que me estrellaría. Sin embargo, moví los dedos lentamente. Paré. Me temblaban las piernas. Cuando sentí el suelo bajo la planta de los pies solté una carcajada.

Más tarde recordaría ese día como un acontecimiento fascinante, quizá por la cotidianidad de las imágenes o por la sutileza con la que había acertado a aprender el equilibrio: con una silenciosa e intuitiva postura. Aburrida ya del miedo; fluyendo, relajada.

En el día a día, sin embargo, lo olvido. La alegría se olvida en el dolor cotidiano, como se olvida el antiguo dolor cuando ya no se padece. Todo se olvida. Yo solo consigo rememorarlo cuando me subo a la bici en las tardes y noches de verano, en las que también recuerdo otras cosas: los atardeceres largos de la postadolescencia nihilista, cargada de palabras horribles soporíferas, como *paro* o *crisis* o *créditos de universidad* y de dolores sentimentales solo olvidables gracias a la figura de la bicicleta y al placer de repetir aquella primera vez en la que logré dominar mi cuerpo y ponerlo a circular.

Todo se olvida, menos el miedo. El miedo se recuerda a sí mismo y así se alimenta. Cuanto más se recuerda el miedo a sí mismo, más grande se hace. Ninguna de las veces que siguieron al descubrimiento de montar en bici olvidé el fantasma del miedo a que aquello no funcionara. A perder el equilibrio. A que mi cuerpo fallara en el momento preciso de subirme a la bici —a olvidarme de vivir— mientras mantenía las piernas estiradas, de puntillas sobre el suelo.

Entonces recordaba el viejo dicho machacón de mi padre que yo transformé lentamente en mi voz, mucho más amable, menos imperiosa, en instrucciones: sube, da pedales y ya está.

Tania López García (Madrid, 1989). Historiadora del arte, investigadora y crítica cultural. Ha colaborado en numerosos medios como *El Salto Diario, Zenda, SModa* o *Cinemanía*. Ha participado en la antología de textos *Árboles Frutales* (Editorial Dieciséis) y sus poemas han aparecido en la editorial Broken English y en *Zenda*. En estos momentos ultima algunos proyectos (literarios y no literarios), entre ellos la compra de una bici de color rosa, como la que siempre quiso tener de niña.

Bicis y pelis

— Toni Junyent Rosa —

Día de fiesta (*Jour de fête*, Jacques Tati, 1949)

No sé ir en bici. Un año los Reyes Magos me trajeron una y, rueditas traseras mediante, intenté aprender con una amiga de mis padres. Supongo que mis progresos debían ser lentos, porque perdí rápido el interés y volví a concentrarme primero en los videojuegos y más tarde en los libros y las pelis.

Jacques Tati irrumpió en el cine francés, y mundial, a bordo de su estilizada Peugeot 1911, tan fina que de lejos podríamos confundirla con una figura hecha de cerillas. Pero no lo suficientemente fina como para que su nombre no aparezca en letras grandes en los créditos iniciales de *Día de fiesta*.

Incluso en días festivos hay cartas que deben entregarse, y a eso se emplea lo mejor que puede el cómico francés, que dirigió y protagonizó esta deliciosa coreografía rural en la que el dueño del bar está más que acostumbrado a lanzar cada mañana su bici a la calle nada más le ve entrar. Igual que se echa a los borrachos, como lo estará poco después el propio Tati tras soplarse unos vinos de más, liado por un par de aviesos feriantes. Puede que mi sempiterna torpeza conspire para que mi tramo favorito del filme sea ese en el que un Tati bastante perjudicado deambula por el pueblo y termina durmiendo la mona en un vagón de tren.

Bicis versus vehículos a motor, o la filosofía del ir ligero y tranquilo sobre las dos ruedas confrontada con las prisas y las vilezas del mundo moderno: esa es una tensión presente a menudo en las películas en las que las bicicletas tienen protagonismo, y aquí se manifiesta a través de esa sesión de cine de fiesta mayor en la que se muestran los aparatosos métodos de reparto de correo utilizados por los yanquis, que no se cortan un pelo y emplean incluso helicópteros. Las burlas y los cuchicheos abochornan a nuestro cartero, que despertará de su borrachera decidido a demostrarles a sus vecinos que puede ser tan veloz como el que más.

Verano azul (Antonio Mercero, 1981)

Hablemos de esa serie a través de la cual, como apuntaba un amigo, muchos tuvimos la primera noción de lo que era la resistencia pacífica, al son de aquel «del barco de Chanquete no nos moverán». Me dio por hacer de reportero y empezar a mandar audios a la gente para preguntarles qué recordaban de *Verano azul*, y es significativo que a todos, fueran hombres o mujeres, se les quedó grabado para la posteridad el célebre «Bea ya es mujer», esa frase que alguien pronunciaba cuando a la chica guapa del grupo le bajaba la regla y sus compañeros hacían piña con ella.

Vista con ojos de hoy, la representación de aquel momento crucial en la vida de una chica resulta algo grave y sensacionalista de más, aunque para quienes la fueron cazando en sus sucesivas reposiciones en TVE, la serie tenía algo definitivamente refrescante e imprevisible. Con la Transición empezando a alumbrar una democracia incipiente e imperfecta, el equipo de guionistas pudo permitirse desplazar como modelo adulto a unos padres en ocasiones severos y autoritarios en favor de Julia (María Garralón), una artista soltera, y el viejo Chanquete, un hombre de mar con los rasgos de Antonio Ferrandis que siempre tenía algún consejo en la recámara. Podía pasar de todo: los chavales recibían la visita de un cantante de moda, o de un barbudo que afirmaba provenir de otro planeta, o se afanaban en reivindicar una sensibilidad ecológica que no ha servido para que los constructores dejen de arañarle pedazos a nuestras costas.

Y luego está su archiconocida melodía, que incluso a los que se jactan de no haber visto la serie les trae recuerdos de tiempos añorados. En los créditos iniciales, montados en sus BH y al ritmo de aquella música tan silbable, asomaban sonrientes Bea, Desi, Javi, Pancho, Quique, el Piraña zampándose un helado y el pequeño y deslenguado Tito. ¡Ay, aquellos veranos azules!

E. T., el extraterrestre (*E. T. the extraterrestrial*, Steven Spielberg, 1982)

De la ineludible película de Spielberg, que entreví de niño en algún pase televisivo, se me quedó para siempre el miedo a la parafernalia de hospital, a que me adosaran ventosas a la piel, a estar al borde de la muerte. El director de *Tiburón* ya había interpelado al espacio exterior en *Encuentros en la tercera fase*, pero esta vez proponía una historia de amistad interplanetaria contada desde el punto de vista de los niños: si exceptuamos las apariciones de la madre de Elliot o del profesor de Ciencias Naturales, durante más de la mitad de la película los adultos son apenas siluetas con linternas que se mueven en la oscuridad. O directamente fantasmas, como el del padre ausente.

En las urbanizaciones residenciales como la del Valle de San Fernando en la que transcurre la película, ningún niño que se precie anda por ahí sin su bicicleta. Las veremos rodar sobre todo en la emocionante persecución final que arranca cuando Mike, el hermano de Elliot, se apropia de la furgoneta que custodia a E. T. y les pide a sus colegas que los escolten. Huelga decir que los muchachos les pasan literalmente la mano por la cara a policías y agentes del gobierno —hasta hay un breve plano en el que las bicis se deslizan por encima de uno de los coches— y, cuando los polis les montan una barricada, el extraterrestre hace su magia.

Es entonces cuando esta aventura apegada a la niñez alza majestuosamente el vuelo para entregarse al más hermoso ensueño. El pueblo donde creciste, a vista de pájaro, y un ser del espacio exterior en la cestita de tu bici. El resto de la historia ya deberíais conocerlo. Pero no quería poner el punto final sin reivindicar la tierna y luminosa interpretación de una jovencísima Drew Barrymore, que interpreta a Gertie, la hermana pequeña de Elliot.

Los bicivoladores (*BMX Bandits*, Brian Trenchard-Smith, 1983)

Al final de esta película, inmejorable carta de presentación de una jovencísima Nicole Kidman, ocurren dos cosas: vemos que la pista de bicicross que los protagonistas ansiaban ya es una realidad y, al mismo tiempo, un rótulo nos advierte de no probar en casa, ni con nuestros amigos, las maniobras de este trío intrépido que no solo salta por encima de los coches sino que también se desliza por toboganes de agua, invade campos de rugby y siembra el caos por todo Manly, el suburbio de Sídney donde acontece *Los bicivoladores*. Su mismo director, Brian Trenchard-Smith, explicaba que la idea que dio cuerda al filme era la de hacer pasar bicicletas BMX por lugares por los que, en circunstancias normales, no deberían pasar.

A todo el mundo le ha ocurrido eso de ir a pescar mejillones y toparte con una remesa de *walkie-talkies* codiciados por la mafia (de tres al cuarto) australiana. Bueno, a mí no, aunque durante mi adolescencia nos mudamos a una casa adosada a la de mis abuelos y nos decíamos cosas a través de sendos intercomunicadores. También teníamos, y la seguimos usando, una canastilla metálica atada a un cordel para pasarnos víveres por el balcón. Pero me he ido por las ramas. Filmando a menudo a pie de asfalto, o mediante tomas panorámicas que se mueven en la dirección de los BMX Bandits —¡qué molona, su equipación!—, Trenchard-Smith alumbró un clásico instantáneo de videoclub. Nicole Kidman sufrió un esguince de tobillo durante el rodaje de la película, aunque eso no la disuadió de actuar algunos años después en *Windrider*, donde interpretaba a una cantante que vivía un romance con un ambicioso surfista. La tabla, eso sí, se la dejaba a él.

Bicycle sighs (Sion Sono, 1990)

La figura del repartidor de periódicos en velocípedo estuvo, durante las décadas de los ochenta y noventa, bastante representada en la cultura popular a través de videojuegos como *Paperboy* o la legendaria serie *Búscate la vida*, que aquí fue uno de los primeros *hits* de Canal+. En la serie, el atolondrado Chris Peterson también se enfrentaba a una adultez más que incierta, pero él optaba por hacerse el sueco.

En 1990, el mismo año que vio la luz esta descacharrante comedia catódica, el japonés Sion Sono tocaba notas más melancólicas con *Bicycle sighs*, su tercer largometraje, que parte de una premisa vagamente similar. Por aquí empezamos a saber de Sono a partir de la primera década del nuevo siglo, gracias a festivales como Sitges o el BAFF y a películas como *Suicide club* o *Love exposure*. Aunque siempre ha hecho lo que ha querido, al polifacético cineasta japonés le asociamos sobre todo con propuestas extravagantes y viscerales que se mueven entre la comedia, el horror y el drama turbio. Los protagonistas de *Bicycle sighs*, uno de sus primeros filmes, son dos muchachos que, atrapados en el pueblo donde crecieron mientras la mayoría de sus amigos se han ido esfumando para estudiar fuera, sobreviven repartiendo periódicos y asomándose al más desolador vacío existencial.

Aunque no está en absoluto exenta de los rasgos de identidad de Sono —sirvan de ejemplo las delirantes películas en Super 8 que ruedan los protagonistas—, un temperamento netamente crepuscular empapa las imágenes del filme. Hay un largo plano secuencia en concreto en el que vemos cómo alguien sube a un tejado mientras los demás le buscan, que es de puro nudo en la garganta. A partir de ahí, de hecho, todo se torna desgarro y elegía por la juventud precaria y los amores del pasado.

Amigas para siempre (Lesli Linka Glatter, 1995)

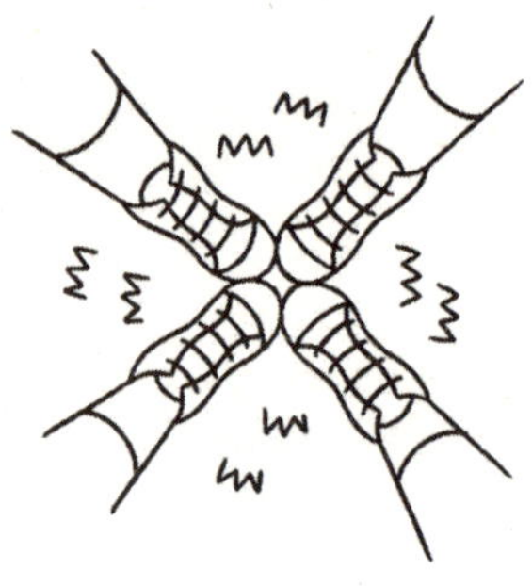

«Nunca más volví a tener amigos como los que tuve a los doce años. Dios mío, ¿alguien los tiene?», se preguntaba Gordie LaChance al final de *Cuenta conmigo*. Yo tenía precisamente doce años cuando llegó a España este caramelo nostálgico que feminizaba la premisa del filme de Rob Reiner para narrar, también en retrospectiva y montando a sus cuatro protagonistas en sendas bicis, los acontecimientos del verano de 1970: una accidentada sesión de espiritismo en el cementerio de la localidad llevará a las muchachas a investigar las misteriosas circunstancias que rodearon el fallecimiento de un joven.

Es precisamente esta pesquisa lo que las lleva a abalanzarse sobre sus sillines para visitar, a escondidas de sus padres, la hemeroteca de un pueblo cercano. Por la pequeña radio que el personaje de Thora Birch lleva sujeta al manillar suena *Knock three times* de Tony Orlando & Dawn, briznas de rock suave acompañando una travesía que para las chicas también significa rebasar los límites de su propia libertad. El tiempo se expande y la dramática revelación que hallarán entre las páginas de un periódico antiguo no importará tanto como el viaje en sí: risas y sobresaltos, baches en el camino, presagios de la adultez y el aprendizaje de la muerte. También deambula por allí en bicicleta, siempre a horas intempestivas, un tipo al que todos en el pueblo llaman Pete el Loco y que podría, o no, ser un primo lejano de Ralph el Loco, el borracho a dos ruedas que advertía del peligro, infructuosamente, a los campistas de *Viernes 13*.

The day I became a woman (Marzieh Makhmalbaf, 2000)

Cuando empiezas a quedar con gente que ve muchas películas es inevitable que broten algunos chascarrillos recurrentes, como el que alude a la cualidad soporífera del cine iraní. Se teme aquello que no se conoce, y hay a quien se le activa la pereza cuando se trata de penetrar en universos cuyos códigos se ignoran en gran parte. Pero todo se nos pasa, incluidas algunas manías, y entonces te avasalla un pelotón de mujeres ciclistas como el que protagoniza el segundo segmento del debut de Marzieh Makhmalbaf: la cámara, en constante movimiento, sigue el obstinado pedaleo de Ahoo, una mujer a la que su marido y distintos miembros de su familia, todos ellos hombres, persiguen a caballo para que se resigne a la vida que han escogido para ella.

Pocas veces se han visto en el cine escenas de divorcio tan lacónicas y al mismo tiempo hilarantes como la que se produce durante esta travesía de arrolladora fuerza visual, rodada a orillas del mar que rodea la isla de Kish, en el golfo Pérsico. El embrujo también nos llega por los oídos: el envolvente diseño sonoro realza los sonidos del trotar de los caballos, el girar impenitente de las ruedas o la respiración tensa de Ahoo en esta marcha en la que, si la negrura de los velos de las ciclistas sugiere un extraño funeral, es porque de lo que anhelan desprenderse es de sus vidas a expensas de los hombres. Una existencia bajo el yugo patriarcal cuyas limitaciones apenas empieza a descubrir la niña que protagoniza el primer segmento, mientras que la anciana del tercero y último se resarce de todo ello entregándose a una peculiar deriva consumista.

A Makhmalbaf no le interesa tanto emitir juicios o explicitar agravios como dejar que las situaciones hablen por sí mismas, y la prueba más patente de ello es esta vibrante alegoría de desacato femenino en forma de carrera ciclista.

Call me by your name (Luca Guadagnino, 2017)

Hay un momento, en esta película que bien podríamos considerar el último clásico romántico, en el que los dos protagonistas descienden de sus bicis para que una señora mayor les dé un poco de agua. Mientras esperan, se fijan en el retrato de Mussolini que cuelga sobre la puerta de la humilde vivienda de la anciana. Corre el estío de 1983 e Italia todavía está asimilando la victoria electoral de Bettino Craxi, el primer socialista en llegar al Gobierno de la nación. Más o menos lo que ocurría entonces en España, vaya. A menudo, la política va por detrás de la vida, del sentir de las gentes, y puede que Luca Guadagnino y James Ivory, director y guionista respectivamente, se hubieran visto tentados a hacer hincapié en lo amenazador que puede ser el mundo para una pareja del mismo sexo y con cierta diferencia de edad. Pero podríamos decir que la tesis de *Call me by your name*, adaptación de la novela homónima de André Aciman, es que, a veces, el amor simplemente sucede. Sin que nadie lo impida.

El anhelo empezará a hacerse carne en una de sus excursiones, las bicicletas apoyadas contra un monumento a los italianos caídos en la Primera Guerra Mundial que les sirve de barrera arquitectónica para poder revelar sus sentimientos a cierta distancia, sin quemarse. Su último viaje lo harán en autobús, pero a esas alturas ya habremos tenido tiempo de empaparnos de unas veredas y unas fachadas que a mí me hacían pensar en las de otra película que sucedía en el norte de Italia: la perturbadora *La casa de las ventanas que ríen* de Pupi Avati, toda una joya del cine de terror italiano de los setenta. También allí hay quien circula en bicicleta, pero los atavismos del mundo rural, tan difuminados en la película de Guadagnino, esconden oscuros secretos.

Debe de ser verdad, a juzgar por algunos de los títulos que hemos visitado en estas píldoras cinematográficas, que las bicicletas, como los amores, son para el verano. Supongo que, por mi parte, todavía estoy a tiempo de aprender. A ir en bici y a declararme.

Toni Junyent Rosa (Igualada, 1983) va mucho al cine y, entretanto, escribe. Se licenció sin honores en Periodismo en 2007 y va desperdigando textos sobre películas y otros menesteres por ahí, últimamente en *Cinemanía* o en *El Salto Diario*. Hace fanzines, actúa en pelis de serie B y escribió una, *Amor tóxico* (Norberto Ramos del Val, 2015), junto a Pablo Vázquez. Hace nada sacó *La quimera del tahini y otros poemas* (Llamp Edicions, 2021) y asegura que un día de estos se apuntará a la piscina.

— PEDALES pluscuamperfectos —

La bicicleta es la plebeya entre los vehículos, y merece una oda, no una elegía.

James E. Starrs

Uno empieza a ir en bicicleta sin conocer las leyes que lo sostienen.

Juan Antonio Coderch

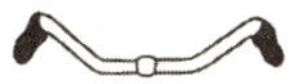

Un niño que está aprendiendo a montar en bici en un primer momento se negará a maniobrar hacia el lado en que esta se inclina.

***La bici lo es todo*, Rob Penn**

La bicicleta es la perfección mecánica. Cuando el hombre inventó la bicicleta alcanzó la cima de sus logros. He aquí una máquina de precisión y equilibrio para la comodidad del hombre. Y (a diferencia de los inventos posteriores para la comodidad del hombre) cuanto más la utilizaba, más en forma estaba su cuerpo. Por una vez se trataba de un producto del cerebro del hombre que era totalmente beneficioso para los que lo utilizaban, y que no causaba ningún daño ni irritación a los demás. El progreso debería haberse detenido cuando el hombre inventó la bicicleta.

***Hovel in the Hills*, Elizabeth West**

La bicicleta es un vehículo para la revolución.

***The Man Who Loved Bicycles*, Daniel Behrman**

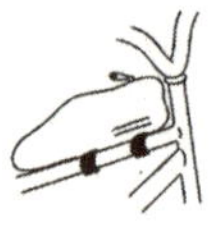

Un mes después de la muerte de Vanichka, León Tolstói, de sesenta y siete años, tomó su primera lección de ciclismo. Su flamante máquina era un regalo de la Sociedad Moscovita de Amantes del Velocípedo. Un instructor vino a enseñarle, libre de cargos, cómo mantener el equilibrio. ¿En qué estaría pensando Sonya, el 28 de marzo de 1895, mientras observaba a su marido pedaleando torpemente por los senderos nevados del jardín? Probablemente se sorprendió al verle disfrutar de un nuevo deporte cuando había pasado tan poco tiempo del fallecimiento de su hijo. ¿Era insensibilidad, egoísmo o la reacción de un organismo prodigiosamente vital contra el miedo a la muerte? Le envidiaba y le odiaba por ser tan fuerte. Aquella noche, la entrada de Tolstói en su diario consistió en las dos iniciales rituales: «s. v.» y nada más.

***Tolstói*, Henry Troyat**

A principios de enero de 1869 me encontraba en el Gimnasium Spencer, en Old Street, St. Luke's, cuando hizo su entrada una caja de embalaje de aspecto extranjero [...]. Un joven delgado, al que pronto conocí como el señor Turner de París, siguió a la caja de embalaje y supervisó su apertura; el *gimnasium* se despejó, el señor Turner se quitó el abrigo, agarró las asas de la máquina y, con una corta carrera, y para mi intensa sorpresa, saltó sobre ella y, colocando los pies en los pedales, hizo el circuito de la sala. Éramos una media docena de espectadores y nunca olvidaré nuestro asombro al ver al señor Turner dando vueltas alrededor de la sala, sentado en una barra sobre un par de ruedas alineadas que debía, como suponíamos en nuestra inocencia, caerse en cuanto él levantara los pies del suelo. Juzguen entonces nuestra sorpresa cuando, en lugar de detenerse inclinándose sobre un pie, lo hizo lentamente y, girando la rueda delantera en diagonal, se quedó completamente quieto, en equilibrio sobre las dos ruedas.

John Mayall

El vínculo que une al ciclista con su bicicleta es un vínculo de amor y, literalmente, de reconocimiento, que el tiempo no destruye sino que afianza, si es preciso mediante los recuerdos y la nostalgia cuando la vida los ha separado.

***Elogio de la bicicleta,* Marc Augé**

Siempre que veo a un adulto encima de una bicicleta recupero la esperanza en el futuro de la raza humana.

H. G. Wells

Nos sorprendió descubrir que muchos soldados aliados no sabían montar en bicicleta y tuvimos que enseñarles a hacerlo antes de poder trasladarlos... Hubiera sido muy inusual ver a un holandés caerse de su bicicleta, y tal suceso habría despertado las sospechas de cualquier alemán que lo hubiera presenciado.

Miembro de la Resistencia Francesa

Pensad en las bicicletas como un arte que se puede montar y que puede salvar el mundo.

Grant Petersen

Las bicicletas son catalizadores sociales que atraen a una categoría de gente superior.

Chip Brown

Quienquiera que inventara la bicicleta merece el agradecimiento de la humanidad.

Lord Charles Beresford

Com un peix sense bicicleta
cerco el meu cor entre les ones.
Alço la copa on mor la lluna
en vi molt dolç.
M'he emborratxat de solitud.

***Bruixa de dol,* Maria Mercè Marçal**

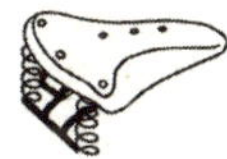

—Si quisiera pasar correo, lo escondería en el sillín, no aquí.

***La bicicleta azul,* Régine Deforges**

Vaig asseure'm a la vora d'un camí per fer determinades reflexions sobre aquest estat de coses, i vet aquí que, de sobte, un paracaigudista vestit de una manera estranya va prendre terra a prop meu. Sota la capa que portava, s'hi veia una metralladora i una bicicleta plegable, tot això dissimulat, és clar.

***Fet d'armes,* Pere Calders**

Sí, todo eso es lo que tenía Selva. Ahora ya sabes su secreto. Selva hacía que todo fuera distinto. Y también tenía una bicicleta. ¿Que por qué me acuerdo de la bicicleta de Selva? Ahora lo verás. Yo creo que fue por eso que Selva sigue aquí, latiendo en mi pecho, aunque ya hayan pasado casi sesenta años.

***La bicicleta de Selva,* Mónica Rodríguez**

Menciones

I. Bicis campestres

H. G. Wells: extracto de la novela *Ruedas de fortuna. Una aventura en bicicleta.*
Wheels of Fortune.

Federico García Lorca: *El paseo de Buster Keaton* (1928).

Yuri Olesha: relato «La cadena».
«Цепь» (1929).

Edith Wharton: extracto de la novela *Estío.*
Summer (1917).

Aldous Huxley: extracto de la novela *Los escándalos de Crome.*
Crome Yellow (1921).

Uxía Taboada: «Un paseo al cementerio», relato inédito.

Giovanni Guareschi: «Persecución», relato incluido en el libro *Don Camilo. Un mundo pequeño.*

Tórtel: «Believer», relato inédito.

II. Un día en las carreras

Édouard de Perrodil: extracto del libro *¡Bici! ¡Toro!: Un poeta en bicicleta. Vélo, toro: Paris-Madrid à bicyclette en 1893.*

Ander Izagirre: extracto del libro *Cómo ganar el Giro bebiendo sangre de buey* publicado por Libros del KO.

Dino Buzzati: «Ni Coppi ni Bartali se detuvieron en Éboli», relato incluido en el libro *El Giro de Italia.*
Dino Buzzati al Giro D'Italia.

Alfred Jarry: «La Pasión considerada como una carrera de montaña», relato incluido en *Ubú en bicicleta.*
«La Passion considérée comme course de côte», *Ubú cycliste.*

Colette: «El fin de una Vuelta a Francia», relato incluido en el libro *Cuentos de las mil y una mañanas.*
«La fin d'un Tour de France», *Contes des mille et un matins.*

Paul Fournel: «Maillot azul», relato incluido en el libro *Bicio* publicado por La Biciteca Editorial.
Besoin de vélo.

Guillaume Martin: extracto del libro *Sócrates en bicicleta* publicado por Libros de Ruta.
Socrate à vélo.

III. Una bicicleta propia

Susan B. Anthony: extracto de la entrevista de Nellie Bly publicada en *The New York World* el 2 de febrero de 1896.

Frances E. Willard: extracto del libro *A Wheel within a Wheel* (1895).

Pilar Tejera: «Derecho a pedalear», relato inédito.

John Galsworthy: extracto de la novela *Four-In-Hand Forsyte* (1890).

Lidia Damunt: «Rueda conmigo», canción incluida en el álbum *Telepatía.*
Letra de la canción cedida por Lidia Damunt.

Lola Buendía: «El viaje más extraordinario», relato inédito.

IV. Bicis fantásticas

Avram Davidson: relato «Todos los mares llenos de ostras».
«Or All the Seas with Oysters» (1958).

Flann O'Brien: extracto de la novela *El tercer policía.*
The Third Policeman.

Olga Ábalos: «Túneles», relato inédito.

Mark Twain: extracto del libro *Un yanki en la corte del rey Arturo.*
A Connecticut Yankee in King Arthur's Court (1889).

Bruno Schulz: extracto del relato «El cometa» incluido en el libro *La calle de los cocodrilos.* Este cuento no pertenece a la versión original de la obra, sin embargo apareció publicado como capítulo final en la traducción inglesa de *The Streets of Crocodiles*, realizada por Celina Wieniewska en 1963.

Alfred Jarry: extracto de la novela *Machirulo.*
Le surmâle (1902).

V. Bicis urbanas

Emily Chappell: extracto del libro *What Goes Around.*
© Emily Chappell, 2011. Extracto gestionado a través de Rachel Mills Literary LTD.
© Traducción de Lucía Barahona Lorenzo.

Anna Livia: extracto del relato «5 ½ Charlotte Mews» incluido en el libro *Incidents Involving Warmth.*
© Anna Livia / Onlywomen Press, 1986. Extracto gestionado a través de Emma y Asher Witkin.
© Traducción de Lucía Barahona Lorenzo.

Daniel Behrman: extracto del libro *The Man Who Loved Bicycles: The Memoirs of an Autophobe* publicado en *Harper's Magazine Press* en 1973.
© Daniel Berhman.
© Traducción de Lucía Barahona Lorenzo.

Marta D. Riezu: «Chi va piano», relato inédito.
© Marta D. Riezu, 2021.

Valeria Luiselli: «La velocidad *à vélo*» incluido en el libro *Papeles falsos* (Sexto Piso, 2010).
© Valeria Luiselli, 2010.

Marc Augé: extractos del libro *Elogio de la bicicleta.*
Éloge de la bicyclette.
© Editorial Gedisa S.A., 2009.
© Traducción de Alcira Nelida Bixio.

Fernando Fernán Gómez: *Las bicicletas son para el verano* (1977).
© Fernando Fernández, Helena Fernández y Helena Fernández de los Llanos. Extracto gestionado a través de la Agencia Literaria Carmen Balcells.

Meryem El Mehdati: «Pam, pam y pam», relato inédito.
© Meryem El Mehdati, 2022.

Tronco: «Pez en bicicleta», canción incluida en el álbum *Abducida por formar una pareja*.
Letra de la canción cedida por Tronco.
© Tronco, 2017.

Raúl de Orte: «La historia de cómo recuperé mi bici» publicado originalmente en https://lahistoriadecomorecuperemibici.tumblr.com/
© Raúl de Orte Quesada, 2013.

VI. Cicloviajes

Dervla Murphy: extracto del libro *Where There's A Will.*
© Dervla Murphy, 1979.
© Traducción de Lucía Barahona Lorenzo.

Jon Day: *Cyclogeography: Journeys of a London Bicycle Courier.*
© Jon Day, 2015.
© Traducción de Lucía Barahona Lorenzo.

Emily Chappell: extracto del libro *Where there's a will.*
© Emily Chappell, 2019. Extracto gestionado a través de Rachel Mills Literary LTD.
© Traducción de Lucía Barahona Lorenzo.

Paul Fournel: «Vacaciones ideales», relato incluido en el libro *Bicio* publicado por La Biciteca Editorial.
Besoin de vélo.
© La Biciteca Editorial, 2016.
© Traducción de Ángel Giner, Alejandro Luis y Manu Iron.

Taller El Bon Pedal: «Sin prisa», relato inédito.
© El bon pedal, 2022.

Dervla Murphy: extracto del libro *Full Tilt.*
© Dervla Murphy, 1965.
© Traducción de Lucía Barahona Lorenzo.

Iria Prendes: «La magia de viajar en bicicleta», relato inédito.
© Iria Prendes, 2022.

VII. Recuerdos de bicicleta

Richard Lovell Edgeworth: extracto del libro *Memoirs of Richard Lovell Edgeworth* (1821).
© Traducción de Lucía Barahona Lorenzo.

Rob Penn: extracto de *La bici lo es todo.*
It's All About the Bike.
© Capitán Swing S.L. (2018).
© Traducción de Lucía Barahona Lorenzo.

Joan Carbonell Solsona: «Equilibrio», relato inédito.
© Joan Carbonell Solsona , 2022.

Montse Virgili: «Escamas», relato inédito.
© Montse Virgili Treig, 2021.

Uwe Timm: extracto de la novela *El hombre del velocípedo.*
Der Mann auf dem Hochrad.
© Verlag Kiepenheuer & Witsch GmbH & Co. KG, Colonia, Alemania, 1984.
© Traducción de Eduardo Knörr Argote, publicada por Amaranto & Sipiente, Madrid, 2006.

Mark Twain: relato «Taming the Bicycle» incluido en el libro *Collected Tales, Sketches, Speeches, & Essays 1852–1890.*
© Traducción de Lucía Barahona Lorenzo.

Stijn Streuvels: extracto del libro *Deel IX : Herinneringen, Land en leven in Vlaanderen* (1954).
© Traducción de Juan Carlos Silvi.

Lucía Martín Calero: Las bicicletas naranjas», relato inédito.
© Lucía Martín Calero, 2021.

Jerome K. Jerome: extracto de la novela *Tres hombres en bicicleta.*
Three Men on the Bummel.

Christopher Morley: relato «Wheels on Parnassus» incluido en el libro *The Romany Stain.*

Layla Martínez: «Desaparecer en la selva», relato inédito.

Henry Miller: «My Best Friend», relato incluido en el libro *My Bike and Other Friends* (1978).

Vladimir Nabokov: extracto de la novela *Mashenka.*
Mary.

Sara Trejo Díaz: «La importancia de montar en bicicleta», relato inédito.

Tania López García: «Sube, da pedales y ya está», relato inédito.

Toni Junyent: «Bicis y pelis», relato inédito.

Agradecimientos

El Gran Libro de las Bicicletas ha sido posible gracias a la colaboración de un montón de autoras, autores, traductoras, traductores, editoriales y agentes que han cedido sus textos con la premura de una bicicleta recién engrasada.

En lo personal, quiero dar las gracias a todas las personas que han participado en la creación de este libro. En primer lugar, a Blackie Books por confiar en mí y ofrecerme la oportunidad de desarrollar un proyecto que me rondaba la cabeza desde hacía tiempo. Y a Jorge de Cascante por estar siempre presente. Gracias a Araceli Lorenzo y a toda mi familia, a Marta Millet Agustí, Inés Ruiz del Árbol, Ana Moreno Collado, Conxita Herrero, Toni Mascaró, Jan Martí, Erika Callizo, Rebeca González Izquierdo, Haizea Beitia, David Anglès, Déborah Camanyes, Olga Ábalos, Maria Castells, Sergi Puyol, Dani Pérez Prada, Quique Ramos, Ana Uslenghi, Sílvia Aymí, Elena Martín, Maria Tzika, a mis compañeras de La Kioska, a Chris Warren, a Viki y a Ray [Hibernian Books], a Dervla Murphy y, por supuesto, a Patsy.

Por último, este libro está dedicado a todos los que dicen que el Tour de Francia es ideal para dormir la siesta. Para mí, esta y no otra es la definición perfecta de oxímoron.